广西民族师范学院学术著作出版资助基金资助

高校图书信息服务创新与档案信息管理

党玉梅 著

辽海出版社

图书在版编目（CIP）数据

高校图书信息服务创新与档案信息管理 / 党玉梅著． -- 沈阳：辽海出版社，2018.1
　ISBN 978-7-5451-4612-7

Ⅰ．①高… Ⅱ．①党… Ⅲ．①院校图书馆－图书馆工作－情报服务②院校图书馆－档案信息－信息管理 Ⅳ．① G258.6

中国版本图书馆 CIP 数据核字 (2018) 第 000207 号

责任编辑：丁　丹　高东妮
封面设计：李瑞鹏
责任印制：李　坤
责任校对：贾　霞

北方联合出版传媒(集团)股份有限公司
辽海出版社出版发行
（辽宁省沈阳市和平区 11 纬路 25 号沈阳市辽海出版社　邮政编码：110003）
廊坊市海涛印刷有限公司　　全国新华书店经销
开本：170mm × 240mm　1/16　　印张：13.5　　字数：259 千字
2019 年 1 月第 1 版　2019 年 1 月第 1 次印刷
定　　价：52.00 元

前言

随着科学技术的不断发展变化，信息网络技术的应用，人们进入了信息化时代。信息化时代的到来给社会科学的发展注入了一股新鲜的活力，其也为高校的图书馆的服务质量的提升提供了新的思路。高校的图书馆档案是其工作的一个很重要的组成部分，其记载了高校的发展历程，同时对图书管的规划发展起到了一定的参考价值。

本书就信息化背景下的高校的图书馆的信息服务与档案的信息管理进行了详细的分析，就信息化背景下，图书馆的信息服务的变化以及图书馆档案的信息化管理。研究了信息化图书馆的主要内容和其构建信息化图书馆的新模式。并且就信息化时代下，高校图书馆在其档案管理这一方面，如何实现其信息科学技术和档案管理工作的有效结合进行了详细的分析，并且详细叙述了高校图书馆的档案管理的特点以及其存在的问题，支出了其未来的信息化创新发展途径。

目 录

上篇——高校图书馆信息服务创新

第一章 信息 ·· 2

第一节 信息概念 ·· 2
第二节 信息资源的重要性 ·· 5
第三节 信息的处理技术 ·· 8
第四节 信息特点 ·· 9
第五节 国内外信息研究发展现状 ··· 11

第二章 高校图书馆与传统信息服务 ·· 15

第一节 高校图书馆概述 ··· 15
第二节 高校图书馆传统信息服务 ··· 26
第三节 高校图书馆的传统服务与信息服务 ··· 39

第三章 信息带来高校图书馆思维变革 ·· 44

第一节 信息引发高校图书馆思考 ··· 44
第二节 信息对高校图书馆的影响 ··· 49
第三节 信息推进高校图书馆应用的进程 ··· 51

第四章 信息时代高校图书馆信息服务创新内容 ·································· 54

第一节 高校图书馆信息整合系统平台 ··· 54

第二节	高校图书馆信息资源共享	58
第三节	高校图书馆信息检索服务	60
第四节	信息环境下高校图书馆个性化信息服务	62

第五章　信息时代高校图书馆阅读推广 64

第一节	国内高校图书馆用户教育现状	64
第二节	国内外高校图书馆阅读推广活动	65
第三节	高校图书馆阅读推广策略	68
第四节	阅读推广对馆员的素质要求	75

第六章　信息时代高校图书馆信息服务展望 79

第一节	信息时代高校图书馆信息服务面临的问题	79
第二节	信息时代提升高校图书馆信息服务应对策略	81
第三节	信息时代高校图书馆情报信息服务能力的提高	84

下篇——高校图书馆档案信息化管理

第一章　档案馆信息化的社会环境 92

第一节	社会信息化的一般概念	92
第二节	社会信息化的特征与影响	96

第二章　档案馆信息化与信息化建设 103

第一节	档案馆信息化概述	103
第二节	社会发展对档案馆信息化建设的要求	107
第三节	档案馆信息化与档案馆职能、功能的实现	116

第三章　档案馆信息化建设现状及存在的问题 123

第一节	全国档案馆信息化建设的基本状况	123

第二节 档案馆信息化建设中存在的问题……………………… 124

第四章 档案馆信息化建设的目标、任务和原则……………… 129

第一节 档案馆信息化建设的目标…………………………… 129
第二节 档案馆信息化建设的任务…………………………… 134
第三节 档案馆信息化建设的原则…………………………… 137

第五章 档案馆信息化建设的组织管理…………………………… 140

第一节 树立正确的档案信息观……………………………… 140
第二节 档案馆信息化建设的组织管理措施………………… 142

第六章 档案馆信息化建设的信息资源管理…………………… 145

第一节 档案馆信息资源建设中存在的主要问题…………… 145
第二节 深化档案鉴定工作…………………………………… 147
第三节 正确处理档案馆信息化建设中的法律问题………… 149
第四节 档案信息安全保障状况需进行风险评估…………… 152

第七章 档案馆信息化建设的技术保障………………………… 156

第一节 档案信息化标准规范建设…………………………… 156
第二节 通用软件的开发与应用……………………………… 159
第三节 电子文档的鉴定……………………………………… 164
第四节 档案信息安全技术…………………………………… 168
第五节 加强档案馆安全保障体系建设……………………… 174

参考文献 ………………………………………………………… 178

上篇
高校图书馆信息服务创新

第一章 信息

第一节 信息概念

一、信息的定义

人们的生活离不开信息,信息是人们了解外在世界的出发点,是人们和自然相处和社会发展和了解人类社会的过去和未来的有效途径。没有信息人们就无法获知过去和未来,没有信息人们同样就没有办法进行创造。在人类的发展历程中,人类一直在进行创造,创造实现了人类的物质资源和能量的有限利用。但是在人类20世纪之前,其一直进行物质的使用,但是实际的应用的价值没有真正的实现。尽管人类对物质的主导型作用一直都在发展,但是人们没有认识到信息的重要性。直到1948年申农信息论的建立,提出了信息的概念,其才在通讯工程中被人们所认识,并且在人们的哲学、语言学等不同的学科内容中获得广泛的应用。至今在各个学科中,我们都可以找到信息的概念。

(一)信息的概念发展

信息在各个学科中其都有其应用,并且在不同的学科内其都在研究本学科和其信息本质之间的联系,阐述信息的概念。但是经过了50多年,虽然信息科学一直是将信息作为其主要的研究对象,但是对其概念一直没的得到有效的统一,在不同的学科中,信息依然是没有统一的定义。

(1)申农信息论

申农信息论是信息科学发展的里程碑,其总结归纳了信息的作用。通过将人们不了解的不确定性删除,利用定量的形式,利用数学工具概论,对简单情况下的不确定性进行了描述。在此基础上给出了信息在去掉不确定性上所遵从的规律。

申农信息论使得人们在对信息的后期的研究过程中都是按照其使用的功能进行,其信息的作用和其人们对客观世界的主观的认识有很大的关系。并且一个信息的复杂性越高,人们对其主观的认识就会与其作用功能之间的联系越紧密。因此,人们对信息的认识都是很难从其客观的角度出发的。

（2）信息熵

为了降低人们对其思考过程的主观认识的影响，人们提出了信息熵的概念。即信息在传输的开始其拥有的不确定性。并且将信息定义为在传递过程中，人们对系统的认识的不确定性的减少。

（3）物质、信息、能量

也有科学家准备从信息与科学的角度出发来解释其概念，物质、能量关系的角度来解释信息的定义。维纳说信息就是信息，既不是物质也不是能量。中国学者钟义信也表示了类似的观点即信息与物质之间既有联系也有区别。

2. 信息定义的一种尝试

从信息的本质出发对其进行定义，而不是受到了申农信息论的影响，不从人们对其的主观性的角度，而是从科学额度角度分析。将信息和物质、能量等放到同一的层次上进行思考。

（1）质量、能量分析

质量与能量是客观世界的两个物理量，其反应的是一种性质。能量是对其物质运动的一种度量、质量是对物质惯性大小的反应。他们对物质的反应都是描述其运动过程中的定律。物质是不可以被创造和消灭的，但是其可以在不同的形式下进行相互转化。同样人们据此发现了能量守恒定律和能量转化定律。在传统的学科中，运用质量、能量可以对天文学、地质学、化学、等很多学科中的现象进行描述，或者是对其物质的产生做出合理的解释。

但是随着科学的不断进步和发展，科学发展中的各种物质和现象变化很难再用原来的原理解释，非线性科学。系统科学的产生为其复杂性科学的描述提供了新的研究手段和方法。能量的作用在科学中地位逐渐的降低，但是信息作为一种新的时代下的产物，作用效果显著。

（2）新的研究思路

我们把信息定义为一种度量物质的属性。但是物质是变化的，我们就把物质在运动过程中的不变的属性定义为信息。信息即是对这一类物理量的总称。

3. 进一步分析

（1）信息的度量

信息通畅是一种过程的产物，这个过程对信息的定义有很大的影响，只有将信息和其过程分开，才能实现对其信息的客观的认识。才能对其进行度量。

我们把物质运动过程中不变的物力性质定义为信息，但是不同的物质其运动的方式是不同的，其所拥有的不变的物理属性也有很多，即信息是具有多样性的，这就给信息的度量带来很大的困难。

（2）信息的性质

人们通过相互的沟通和认识对其进行相应的了解，并且建立了一定的理论。但是信息源其根本的信息内容是不会因为人们的不同的认识而发生变化的，这种不变的。信息对物质的描述是一个状态性描述。这种物质的信息在传播的过程中，其并不会改变原来信息的性质。这说明信息在传播的过程中信息是不守恒的。

二、信息的传播过程

（一）信息必须通过载体才能体现，而载体本身不是信息

当你想约别人吃饭时，给他打电话或者是留言，那么语言、电波就是信息的载体，给别人写信时，文字和纸张就是载体。因此，信息的载体有很多。并且其呈现的方式也多种多样，比如相同的信息就可以用不同的载体来体现。小明妈妈喊小明回家吃饭，可以是妈妈打电话给小明告诉小明回家吃饭，也可以让小明的同学代为传达信息。

（二）同样的信息可以加载于不同的载体之上，信息的内容不会因为载体的改变而发生变化

载体是信息的表现形式，其常见的有以下几种。
1）表达：文字、语言、声音、图像、信息、图形等
2）感知：听觉、嗅觉、触觉等
3）物理信号：光、力、热等

三、信息的特征

（一）信息资源可以广泛传播。

信息资源的传播是其一个基本的特征，信息有不同的载体，这些载体在发挥作用的同时其在向不同的人群传播，人们通过交流、阅读、观看等不同的形式获取信息。这些信息作用在人们的身上并且对人们的行为产生一定的影响。在信息传播的过程中，其也是信息价值得以体现的过程。我国的信息发展起步较晚，但是其发展的速度很快，虽然与一些发达国家相比其在某些方面还存在一些差距，但是国家已经把信息技术作为一项发展计划，在不断的加大其在社会生产和制造中的应用。

（二）信息资源能够不断的丰富和增长。

信息资源是一种积累性资源，其与有形的资产资源是不同的，矿山资源是随着人们的使用开采逐渐的减少，但是信息资源在使用的过程中，是不会减少的，其是一种无形的资源，这种资源随着人们对其的认识不断的丰富和发展，并且其在开发使用过程中会变得越来越丰富。信息化时代的到来，人们在使用信息化资源的过程中，

是不断的按照自己的主观性认识来使用信息资源进行世界的改造，随着信息量的不断的增加，信息技术的提高，信息包括的内容更加的丰富，这也是其推动社会发展的动力。

（三）信息资源价值可以转化。

信息资源的使用过程中，人们通过对其的理解和认识，加以运用和加工，可以有效的提高自身的素质，改变自身的某种习惯，或者是可以从信息中获得某种鼓励性的激励。这就是将信息资源进行转化，实现了其新的生产力和生产要素的实现。创造了新的生产价值和生活方式。现代化生活的脚步逐渐的加快，人们通过网络通信等信息的获取，认识到某种对自身有益的健康的生活方式，逐渐的改变自身的懒散或者是懈怠的生活态度，转化为自身的身体素质锻炼和自身的心理素质提升的一种动力和资源。

（四）信息资源相互联系综合包容。

信息资源之间是有多种联系的。一种信息资源的产生可能会演变出另外一种新的信息资源。这是因为在不同的学科中，虽然其相互之间是有不同的知识内容，但是本质上是存在一定的联系的，学科之间的相互影响提高了人们对世界的多个角度的认识。自然学科和人文科学之间的联系让人们在认识世界的过程中不仅仅是对技术知识的应用，也是对社会以及人类的生存和繁衍后代的持久性应用。这种学科的包容性的态度对人们认识世界和改造世界具有巨大的社会价值。

在历史的发展的长河中，人类的发展是一种素质发展、经济的发展、技术发展，信息资源的发展促进了社会发展、人类自身的发展，其在历史的进程中具有不可替代的作用。因此，从某种意义上来说，信息资源的产生和应用对人们现代文明的发展具有重要的作用，并且其对人类素质的提升具有显著的影响力。

第二节　信息资源的重要性

一、信息资源

信息资源即人们通过一系列对信息的认识和创造过程实现了将信息以符号的形式存在一定的载体中，供人们使用。信息资源在企业的发展过程中，具有很重要的作用。其是企业的综合实力的一个分支，并且对企业的综合竞争实力有很大的影响。

信息资源就企业来说，其是管理过程中所涉及到的所有的文件和工作内容，这部分即企业生产管理过程中其使用到的一系列的数据、图表、文件等的综合。并且信息资源贯穿在企业发展和生产的所有过程中。

信息与能源、材料等同时被称为世界的三大资源。当前信息资源在社会各个领域中以不同的形式存在着，并且发挥着其作用。反应着事物之间的各种联系和条件。社会的发展需要其不断的提高自身的优越性，提高其作为战略资源的准确性，其成为了社会发展和进步的信息化功能实现的核心。

（一）信息资源的特点

信息资源和其他的资源相比其具有以下特点：

一、信息资源在其使用的过程中可以被重复使用，并且在使用的过程中，其信息的价值得以体现。

二、信息资源具有流动性；

三、信息资源的导向性很强，不同的信息在不同的人群中会发挥不同的作用。

四、信息资源是一种宝贵的社会财富。信息资源可以作为一种商品被销售、交换，但是没有人拥有信息资源的买断权利，其不是永久的被一个人使用的。

五、信息资源具有整合性，这种整合性其表现在人们对信息资源的利用是不受时间、地点、语言等因素限制的。

（二）信息资源发展的四个阶段

信息资源的发展可以归纳为四个发展阶段：

1）20世纪50年代~70年代的传统管理阶段，这个时期的信息资源是以文字为主要代表，其主要是存在于各个图书馆和情报所。

2）20世纪70年代末~80年代的信息管理阶段，这个时期的信息资源主要是以电脑中的数据和计算机信息为主。

3）20世纪80年代~90年代的信息资源管理阶段，这个时期的信息资源其主要是以网络信息平台、数据库资源、信息处理技术等为主。

4）20世纪90年代进入了知识管理阶段，即当前信息资源的使用阶段，这个阶段的信息资源的代表主要是知识的管理，其更加的重视人们之间的交流和沟通，建立一种竞争性的优势创新，实现了信息资源的结构化，将知识的使用价值更好的体现出来。

二、信息资源的经济和社会价值

（一）信息资源是走新型工业化道路的重要引领力量

随着信息化水平的不断提高，人们在进行信息化建设的过程中可以坚持走一条信息资源的利用和开发的道路。发展信息化，然后利用其信息化的优势进行工业化的提升,提高其在信息化发展过程中,工业化的水平,实现了新的工业化道路,并且充分的发挥了信息化资源,实现了信息的功能和价值。信息资源和其价值之间的有效的转化可以实现其功能和生产力等的提高,因此会创造更大的效益。在保证其和信息资源之间的有效的信息沟通的过程中,会积极的开展各项研究,缩短我国和发达国家之间的信息利用的差距。我国在信息的发展和利用的过程中其还处在一种很低的状态中,即对信息资源的充分利用比较薄弱,并且,细心你资源在我国的转化效率并不高,其技术的发展还有很大的空间。

（二）信息资源的生产变化：走向现代市场是社会生产方式的一个重要推动力

我国国情决定了信息资源在使用的过程中,对我国的生产价值和资源的有效的利用,其可以给我国的发展创造很大的价值,这种价值的实现是其充分的利用资源,转化资源和其吸收资源的效果的反应。在自然经济体制下,生产关系狭窄,信息渠道不通畅,加之信息资源的形成与作用,这是造成生产力水平低下、经济发展缓慢的重要原因。信息资源的有效的转化和其传播与其自身的价值有很大的关系,提高对其的转化力度,提升生产关系和信息资源之间的有效关系的建立,实现生产力和生产水平的提高,是当前信息资源发展过程中的一个重要的任务。

中国的经济发展就是信息的发展,其信息资源的利用和代表的转变就是经济发展的各个转变节点。就当前信息化时代下的网络的发展逐渐使得家家户户基本上都可以进行网络的学习和信息的获取,我们应该积极的利用这种有利的资源,改变当前人们的生活状态和方式,提高人们的生活质量,提升人口素质,在社会关系层面有效的提高我国的信息资源的发展,间接的促进了我国的改革。

（三）信息社会发展资源：提高质量,成为促进社会进步的重要精神力量

信息资源对于人的发展起着非常重要的作用,随着社会快速的发展,人的全面的理想模式,变成了一个可行的方法,促使人们快速的发展的一个重要原因就是快速增长的社会经济和社会信息形成一个范围比较广泛的信息资源。各种各样的信息资源在人类视觉方面都起到了交互作用,比如自然科学信息资源、人文与社会科学信息资源、传播信息资源,这些资源使人们对客观世界的认识和创造客观世界的能力得到了有效的增强。

人文与社会科学信息资源、通信变换,当人类站在比较高的角度去认识世界和改造世界时,那么人类的奋斗层次就会在一定程度上得到提升,并且认识和创造社会的能力也会得到提高。在现代社会,出现了各种各样的媒体,加快了信息发现的速度,使信息资源变得更加的广泛和深入,有效的提高了人的动力。

第三节　信息的处理技术

信息的处理技术即：数据的输送、获取、分析、处理的结合体。其主要包括微电子技术、通信技术、计算机技术、网络技术等。计算机信息处理技术有三种类型即检索技术、信息系统技术、数据库技术。

一、DEEP WEB 数据感知与获取技术

DEEP WEB 这项技术的实现是通过对数据进行高质量的选择，同时根据其信息分布的动态化规律进行有效的分析，进行数据的集成处理，从而实现整体的抽取与整合。

二、分布式数据存储

分布式数据存储这项技术的实施与广泛的应用其主要是和百度、IBM 公司的等的大量的推广性应用离不开，其是由谷歌公司提出并且实现的 GFS 技术。分布式储存利用的是列存储的概念。列存储是以列为单位进行储存，相比于行存储，其具有数据压缩，快循环等优点。当今较流行的技术的行列混合式储存结构，该结构能够快速加载海量数据，缩短查询时间，高效利用磁盘空间等。在研究中，要继续优化数据布局分布的存储方法。提高大数据的存储和处理效率。

三、数据高效索引

谷歌公司提出的 BIGTABLE 技术是目前主流的索引技术。目前的研究热点是聚簇索引和互补式聚簇索引。其中聚簇索引是同时按照索引顺序存储全部的数据结构。而互补式聚簇索引是利用多副本为索引列创建互为补充的索引表。同时结合查询结果估算办法，进行最优数据查询的计划。

四、基于内容信息的数据挖掘

基于内容的数据挖掘的主要内容为网络搜索技术和实体关联分析。当今的互联网信息搜索的热点为排序学习算法，排序学习算法的提出主要针对社会媒体的信息量，社会媒体的关注数据的特点为短文本特征，排序学习算法正是基于此特征提出，常见的排序学习算法主要有逐点，逐对和逐列。

五、遗传算法和神经网络

遗传算法的提出是借鉴生物界的进化规律演化的随机化搜索办法，遗传办法的寻优办法采用概率化，其能够自动调整搜索方向。遗传算法技术已经被应用在，机器学习，信号处理，物流选址等多方面。神经网络的提出启发来自生物神经网络结构和运作。神经网络算法模拟动物运动神经的网络行为，是进行分布式并行信息处理的的数学算法。

六、分类分析和聚类分析

分类分析是指首先对数据点进行归类，然后确定新的数据点。在明确假设和客观结构的前提下，预测客户行为。而聚类分析，是指在不知道限制因素的前提下，将集合分若干对象组，然后对对象组进行分析。分类分析和聚类分析主要应用于数据挖掘。

七、关联规则学习和机器学习

关联规则学习是指在数据处理的过程中找到数据之间的关联规则。而机器学习是研究计算机模拟人类的学习行为，重新组织已有的知识体系。机器学习是人工智能的核心。关联规则学习和机器学习也用于数据发掘。

八、数据分析技术

数据分析技术主要包括情感分析、网络分析、空间分析、时域序列分析和回归分析。其中情感分析是对自然语言进行主观分析，网络分析是基于网络的特征分析。空间分析是集拓扑，几何和地理编码的技术统计分析。

九、可视化技术

为了方便人们对大数据分析结果的理解和沟通，需要可视化技术进行创建图片、图表和动画等等。Clustergram 是可视化技术，该可视化技术基础是聚类分析。该技术用于显示数据集的个别成员如何分配到集群。

第四节　信息特点

信息一般具有六个显著的特点。即真实性、传递性、时效性、有用性、可处理性、可共享性。

一、真实性
信息反应的是事物的变化和运动的趋势，其是一种客观形势的反应，因此，真实是其信息的最基本的特征，是其价值的体现。

二、传递性
传递性是信息的基本的特征之一，也是信息最明显的特征。因为信息的传播是需要媒介的，没有媒介信息就得不到有效的传递，这样就不能被人们获取和认知，没有传递就不会获得信息。

三、时效性
信息是具有时间的效率的，其价值就在于在这段时间内信息的作用。信息具有一定的功能、作用、效益这些都是在其时间内才会实现的，时间的延长，信息就会过期，不再具有价值，没有价值的信息就是过期的，不再具有功能和作用。即信息既有其时间价值也有其经济价值。无论是哪一方面，信息失去了这方面的价值其都不再具有价值。

四、有用性
信息的产生和发展是人类改造和认识社会的见证，信息的产生是服务于社会的，是一种社会性的资源，人们通过有效的利用信息，实现了其改造和认识世界的目的。

五、可处理性
信息是可以进行拓展和延伸的，这种可以变化的灵活性的改造是其可处理性的体现。

六、可共享性
信息与物质不同，物质是可以进行交换的，并且其是可以归某一人所有的，但是信息是不可以的，信息是一种可以被人们共同拥有的对象。信息通过交流和沟通，可以实现其双方的获取，并且互不影响，因此，信息的传递通常都是全方位的。

第五节　国内外信息研究发展现状

一、中国信息化建设与发展现状

（一）信息化建设提高了国家对经济的宏观调控能力

当前我国的信息化发展速度很快，提高我国信息化的发展程度，对我国当前经济的发展而言，具有显著的作用。就目前而言，我国的信息化工程建设其显著的代表性工程有"金"字工程。

金税工程稽核系统投入运行，据不完全统计，三年多来查出利用发票违法违纪件3万多起，追缴税款1.5亿元；

金桥工程建成卫星站70个，主干网覆盖10个大中城市，正在产生经济和社会效益；

金卡工程的12个试点城市全部实现了同城跨行的自动取款机联网，其中有的城市实现了国际自动取款机联网，发长量超过6000万张。全国电子联行系统每天处理5万多笔业务，金额达800—1000亿元，每天为国家增加可使用资金500亿元；

金关工程制定并实施了进出口企业代码、进出口商品代码"两项标准"；建设了配额许可证管理系统、进出口统计管理系统。出口退税管理系统、出口收汇和进口付汇核销系统等"四个应用系统"，并已经陆续投入运行，提高了对外经济贸易的现代化管理水平，促进了我国对外贸易发展，减少了贸易摩擦。

（二）信息化建设促进了电子信息技术的推广应用和生产力的提高

当前电子信息化的产品种类越来越丰富，其在不同的领域中都发挥着很大的作用，其发展逐渐向着网络化、集成化方面进行，并且在我国现阶段的污染治理、节能减排、产品质量的提升方面的发挥着越来越大的作用。

（三）学校教育和科学研究受到了信息化的影响，在新闻传播界，其发挥着不可替代的作用，成为了新闻宣传的有力工具。

就我国的教育事业而言，越来越多的科学研究机构实现了国际联网，方便了其进行科学的交流，在教育上实现了国际间的接轨，并且通过计算机的辅助性教育，提高了其上课教学的效率。

就新闻宣传方面，光明日报和新闻日报就国家的科学研究成果和新的改革政策等信息有效的通过计算机互联网进行网络传播，实现了网络看报，让国外的华人们可以通过互联网了解国家的发展。

（四）信息化的发展，推动了我国电子、广播等其他行业的发展，促进了我国经济的增长。

事实显示，我国的信息化发展的过程中，其对我国的经济的发展和科学研究的发展都起到了一定的推动作用，为我国国民经济的增长创造了巨大的有利条件。

二、中国信息化发展的总体思路

我国的信息化起步比较晚，但是最近几年来信息化带给了国家科学、经济、教育等不同领域内的经济的增长，对此，中国将吸收国外信息化发展比较快的国家的信息化模式，根据中国的国情，制定符合我国当前经济发展和教育等领域内的信息化进程的相关计划，实现其信息化的跨越发展，缩短我国和发达国家的距离，将信息化带来的利益带给更多的人享用。

中国的信息化发展战略计划具有持久性、战略性、整体性的特点，并且其涉及到我国产业发展的各个领域。

（一）关于国家信息化的定义

国家信息化即国家按照本国的国情制定的在我国的农业、林业、工业等不同的方面对国家的现代化进程进行方方面面的信息技术的推广，实现其在我国发展的不同领域内的开发，发展以及运用。这个定义包含四层含义：一是实现四个现代化离不开信息化，信息化要服务于四个现代化；二是国家要统一规划、统一组织信息化建设；三是各个领域要广泛应用现代信息技术，深入开发利用信息资源；四是信息化是一个不断发展的过程。

（二）关于国家信息化体系及六个要素

国家信息化体系的六个要素是我国信息化体系的主要构成部分，其包括法规和标准、信息网络、信息化人才、信息技术应用、信息化政策以及信息技术和产业。

（三）关于信息化建设的二十四字指导方针

国家信息化发展其需要遵循的指导方针是"统筹规划，国家主导；统一标准，联合建设；互联互通，资源共享"、为我国解决信息化过程中遇到的问题提供了有效的解决依据。

（四）中国信息化建设面临的主要任务

1. 大力开发利用信息资源

提高我国民众信息资源网络使用情况，将我国有效的信息资源和传统的优良文化上传至网络，实现我国资源的信息化、网络化。

2. 加强国家信息网络建设和管理

就我国当前的信息化布局进行完善，利用当前的信息资源和网络实现国家的信息网络布局。同时大力扶持信息计算机产业、通讯行业的发展，并且对于其之间的相互融合进行鼓励和支持。

3. 以信息化建设带动信息产业的发展，使信息产业成为国民经济发展的支柱和新的增长点。

4. 大力发展信息服务业

就当前信息化建设的过程中存在的各种问题进行研究，找到其原因，完善信息市场中不规范的现象，提高信息市场的制度化、规范化，并且大力发展信息服务行业，使得公众可以及时的获取其所要的信息。

5. 对国民经济的重要组成部分进行信息化建设

对构成我国国民经济的组成部分，如工业、农业等积极地进行信息化推广，实现其信息化技术的推广，提高其科技水平。

6. 促进科技和教育领域的信息化

促进我国的教育事业和科学研究事业的发展，提高信息化在教育和科研中的应用，积极的推进人才全方位的培养，实现我国的人才战略。

7. 研究制定必要的法律法规和标准

通过对我国当前的信息化建设过程中的法律和标准等制度的规范和完善，实现当前社会关系中信息化的健康发展。

三、中国信息化的方向和发展趋势

（一）围绕经济发展的重点推动领域信息化工作

领域内的信息化建设是指对其相关性的领域内的信息化的发展和业务的处理应该在一定范畴内进行，避免其产生信息资源的重复建设和网络资源的重复利用，实现资源的共享。要想实现领域内的信息化就需要进行各个部门各机构之间的业务相关性调查，并且建立一个综合性质的数据库，对纳税人和其行为进行电子记录，这样从其金融、财政、税收等不同的方面进行电子信息监管。

（二）在国家信息化规划指导下搞好区域信息化。

区域信息化主要包括一下几个方面的内容：

第一，建立信息资源数据库，即将同一领域内和不同领域内的信息资源进行整合，实现其从孤立、静态的资源转向融合、动态的资源。

第二，根据当前的信息网络资源建设综合性的、安全的、规范的信息基础网络。

第三，制定的相关的条例或者是标准应该符合国家的相关要求。

第四，加强信息化队伍的建设，提高工作人员的素质和其技术水平。

第五，为信息化资源的开发创造良好的外部条件，建设一个有秩序的市场环境。

第六，传统产业的技术水平较低，让信息化技术改造传统的产业生产模式，提高其技术水平，实现传统行业的经济增长。

（三）总结典型经验分类指导推动企业信息化

作为国民经济发展的重要性内容，加强对其的现代化建设很重要。我国当前企业主要是是中小型企业为主，其是国民经济的主体，是我国经济发展过程中的支撑力量。企业的生产、发展、经营的过程中其实涉及到很多的数据，对这些数据的管理和分析就需要信息化进行生成、处理，产品和资金是这些数据和信息的具体体现。

企业的信息化发展就是企业根据现代的科学技术，利用现有的信息技术进行实际的工程再造，有效的发挥信息技术的对传统的生产模式的促进作用，提高其产业经济效益，提高管理水平，实现其经营管理的科学化，提升企业的综合实力的过程。

企业信息化科学水平的实现其需要从三个方面出发，一是加强现代化企业对信息化的认可提高企业上层领导对信息化技术的认识。二是要积极的相应国家信息化发展的号召，根据国家制定的方向计划，积极的进行信息化技术的推广；三是根据不同的企业，不同领域的信息化技术，进行典型示范工作。

综上所述，提高现阶段的国家信息化发展速度，对我国当前的经济发展，工业建设和企业的规模扩展具有极大的促进作用，积极的开展信息化建设，在我国的教育和科研领域实现其信息化的发展，有助于我国教育水平和科研水平的提高。

第二章　高校图书馆与传统信息服务

第一节　高校图书馆概述

一、高校图书馆特点

（一）论新时期我国高校图书馆发展的特点

针对新时期我国高校图书馆的现状，探讨了我国高校图书馆新的发展特点，我国高校图书馆应具有丰富的相关实体与虚拟馆藏资源，引进和应用现代信息技术，复合式集成管理以及复合型高素质馆员等重要特点和基本要素。

图书馆是人们进行书刊借阅、资料查询、信息收集的重要文化基地，是面向广大专业性研究者提供相关资料信息的服务性机构。随着现代信息技术的飞速发展，图书馆正面临着一场深刻的变革：从服务方式看，传统图书"面对面"式的阵地服务正朝着不受时间和空间限制的网络化服务发展；从管理模式看，传图书馆"重藏轻用"的"封闭式"管理理念正朝着注重信息资源开发与利用的"开放式"管理理念发展。图书馆员已不再是单纯书刊资料的管理员，而是信息资源的导航者和传播者。基于对网络环境下图书馆发展建设的理解思考，新时期图书馆具有明显的硬件建设和软件建设两方面的特点。

1. 硬件建设

（1）现代信息技术设备的装置

与传统图书馆相比，新时期我国高校图书馆不但存在于传统的物理空间，还必须引入网络空间，首先是计算机技术在图书馆的应用，共享 Internet 上的学术资源。而现代信息技术是使新时期我国高校图书馆存在于网络空间的基础。借鉴国外高校图书馆内文献复制的管理方法，我国高校图书馆实行的方便、快捷、高质量的室内文献复印、大大减轻了读者获取文献信息的体力支出和时间成本。

计算机、网络及复印设备的启用，给我国高校图书馆文献信息服务工作以全新的局面。

（2）文献信息资源建设

高校图书馆的文献建设是图书馆发展的基础和核心，文献信息是为教学科研最基本服务。高校图书馆文献资源建设是一个不断积累、充实、完善的长期过程。传统高校图书馆馆藏是以纸质印刷型文献资源为基础建立起来的，经过多年的发展已经形成一定的体系与规模。近年来信息技术和网络技术的飞速发展给高校图书馆带来了巨大的变化，尤其在网络环境下从根本上改变了读者获取文献资源、使用文献资源的方式与方法。高校图书馆文献资源建设也从纸质型转向电子资源、网络资源和虚拟馆藏等多种类型的复合型图书馆。

目前，高校图书馆的馆藏建设是以纸质型文献为主，包括重点学科所需的国内外重要学术期刊，中外学术著作、国内外高校部分优秀教材等极具专业特色的原版或影印版新书；以电子、数字化网络文献为辅，并以形成一定的规模和体系。

远程通讯和网络技术的发展，使信息的传输和接收更为迅捷、灵活、方便，同也为图书馆增添了更为先进的服务手段，以往文献借阅、馆际互借、信息的咨询及检索的手工操作方式，已被先进的电子化、网络化服务方式所取代。图书资源的电子化、数字化，使用户可以足不出户、利用远程终端浏览和查询、下载存取；文献阅览室将发展为利用多媒体技术进行全方位学习的电子阅览室；网络咨服务、电子论坛等网上信息交流方式缩短了读者与图书馆的距离，使图书馆的服务更加贴近读者并具有人性化。

（3）合理的馆藏布局和优良的阅读环境

早期的图书馆关注的焦点是文献的收藏，是"以藏为主"的观念，在近代，"文献藏用并重，而以用为主"逐渐成为图书馆管理的宗旨。正是基于这一宗旨，借阅合一的大开间分布正式成为国外图书馆馆藏文献布局的发展趋势。这也是我国高校图书馆的一种合理选择。现代技术设备与丰富系统文献一起，采用目前国际上先进的现代图书管理理念——"集中管理与服务"理念，将藏书，新书刊阅览、复印、计算机网络及工作区等集中分布在单出口式独立大空间内，使其有机地组合成集书刊藏借阅、文献复印、计算机及网络利用等一体化分布的、较为完整的空间布局结构与功能模式，实行"集成式"管理与服务。

2. 软件建设

（1）馆员自身素质的提高

随着信息时代的发展，现代图书馆的服务仅仅依靠单一的图书情报专业人才是远远不够的，要专深的图书情报专业和具有某一学科方向知识以及信息处理能力的复合型人才，才能满足日益增高的用户信息需求。

1）良好的思想素质

高校图书馆是为学校教学和科研服务的重要阵，心全意为读者服务是图书馆员的神圣职责。因而要求馆员在工作中要注意树立良好的服务意、竞争意识和创新意识。图书馆工作细微、枯燥繁琐，容易使人产生浮躁、厌倦情绪，这要求图书馆员要有爱岗敬业的服务意识，从思想观念上充分认识到图书馆工作的重要性，发奉献精神，忠诚图书馆事业，增强责任感和使命感，以崇高的道德理想支配自己的行动，以备的道德规范约束自己的行为，以良好的职业规范增强读者的信赖感，以饱满的工作热情主为读者服务。只有具备了良好的思想素质，才能确保图书馆事业的顺利发展。

2）具备一门基础学科的专业知识

新时期高校图书馆馆员必须具备一门大学本科以上基础学科的专业知识背景。在网络环境下，除了传统图书馆业务以外，新时期图书馆员还必须实现多种信息管理与服务的创新，有效地承担起新的角色的转换，发展新的能力，因而馆员的知识底蕴与技术操作能力至关重要。有了一门专业知识基础，就能较快地拓展自身的知识结构和技能，在服务于管理证较快地适用信息技术带来的一系列发展。

3）扎实的计算机技术和信息处理能力

随着计算机技术和网络技术的发展，图书馆进入了网络服务时期，特别是Web2.0技术在图书馆领域的尝试与发展，给馆员提出了更高的要求，馆员不但要握计算机知识、网络知识，而且还要学会一些新技术在现代图书馆服务过程中的应用。

4）具备相当的外语水平

图书馆的文献信息是一个多语种的信息集合，特别市在网络环境下的图书馆信息资源，外文信息占有相当比例，这就需要馆员必须具备一门以上的外语表达和翻译能力，从而向读者提供所需的外文资料，而且在开展联机检索时，从网上时跟踪和获取更多的国外先进的信息资料，及时向读者提供最新的信息动态。

（二）高校图书馆服务对象特点简析

1. 高校图书馆读者类型的不同

图书馆的种类有很多，不同种类的图书馆其针对的读者的是不同的。比如城市图书馆的服务类型其主要是以普通的市民为主，但是乡村的图书馆其针对的就是农民为主。在成年人的图书馆中其针对的是一些成人，少儿的图书馆其针对的就是儿童。

2. 高校图书馆服务读者类型的特点

高校的图书馆其针对的读者类型就是以学生、教师、科学研究人员为主，作为一个大学的信息文献的中心，其主要是服务于研究生读者、教师读者。

3. 高校读者易追求阅读的功利价值

根据阅读者的自身的职业其可以分为学生读者、农民读者、工人读者、军人读者、教师读者等。根据其功利性价值的不同，其具有不同的阅读类型分类。高校图书馆其针对的主要就是大学生读者、教师读者、研究生读者。

（三）高校图书馆读者阅读特点分析

1. 阅读的重要性

对于高校的读者来说，其主要是分为大学生读者和研究生读者。就大学生而言，图书馆就相当于另一个教室。进入大学后，学生学习的方式发生了很大的变化，其从被动的学习转变为主动的学习。大学时期获得的大部分的知识其都是来自于自主学习。学生只有自己想获取知识才会进入图书馆学习。其想要获得大量的综合性比较强的知识就是通过图书馆实现的。

对于高校的教师而言，其主要的工作就是教学和科学研究，教师的职业要求其必须不断的进行自我学习，不断的充实自己，掌握在专业领域内最新的技术和知识，这样才能在课堂上就专业新的领域知识讲解给学生。图书馆实现了教师自我的学习，是教师学习的最好的课堂。

2. 高校图书馆读者阅读方式多样化

随着当前科学技术的不断发展，我国在媒体的传播方面有了更多的类型。高校的图书馆内的读者阅读的方式也发生了很大的变化，网络时代的发展改变了人们的阅读方式和习惯，之前人们的阅读都是采用阅读书本的方式，纸质阅读，信息化时代的到来，人们的阅读不再只局限于纸质，而是将手机、电子书、阅读器等作为新的阅读载体，并且深受年强人的欢迎，在任何的地点和时间，只要将手机连接上网络就可以实现阅读，并且网络上的书籍的种类和信息完全可以媲美一个图书馆，这种实现了人手一个图书馆的梦想，改变了人类印刷为主体的图书阅览时代。

高校的读者其主要是学生，学生对新的事物的接受能力比较强，同时其对新的传播媒体比较了解。并且图书馆作为第二个学生课堂，其对新的科学技术的使用很重视，图书馆资源是免费对外开放的，这也就提高了读者对图书馆资源的需求。

学生当前在阅读的过程中其功利性阅读人群比例比较大，这主要是因为当前社会发展的过程中，社会竞争激烈，毕业生毕业后的就业困难，只有凭借着高含金量的证书或者是成绩才能比别人更加的容易找到工作。就大学而言，其也是充满了各种大大小小的考试，英语四六级考试、计算机二级考试，以及研究生招生考试等，这些现象严重刺激了大学生功利性阅读，并且当前高校的教师也面临各种考核，证书考核，考试考核等，比如监理工程师证书每年可以带来的一笔不小的收入，这些都是相关的考试，刺激着学生和教师追求功利阅读。

3. 高校读者的浅阅读和碎片式阅读倾向

信息化时代的到来改变了人们的生活方式，人们的阅读方式同样的受到了影响。之前人们都是进行纸质阅读，但是现在人们阅读的方式有 qq、微信、kinddle 等不同的阅读方式。这些实现了阅读的便利性，并且在高校中，这种现象更为常见。

虽然浅阅读和"碎片式阅读"有其无可取代的优势：内容新鲜，生动形象，视觉冲击力大，但是网络、QQ、微信等电子读物所提供的阅读内容更多是娱乐性甚至包含负面的阅读内容，例如：黄色小说、暴力游戏等。对于培养人才的高校来说，高校图书馆文献资源所发挥的作用是无可替代的。

（四）高校读者对文献信息需求的特点

对不同的图书馆来说，其不同的读者需求的书籍的类型也不同。对于高校图书馆来说，其阅读对象主要是学生和教师，因此，其读者的服务需求也有其自身的特点。

1. 高校学生读者对文献信息需求的特点

（1）对文献信息需求的稳定性

对于一个大学来说，这个学校其设置的一些专业课程是固定的，院校的教学计划是确定的，那么其教学的进度和其课程安排就也是稳定的。这也是学校的学生在科研方面其所需要的文献资源的范围和信息的种类就相对稳定。大学生虽然是不同的专业，但是实际上其年龄、兴趣相似，每天从事的活动基本内容相同，这也决定了其阅读的爱好或者是对信息的资源的需要接近。受到大学的校园文化的影响、社会价值观的影响，本校学生阅读的需求相近，即学生对文献信息的资源的需求比较稳定，所以，高校的图书馆的建立可以建设稳定的信息资源。

（2）对文献信息需求的阶段性

就大学而言，学生的作业完成或者是论文等的写作是阶段性的，是期末或者是其中等教师的课程设计需要，学生需要些学科毕业论文或者是某以专业的教师为了有效的提高学生的阅读量，要求学生写作，这样学生了完成学业要求就需要大量的查找资料，这种对文献信息的需求是有时间的阶段性的。常见的就是期末考试，学生会查阅大量的文献信息和资料，并且期末涉及到全校大学生的考试，还有一些毕业生的论文设计，这些就提高了学校图书馆的工作量，其文献和文件等的下载量是平时的几倍。除此之外，还有在一些等级考试的时间段内，各种参考或者是相关性的图书借阅量比较多。

就高校的教师而言，一些年轻教师的阅读也是阶段性阅读。因为教师刚刚毕业没有教课的经验，这样在学期的课程安排下来后，其就需要借阅大量图书进行学习、准备课程。尤其是相关的文献类信息，在他们没有进行相关课程安排的过程中，其需要进行大量对书籍阅读。

（3）对文献信息需求内容的全面性

就大一大二的学生来说，这个时期的学生的心理特性和其性格特征还没完全建立，这个时期的学生的兴趣比较广泛，并且刚刚入学，从高考中解放出来，还青春洋溢，精力充沛。这就导致其阅读的内容比较全面，其阅读涉及到各个学科知识、不同种类的书籍。

就高校的研究生而言，这些科研人员的探索性和创新性工作者需要不断的开发和研究，其阅读的内容就更加的专业化，可能把时间和精力都投放在科研领域，以便提高其研究的效率。

2. 教师读者对文献信息需求特点

教师对信息资源的需求可能更多的是从时代性的特点，先进性的角度出发。教师承担着教学的工作，其在教学的过程中，需要不断的完善自己的知识结构，跟上时代专业发展的步伐，将新的技术或者是知识纳入自己的知识结构中，在课堂上展示给学生。但是不同年龄阶段的教师读者对信息资源的需求也不同。

（1）高校老年教师读者对文献信息需求的特点

高校的老教师其教学的经验丰富并且其在科研和一些教学的课程安排上起着专业指导和科研带头的作用。

（2）中年教师读者对文献信息需求的特点

中年教师是当前高校教学的主力，其主要是起着对学校的一些专业性课程教授，是学校科研和教学活动中的主力。对这些中年教师而言，其不单单是要进行教学，还需要不断的参加各种学术性活动，提高对本研究领域内的最新的研究动态的了解，及时的获取国内外专业的研究进展。一般中年教师对当前信息资源的获取或者是查找比较熟练。

（3）青年教师读者对文献信息需求的特点

青年教师其本身就和计算机应用接触比较多，对新的技术的领悟和学习能力比较强，并且一般青年教师都是刚刚进行工作不久，其对学习信息文献等的积极性比较高，因为其更加的希望自己可以快速提高自己的讲课的技能。对此，其对图书馆内的文献信息的阅读比较大。并且因为青年教师的信息搜索和资源的查找比较频繁，其对信息检索类的工具的使用比较熟练。在图书馆一般是自主进行查找，不需要图书馆人员的帮助。

二、高校图书馆职能

很久之前图书馆的职能就是为了给科研人员和教育教学提供知识信息服务，随着社会的不断发展，人们的文化素养的提升，对知识的需求不再只是教师和科研人员，人们学会了自我学习。图书馆的建设也不应该再局限于教师和科研的狭隘的圈子，而是应该走出来，积极的营造信息时代下的新型图书馆建设。为了跟上时代的脚步，高校中的图书馆的建设应该迎合学校中的教师和学生的需求，其只有得到了阅读者的认可，才能保证其发展。对此，高校的图书馆也应该提高自己的职能，从之前的提供信息职能转变为提供教育，将现代化下的信息的素质教育作为图书馆职能的重要内容，改变其图书馆给外界的潜在的形象，提高其在教师和学生心中的地位，使其成为教师和学生不断完善自我，提高自我的重要的学习场所。

（一）图书馆的职能是与社会发展相一致的

图书馆的职能的发展和其完善可以分为三个主要阶段。

第一阶段是17世纪英国产业革命之前，这一阶段的图书馆其主要是藏书的职能，其重视的是图书的保存以及其版本的精良等，这个时期的图书馆的流动性很小，看书的人并不多。

第二阶段是17世纪到20世纪之间，以第二次世界大战为分界线，这个时期的图书馆形成了其自己的理论学，并且涌起了很多图书馆学研究人员，包括阮冈纳赞、中国的刘国钧等，在这些图书理论的指导下，图书馆的职能向外扩展，并且对书籍进行了大量的印刷，出现了副本，为书籍的借阅、流通创造了条件。

第三个阶段是在20世纪中期以后，计算机等新型的科学技术应用在当前的图书馆中，使得图书馆中的信息得到了广泛的传播。随着人们精神文明水平的进一步提升，人们对图书馆信息资源的需求更大，并且随着其不断的发展，图书馆的职能向着使用性转变，这时图书馆的服务也相应的有所提高。但是这个时期的图书馆的服务其仅仅是为了让读者可有效的利用和找到图书馆中的文献资源。随着时代的发展，进入了20世纪80年代以后，图书馆的服务质量显著提升，最明显的变化就是其服务从其被动性的服务转向了主动服务。进入21世纪后，网络信息技术的发展提高了信息资源的载体的多样性，人们对各种信息资源的需求从其精确和及时的方面提出了更高的要求和标准，人们知识资源可以自主的去获取。对此，这个时候的图书馆的馆藏的职能逐渐的降低，主要是其馆藏的资源不能单纯的靠其图书馆的馆藏空间的大小来衡量，其必须适应时代的发展，改变其职能的不足，扩大其教育的职能，适应社会的发展，树立新的知识形象。

（二）现代高校图书馆的主要职能是大学生信息素质教育

1. 信息素质的内涵

在八十年代中期，美国的学术图书馆在进行展望未来，回顾图书馆用户教育历史的同时，对以实现信息素质教育为目标的项目以及计划进行了确定。在八十年代末，为了有效的突出信息素养在图书馆教育中的作用，美国出版了两个非常重要的文件。

第一份文献是《信息素质：图书馆中的革命》，由 Patricia Breivik 和 E.Gordon Gee 合作出版的著作，在书中明确的指出图书馆教育对信息素养的培养发挥着重要的作用，为了能够有效的帮助学生成为终身的学习者，并且能够自主和独立学习，最终成为有效的信息消费者，必须对他们进行高质量的教育，使他们具备比较高的信息素养，任何个人和专业需要时都能够找到相关的信息。第二份文献是美国图书馆协会下属的信息素质主席委员会在1989年发表的年报告。在报告中非常明确的强调了信息素质对于个人、企业乃至整个社会的发展发挥重要作用，并且还提出了"信息素质是信息社会中人的生存能力之一"的论断。这份报告作为第一份对信息素质论述的纲领性文件在当时的全球范围内引起了比较大的轰动，从而使美国图书馆协会所界定的信息素质至今不能够被广泛的使用，美国图书馆协会曾将信息素质界定为具有信息素质的人，能够充分地认识到何时需要信息，并能有效地检索、评价和利用所需的信息。这两份文献的发表在很大程度上促进了美国图书馆界与教育界之间的广泛合作。

当前对信息素质的定义虽然没有确切的定义，但是对于其主要包括的内涵得到了公共的认可，即其主要含有三方面的内容：一是信息意识素质，即对信息的感知能力，包括对其的需求和对其的判断和感受。二是信息能力素质，即通过利用信息技术或者是相应的手段对信息进行综合的处理，并且分析的能力。三是信息道德素质，即人们在获取信息或者是传递信息的过程中，要遵守一定的道德规范。

2. 大学生信息素质教育的重要性

（1）培养学生良好的信息素养是适应社会发展的需求

随着科学技术的快速发展，信息技术在人们的生活中的作用变得越来越重要，遍布于生活的每一个角落，在很大程度上影响着人们的工作、学习以及生活。高中学生作为一个特殊的群体，有着超常的思想性、时代性以及社会性。因此单纯的依靠学校和课堂进行培养学生的信息素养是不能够满足要求的，现代的社会正朝着数字化、智能化的方向不断的发展，为了能够有效的提高学生解决实际问题的能力，高中学生在业余时间可以参加一些社会活动，充分的利用信息技术，从而使他们的信息素养得到了有效的提高。此外，在新课改中高中学生参与综合实践活动比较多，从而能够与社会紧密的联系在一起。通过参加各种各样的社会实践活动，能够发展比较多的问题，他们可以充分的利用信息技术对问题进行分析，然后使问题得到有效的解决，最终使他们能够更好的适应社会发展的需求。

（2）信息素养是学生终身学习的法宝

在二十一世纪为了能够更好的适应社会的发展，作为青少年必须具有良好的信息素养，不断的提升他们的综合能力，在人的每一个发展阶段都需要进行信息素养的培养，从小学、中学到大学信息素养的培养是不可或缺的，在高中必须进行系统的、完整的信息素养培养，才能够更好的满足社会发展需求。随着信息技术的快速发展，只是单纯的掌握基本的信息技术知识是不能够满足社会发展需求的，必须从各个角度进行信息素养的培养，比如，信息搜集、信息处理以及信息的运用，在社会实践活动的过程中不断的培养学生知识创新能力，从而使他们由信息不断的向知识转化，再由知识不断的向能力转化，最终实现能力向技术进行转化，因此信息素养是学生终生学习的法宝。为了能够有效的促进学生个性的全面发展，必须拥有良好的信息素养，熟练的掌握一定的信息知识、信息技能，并且具备一定的信息知识以及信息技能。

（3）信息素养是评价人才综合素质的一项重要的指标

随着信息技术的快速发展，世界各国越来越重视信息素养的培养，并且将其逐渐的列入到从小学到大学的教育目标和评价体系当中，信息素养成为评价人才综合素质的一项非常重要的指标。在二十一世纪信息素养不但是实施素质教育的重要的内容，而且还是实施国家信息化战略、参与国际市场上人才竞争的一项基础性工程。所以，为了能够满足国家发展需求，高中生必须具备良好的信息素养。随着信息技术的快速发展，人们掌握了越来越多的信息资源，特别是互联网的产生，在很大程度上缩短了人们之间的距离，从而能够充分的掌握各种信息资源。信息时代给我们的生活带来了非常大的方便和快捷，与此同时，人们越来越认识到只有具有一定的信息技术，才能够充分的利用好信息，信息素养已经发展成为一种与传统文化的"读、写、算"具有同等重要性的生存能力。如果人们没有信息意识，没有良好的信息素养，那么就会被信息社会所淘汰。

（4）信息素养是科学素养的重要基础

信息技术课堂是培养学生信息的主要的场所。原教育部部长陈至力曾经在"全国中小学信息技术教育工作会议上的讲话"中明确的指出"信息素养已成为科学素养的重要基础"。在未来的世界里，如果一个国家的信息能力越强，那么它所占据的位置就越重要，目前，我国已经高度的认识到信息技术教育的重要性以及紧迫性，认识到了培养学生的信息素养的重要性以及紧迫性，为了能够有效的提高学生的信息素养能力，必须像培养学生读、写、算一样培养学生掌握和作用信息技术的能力。因此信息技术教师对于培养学生的信息素养必须引起高度的重视，将其作为首要的教学任务。不断的培养学生使用计算机等现代化信息工具获取、分析、加工、表达信息的能力，从而能够使工作以及学习的效率得到有效的提高。信息素养教育的核心是培养学生的创新精神以及实践能力。因此在信息技术课堂中，教师需要将学生作为学习的主体，必须为学生营造一个自主学习和协作学习的环境，使学生能够自主的进行探究和学习，而教师可以在整个课堂中进行指导学生。信息技术教师可以充分的利用网络和多媒体技术，使整个教学过程变得丰富多彩，从而能够有效的促进学生养成一种创造性思维。

在当今的社会，信息素养是每一个人所必须具备的基本素质，因此学校必须采取有效的措施不断的提高学生的信息素养。为了能够使高中生成为具有良好信息素养的公民，教师必须不断的培养学生，使他们熟练的掌握信息技术的基本知识，与此同时，还需要培养学生的信息素养。

（三）高校图书馆如何履行自己的主要职能

1. 强化高校图书馆信息素质教育能力

提高高校图书馆人员的信息素质能力，有效的提高其综合素质。图书馆的信息素质教育能力其包括指导人员的素质水平、图书馆的各种硬件和软件设备、图书馆信息资源管理水平等。要想实现其职能的良好的落实，应该先提高图书馆内部的硬件和其软件设备，提高图书馆的现代化信息水平，同时提高图书馆工作人员的专业素质，对其进行定期的培训，提高其专业的技能，实现其可以跟上时代的步伐，学会运用各种新型的设备和软件，对于阅读者可以进行积极的指导。

2. 加强信息素质教育重要性的宣传力度

提高高校对学生的信息素质教育的认识，尤其是对大一新生的开学时期进行宣传，提高其对信息素质的理解，同时，明白信息素质对其未来的发展和学习的重要性。这样就会提高其对信息素质教育的认可，可以接受这项课程教育。

3. 培养信息意识素质

人们在阅读同一篇文章的时候，会产生不同的认识，有的人甚至没有认识，就是囫囵吞枣的看完后了解了大概的故事情节，但是有的人就可以获取对人生的感悟。造成这种现象的原因就是自身的信息意识素质的差别。对此，高校应该积极的开展各项信息素质教育培训，培养学生对事物的观察力，培养学生对的分析能力，提高其对信息价值的判断能力，并且提高其对信息的捕捉能力，让学生在不断的学习和培训中，形成自身的信息意识素质。

4. 增强信息能力素质教育

学生学习信息教育，进行各种信息意识的培养是为了获取对信息知识的运用能力。这种能力的获取是需要学生不断的在实践中慢慢积累。学生在进行能力的获取的过程中，应该积极的学习信息知识基础，并且掌握对其技术的使用，了解其各项组织之间的联系，在对信息资源进行分析的过程中，可以实现科学、有效的分析，形成了学生终身获取知识、运用信息化的能力。接受图书馆的素质教育可以尽快帮助学生掌握这些信息化的知识，根据学生的不同的专业，进行不同信息能力培养环节设计，针对性的提高学生的信息资源的获取的能力。

5. 树立信息道德素质观

信息素养道德观就是在信息资源的获取和其分析、使用的过程中，应该遵守一定的道德规范，遵循一定的约束性法则。这种约束性的法则或者是道德的规范是为了实现信息资源的良好的传播，遏制一些不良信息的传播，实现网络的无害化。作为一名合格的信息素质公民，树立良好的信息道德素质观是利用信息资源，从事网络信息活动的基本要求。对此，图书馆进行学生的信息资源的素质教育课程时，应该对学生这一方面的道德素质的讲授进行重点的安排，将国家相关的网络知识和信息的传播等法律相关性文件进行重点讲解。

（四）高校图书馆的主要职能

1. 为学科带头人提供特别服务

高校图书馆的最基本的服务就是为学术研究提供必要的文献资料和信息。在大学校园里，有一大批在学术研究领域有造诣深厚的科学研究人员，这些都是专业学科内的研究的带头人，因此，其需要的信息内容也就十分的专业，为其服务的信息人员就需要十分的专业，并且对这些学术人员的工作习惯要有所了解。信息库的储备知识也就要有针对性，可以相应的提高其数据库的知识的专业性，并且为其服务要建设更加人性化的规划，比如对于一些书籍的借阅，图书馆可以派遣相应的人员送到家里，方便其阅读等。

2. 为研究生撰写论文进行专题服务

高校的高等教育中的博士和硕士研究生是国内当前高等教育人才。这种教育教学的人才的培养在某些方面代表着高校的研究水平，关系到高校的实力和名誉。在研究期间，博士生或者是研究生其在论文的研究和写作的过程中，论文的深度和高度也一定程度上代表着高校的研究水平，因此，高校的图书馆也是在为高校的博士生、研究生的论文学术进行服务。其论文的内容代表着其研究的层次，并且反应了其学校内的研究现状，也代表着该专业发展的前沿性。对此，图书馆应该从学生论文写作方向满足其信息的需求，建立学术专业型数据库资料，为其提供高质量、高层次信息服务。

3. 为教学提供特色服务

人才是一个国家发展的原动力。高素质的人才是当前我国建设过程中最重要的内容。这从某一方面来说，也给高校人才的培养带来很大的压力。高校的教育制度的不断改进是为了有效的提高其教育的有效性，培养出符合国家发展要求的人才。教师对图书馆资源的有效利用情况一定程度上影响着其教学的情况，学生对那些经常在图书馆进行信息学习的教师的评价较高，因此，图书馆应该主动的为教师敞开大门，提供特色服务。特色服务是指，除了教师自主在图书馆进行学习外，图书馆应该就教师专业领域内的动态变化，及时以电子的方式或者是网络在线的方式向教师汇报或者是传达，这样方便教师及时的了解其专业领域内的动态。并且图书馆可以根据教师的需求建立相应的数据库,建立学科信息内部的数据库资料,方便教师快速的搜寻到学科信息,方便教师的教学,丰富其教学的内容。

4. 为科研项目提供重点服务

有时候,高校和科研所会共同承担一些科研项目,这些项目一般是国家的扶持的重点项目,这些研究一般接近专业内的国际水准,要求高校的图书馆馆员应该积极的配合研究人员,深入了解其需要的信息方向,搜集一些标准化的学科信息,充实图书馆的资源库。"学科馆员"还可以选定有关重要课题作为服务项目,深入其中,从课题立项到成果鉴定,自始至终跟踪服务,促进多出、快出科研成果,以取得良好的社会效益和经济效益。

第二节 高校图书馆传统信息服务

一、信息时代的传统图书馆发展研究

(一)图书馆

图书馆作为一个社会公益机构,通过将系统的搜集和科学的整理人类的文献资料,从而能够为人们提供大量的阅读资料,有效的增强了人们的知识含量、文化素质、以及道德素质。

1. 蒸汽时代

在目前出土的历史资料当中有一部分显示,在公元前 3000 年巴比伦王朝就已经有了专门收藏图书的场所。而在我国,图书馆的历史也比较悠久,在西周时期开始出现盟府,就是所谓的皇家图书馆,与此同时在民间也出现了各种各样的图书馆。在春秋战国时期,诸子百家,都著书立说,私家藏书虽然并不对外开放,只是有限的开放,直到民国时期,在我国出现了各种各样的并且非常著名的民间藏书楼(图2-1-1)。蒸汽时代、电气时代等充分的表现出了某种基础科技的发展在很大程度上改变了人们的生产生活方式,每一个时代科技技术就会有巨大的进步,并且留下深刻的烙印。比如在蒸汽时代,蒸汽机从实验室到广泛的应用于实际的生活当中,彻底的改变了当时航行大海的木帆船的历史,并且出现了铁甲舰、战列舰等,改变了人们的战争方式,与此同时还改变了世界的政治版图以及我国近现代史上的诸多悲剧,这些都是蒸汽时代所产生的巨大的影响。

图 2-1-1　藏书楼

2. 信息时代

所谓的广义信息时代就是指电子计算机出现以后人们储存、转移、阅读、使用信息的方式开始发生改变的时代，而狭义的信息时代就是指欧美国家 1969 年开始的和我国 1984 年开始至今的人类的发展时代，石器时代和青铜时代与信息时代形成了鲜明的对比。

3. 阅读习惯

所谓的阅读习惯就是指人们在阅读图书、阅读报刊等登载信息的媒体时候的惯性的做法，主要包括阅读时间、阅读场所、阅读工具以及阅读内容等，通过阅读习惯可以衡量一个社会、国家、民族的文化水平以及图书事业发展水平，这也是研究的信息时代图书馆发展的一个重要的依据。

4. 数字图书馆

随着信息时代的快速发展，出现了越来越多的数字图书馆。数字图书馆是传统纸质图书收藏、借阅的图书馆在信息时代下充分的利用计算机以及互联网的新的发展产物，有效的将传统的纸质书籍上的信息数字化，充分的利用了数字技术以及多媒体技术，不断的发展成为存储各种图文并茂、声像皆全的文献资料的图书馆。通过充分的利用计算机以及互联网技术有效的将各种类型以及不同地区的文献资料数字化，从而能够实现跨地区传播，最终能够通过数字化来完成传统的图书馆的各项主要工，比如搜集、整理、检索、借阅等活动，数字化图书馆是一个没有实体的图书馆，这也是传统图书馆不断发展的新的方向，与此同时数字化图书馆的发展在一定程度上受到免费信息以及数字转载的干扰和挑战。

（二）相关理论

1. 人本管理理论

人本管理就是坚持以人为本的管理理论，在劳动生产和日常管理的整个过程中，并不是把人当做物或者社会分工当中的负责各个环节运作的虚拟人，而是将人本身看做是社会运作的根本力量,从人的生理、心理等物质基础出发进行各方面管理的理论。图书馆作为一个重要的公益组织,目的就是为了不断的提高劳动者自身的素质,并且采取了免费对外开放的学习场所,因此必须忠诚的服务于读者,与此同时,为了能够更好的服务于读者,图书馆需要进行不断的改善和改革。

2. 学习型组织理论

学习型组织就是指一个集体或者一个组织在面对日新月异的社会发展的过程中,由于自身落后的危机感而将对科学文化知识、生产生活技能知识的学习当做组织存在的立身之本的组织活动,学习型组织理论指的是该组织运行、运作重要的理论依据,随着科学技术的快速发展,如果不学习新的科学知识将要面临着组织落后甚至瓦解危机。特别是知识经济快速发展的背景下,在很大程度上扩大了学习型组织的应用范围。图书馆是人们学习知识的一个重要的场所,站在时代知识的最前沿,不管是主动还是被动的情况下,图书馆始终是一个学习型组织。

3. 信息资源理论

信息资源与传统资源是相对的,在二十世纪七十年代,随着计算机以及互联网的快速发展,给人们生产生活带来了巨大的变化,信息逐渐成为决定个人、集体、国家前途命运的一个非常重要的元素,所以信息资源成为了一种重要的战略性资源。随着信息时代的不断的发展,图书馆正在朝着数字化的方向不断的发展,而在本质上,图书馆收藏的图书也是一种信息的承载物,是信息时代到来之前的信息中心,随着数字化的到来,图书馆正面临着信息爆炸的问题,主要包括藏书量的激增,因此科学的、合理的应用信息资源理论进行不断的优化。

4. 危机管理理论

危机管理指的是在日常的工作过程中,能够预判可能发生的威胁工作正常运行的各种意外情况并且做出预案,当在危机到来时候,能科学的、合理的并及时的调整工作内容,从而有效的避免危机带来的巨大损失。图书馆收藏着各种各样的珍贵的文献资料,而公益的性质也使其天然的缺乏危机中的自我保护能力,比如对于传统图书馆来说必须具有预防火灾、社会治安案件的能力,对于数字图书馆来说在进行保存数字信息的过程中,必须具有预防黑客的各种破坏活动的能力。如果图书馆所占的地位越重要,那么危机管理理论就越有实践意义。与此同时,数字化的快速发展,在很大程度上冲击着传统的图书馆的发展,传统的图书馆正面临着危机,因此传统的图书馆为了能够获得更大的发展空间,必须充分的运用好危机管理理论。

5. 知识管理理论

随着信息时代的快速发展,现代的企业率先发起了知识管理理论,在社会基础科学技术和应用技术的带动以及触动下,学习型组织必然将会同时具有一项观念和实践内容，所谓的知识管理理论就是指企业内部对重要的和必要的知识进行有效管理的理论，目的是为了能够让知识在企业内部形成循环，不断滋润企业和个人，从而能够有效的提升企业和个人的工作能力以及水平，最终能够更好的适应时代的变化。图书馆作为学习知识的殿堂，需要更为专业的人才和更为专业的管理模式对现代图书馆的发展进行管理。

6. 集成管理理论

集成管理理论就是企业内部的一体化管理理论，管理思想就是将管理的中心从物质资源转变为智力资源，不但需要提高知识含量，而且还需要不断的挖掘知识效能，从而使被管理的各个元素之间能够产生良性互动，充分的发挥出整体的力量。图书馆不但拥有各种类型的藏书，而且还需要满足数字化图书馆的时代的具体要求，在图书馆的发展的整个过程中，需要充分的利用集成管理思想，有效的整合各项资源，焕发活力。

（三）图书馆的价值

1. 学习价值

图书馆里的图书是多年来人们的智慧的结晶，是人们从事各项活动的经验总结。人们在图书馆学习的过程中，从其中获取知识和智慧，并且将这种知识和智慧转化成为自身修养、道德，完善自己的人格，实现个人思想和境界的提高。这也是建立学习型社会的必然选择。图书馆在之前都是人们心目中圣殿般的存在，因为，在那个没有印刷的年代里，人们从事各种学习就必须要去图书馆，能进入到图书馆就会被人看做是不一样的，是光荣的事情。人们的个人的发展需要知识和技能，在当时的那个年代人们如何有效的提高自身的知识和技能？只能是进入到图书馆不断的读书充实自己。在现代，人们离开了学校，在社会上想要学习到某种知识或者是技术，就只能通过自身的学习，这种学习多半是去图书馆阅读相关性的书籍。这就是图书馆的学习价值。

2. 社会价值

随着现代社会发展速度的不断加快，人们对新事物的接受能力也不断的加强。时代社会的发展对劳动力提出了新的要求，这就要求人们必须要跟上时代的步伐，积极的完善自己，充实自己实现自己的价值的提升。图书馆作为人们获取知识的有效方式，其为社会的发展提供合格的劳动力，为劳动力水平的提升提供各项技术培训，满足了社会对劳动力的需求。

3. 信息价值

在计算机来临之前，城市最为有文化的地方就是这个城市的图书馆。在图书馆中人们可以知道天下发生的所有事情。真正的实现了那句"读万卷书行万里路"。

在没有互联网的时代里，图书馆就是人们获取信息最有效的方式。随着信息化发展不断加快，图书馆的信息的提供依然没有弱化，其可以从数据、信息等不同的角度为人们提供最新的资源信息。通过对文化整理、对资源搜索信息化的数据整理，实现了数字化图书馆，提高图书馆的信息价值。

4. 文化价值

文化是一个国家、民族发展过程中，对历史、科学、地理等不同的知识方面，包含着生活方式、道德思想、风俗习惯、艺术创造等各种活动在内的统称，是一种存在于物质之上的一种精神文明的建设现象。其也会受到信息化发展的影响。书籍是文化传承的载体。书籍记录了各科知识，记录了不同的民族的发展、繁衍，人类社会的文明进程等，人们通过书籍了解到天文、地理、民俗、艺术，从而将书籍作为一种记载世界物质和文明的载体，将其作为一种传承的方式进行文化的接引。图书馆的大量的书籍对图书的借阅人具有很大的影响，其价值观、人生观、艺术水平在不知不觉中就会提升一个新的档次。图书馆的整体水平代表着一个城市的文化水平，是一个城市文化建设的重要内容。

（四）图书馆的意义

1. 图书馆是文化象征

自古以来城市的图书馆建设就是整个城市的文化的象征。虽然城市建设中的各种文化馆比如画廊、博物馆、出版社等规模多么庞大、历史多么悠久，图书馆文化的象征是整个城市的文化中心的地位是不可撼动的。作为信息时代前存储文化和信息最有效的方式，图书馆的知识存储和信息资源的提供是当时最为优秀的方式。虽然当前进入了信息化时代，人们可以便捷的通过电子信息获取知识，但是图书馆依然是知识的象征。有的图书馆已经存在了上百年，人们在进入图书馆后，就会感觉历史的信息，回味历史的进程。

2. 图书馆是精神图腾

随着人们生活水平的不断提高，人们对精神世界的需要更加的渴望。人们会通过在图书馆阅读或者是去节约书籍来获取知识，体会书籍的魅力。但是就各种的阅读方式而言，在图书馆阅读的读书风气是最正的。人们无论多么忙，进入了图书馆都是在放松的看书、外界的声音无论多么嘈杂，图书馆的都是翻阅图书、报纸的声音。关闭了手机的声音，人们在这里才能放松自我，沉浸在知识中。数据调查研究显示，图书馆的阅读人群大多是老人和学生，成年人在图书馆阅读的人很少，但是在整个阅读的场所，图书馆是最干净的读书地方，人们选择在图书馆阅读书籍，不会受到不同身份额度歧视，不会因为贫穷富贵有所差异，大家享受的都是学习的快乐。因此，图书馆成为了知识的象征，是人们学习智慧的场所。

（五）信息时代图书馆的发展方向

1. 阅读习惯决定图书馆的发展方向

图书馆不论其规模的大小或者是地理位置的远近，其都是在为人们阅读提供服务，是为人们进行图书阅读提供书籍服务的，其要满足不同人们的书籍的借阅要求。人们的职业不同，兴趣不同，对书籍的需求就不同，并且人们的阅读方式的不同，书籍的借阅习惯也就不同。对此，图书馆也在随着时代的发展，人们阅读模式的改变而发生变化，不断的完善着自己的借阅模式，为人们阅读提供更好的服务。就比如在西汉的图书馆里，皇家的图书馆会为其提供竹席和蜡烛，但是不允许人们借阅。因为在当时，人们阅读是坐在席子上，并且当时的书籍的载体是竹简，竹简光的反射能力较差，人们在室内看竹简的时候即便天气很好，但是很难看清楚竹简的内容，因此，会点蜡烛阅读。并且竹简的书籍成本造价很高，并且逐渐很重，在身上带着很不方便，因此，书籍很少外借。所以，在不同的时代背景下，人们的阅读的方式发生变化时，图书馆的为人们提供的各项服务也会随之变化。因此，当图书从竹简时代进入到布帛时代，图书馆也从竹简时代开始向布帛时代慢慢的过渡。当图书从布帛时代进入了纸质时代时，图书馆的藏书也就开始想着纸质发展。现在，人们的阅读方式逐渐的趋向电子化，数据化，图书馆的各项服务也从其电子信息方向进行了改革，实现了网上阅读模式，建立了数字化图书馆。

2. 阅读习惯分类

（1）浅度阅读

浅度阅读是指人们在阅读的过程中不用进入到书籍中描绘的事物中，不用进入深入思考，可以快速的浏览，然后就会获得有效的信息的阅读的方式，一般这种阅读的方式常用在看报纸、浏览网站的时候。在进行这种阅读的时候，其对阅读的环境要求比较低，人们无论是在图书馆还是在公交车上都可以进行阅读。并且阅读的内容一般是比较简单，文章所需的阅读时间比较短，随时随地都可以进行阅读。并且其不受时间的限制，即便是几分钟的时间里，其可能已经浏览了很多内容。这种阅读的方式是现代人们在紧张的工作压力之后的放松和休闲娱乐的一种常用的方式。因为人们当前的生活是一种快节奏的生活方式，这种方式让人们没有过多的时间来进行阅读，所以浅度阅读已经成为了现代人阅读的主要方式。因此，图书馆为人们的提供的报纸就是浅度阅读的一种最重要的媒介。

（2）中度阅读

中度阅读即人们在阅读图书时，是需要进行一定的思考的，并且这种阅读的进行是需要一定的时间的，人们在读完这些文章和内容后，自身会产生一定的联想和感受，并且对其进行思考转化为内在的读书心得。这种阅读的方式是需要一定的时间和空间的限制的。首先，其需要读者较深入的投入到阅读中，需要长时间的进行阅读的思考，并且这部分时间应该是连贯的，对于一些工作中或者是生活中的琐碎的时间并不能进行中度阅读，因为这部分时间太短，人们没办法全部精神投入其中。这种阅读的方式和浅度阅读不同，它可以在阅读的过程中，收获很多有效的信息，并且学会掌握一些知识。举例来说，阅读一般的新闻是浅度阅读的话，那么阅读新闻后的编者按就属于中度阅读。一个人是否进入了人中度阅读，是需要看其是否投入了足够深刻的思维，就像是阅读小说，人们会根据小说的故事情节进行联想，会进入到一定的故事情节中。阅读的深浅不是看其阅读的文章的体裁或者是内容，但是在图书馆中，小说、故事等体裁是中度阅读的主要媒介。

（3）重度阅读

重度阅读是指，人们在阅读中最为投入的一种阅读的模式。这种阅读的模式是需要人们将思维深入的投入到阅读的过程中，并且对书籍中的内容进行深刻的思考，这种阅读的时间往往持续的比较长，并且读者很容易就进入一个书中的世界，在这个环境中展开想象或者是各种思考，可能在这个过程中其会获得某种感悟而突然从这个世界中醒悟。人们在学习的过程中，重度阅读是最有效获得知识的途径。尤其是对一些感悟性的知识，难度相对较大，人们需要去理解，都是通过重度阅读来实现的。人们的阅读活动中的科研资料的阅读、课堂学习等都是需要读者全身心投入的，这些都属于是重度阅读。重度阅读其持续的时间比较长，这对读者的自身的素质也有很高的要求，需要其投入耐心，需要其有很强的自制力，因为这种阅读往往会需要消耗脑力，让人很疲惫，人们只有在强烈的愿望下，才能实现精神的全部集中，进入到重度阅读。在图书馆中，科研资料、文献等是重度阅读的主要媒介。

3. 阅读习惯内容

人们的阅读习惯随着时代的发展逐渐的发生变化，其阅读的水平是逐渐的提高的。并且随着时代的发展，阅读的媒介其信息的承载的强度、阅读的途径逐渐的发生变化。之前的成本比较高的竹简，信息的记载都是很精简，为了减少成本。因此，人们进行阅读的活动在当时并不像现在这么常见。所以，在古代人们进行深入阅读总是比浅度阅读要多。所以，人们当时的阅读的习惯和方式会随着时代的发展而不断的变化，这也就直接的导致了图书馆的运行和管理模式的变化。

（1）便利性

知识的学习过程是痛苦的，但是拥有知识是生活和生存必要的。因此，人们可以再学习的过程中感受到快乐，但是不会因为学习过度变成书虫。现代人们阅读的功利性很强，也就是说人们阅读的兴趣越高，阅读的成本就越高。知识是每个国家发展都特别重视的软实力，这是实现民族振兴、国家发展的重要工具，所以，每个国家都是提倡人们进行阅读的。国家都是在致力于提高国民的素质，提升其阅读的水平，这种功利性的阅读推动了阅读的便利性的发展，实现了阅读媒介的转变。

（2）快捷性

信息具有时间的价值，这是现代信息发展的一个重要的特征，比如一个上市公司的一条信息就可能在股市掀起一帆风暴，凡是先得到信息的人，哪怕只领先了一分钟，就可以决定巨大的财富，在信息时代，信息获取的效率就直接影响着其效益。在古代，我国的信息的时效性影响范围很小，但是一般都比较关键。尤其是在战争中的战略部署等信息。因此，现代人在阅读的时候，就会从读书的方便和信息的及时性的角度考虑，选择哪一种阅读的方式获得的信息更加的快捷。

（3）廉价性

阅读信息是有成本的，这种成本体现在不同的方面。比如阅读的载体其是需要成本的。人们在阅读的时候，肯定会考虑到经济的角度。比如之前的竹简的阅读成本很高，阅读活动就很难得到有效的传播，随着后来布帛、纸质的载体的成本逐渐的降低，阅读的活动就得到了有效的推广，这种阅读就会很廉价。因此，人们的阅读习惯是从其成本逐渐降低的过程中国年慢慢的培养出来的。随着时代的发展，人们的阅读的成本逐渐的降低，并且其阅读更加的先进化，技术越进步，时代越发展，成本就会越低。

二、高校图书馆信息服务的现状与未来

现在是信息化的时代，信息服务的定义为参照了科学，并以此为凭借，以信息技术为基础，并把现代科学知识、技术和方法对此进行综合，同时需要提供相对应的策划、咨询、调研、信息验证等各种有效地智力成果与服务的工作，他们是为了企事业单位、政府部门及其他社会组织部门和单位发展服务的。

随着计算机网络技术的快速发展，我们对信息的需求越来越多，我们对它的服务也相应发生了明显变化。随着技术发展的快速应用，大多数高校图书馆都对此进行了应用，并在信息服务方面应也做出了巨大的改变，为了顺应时代的改革创新，我们对此找出信息服务存在的共性问题，需要针对问题并加以解决，目的是了最大限度地促进图书馆信息服务工作的发展，为广大的读者提供更好的服务。

（一）高校图书馆信息服务的重要性

大多数高校图书馆采用了信息技术，它们是高校的信息中心，同时又是学校中的教学、教学中的科研工作是重要的信息宝库，也是隶属于教育教学职能和传递科学的情报职能的学术性机构。在信息时代高速发展的今天，高校图书馆的信息服务具有了极其重要的作用。

1. 通过高校图书馆的信息服务，可以提高大学生综合素质

高校图书馆汲取了广大丰富的资源，即各种图书、期刊、报纸等现代化的服务设备，高效图书馆的信息服务人员，它们的职责是尽可能地为学生提供各种各样的信息服务。学生利用这些信息服务，发展自己的专业知识，培养自己的能力，拓宽了学生更为广阔的知识面。

2. 通过高校图书馆的信息服务，使教学和科研更顺利开展

科研是见证着高效的学校水平，同时也是衡量一个学校综合实力的重要指标。教师不单单要完成高质量的教学任务，同时也要横跨众多领域，尽可能的吸收本学科领域的专家人士研究出来的最新科研成果，并根据整理出来的数据资料，作为研究自己科研成果的基础。高效的图书馆就是查阅并收集这些资料的最佳地方，并为科研人员提供其实可行的保障。

3. 通过高校图书馆信息服务，满足社会用户对信息的需求

随着计算机网络技术的高速发展，高校图书馆信的开放不单单局限于固定的人群，服务的对象发生了改变，由过去的对象如在校师生，目前已经扩展到广大的社会工作成员。高校图书馆可以为广大人群提供高效的服务，如提供了高效地市场调研，并根据用户的需求，将没用的信息进行筛选，对此排除，最后将无用的删除，节省时间，创造有用的价值。

（二）高校图书馆信息服务的现状

1. 高校图书馆信息服务的新变化

（1）高校图书馆信息服务手段现代化，服务模式多样化。

高校图书馆在以往的服务，他们依赖于手工操作，并不进行信息化。如今，在信息化的网络环境，图书馆凭借广大的网络提供了更为强大、灵活、实用的信息检索系统，来帮助人们检索图书馆存书、数据库等等。

（2）信息服务的对象拓宽。

高校图书馆信息服务的对象不是只限于我们的校内学生以及爱好书籍的人，通过资源的分享以及共享建立，图书馆不单单可以满足于校内的用户需求，同时间接也扩大了服务区域，在一定程度上，对于社会的开放性，为社会上的用户、网络上的用户提供了足够的信息服务。将信息的服务逐渐上社会化的套路，这必将成为当今社会发展必然的趋势。

2. 高校图书馆信息服务存在的问题

（1）就目前高校图书馆信息资源来看，存在着经费投入不足的现象，投入的信息基础设备的设施不完善。好的信息资源将成为了图书馆中信息服务质量的有效保证。

高效的图书馆可以说在保障和奠基了传统文献资源的基础上，在一定程度上加

强了信息技术下的电子信息资源的采集，在这个基础上加以利用，然而却出现经费短缺的问题，从而使图书馆面临着以信息化的服务难以深入发展的困境。在此，主要有两点表现：一是文献的购置经费不足；二是现代化的设施对于学习来说引入比较缓慢的；严重影响了图书馆的集成管理系统网络的总体建设，也让信息服务的自动化、网络化逐渐丧失。

（2）高校图书馆服务人员普遍整体素质是不高的。

就目前掌握的情况来看，高校图书馆的网络信息服务还处于了起步发展的萌芽阶段。据数据的调查，高校图书馆中的信息服务人员的素质普遍是较低的，在我们看到的知识和技能方面还存在着许多不足，需要有更大地改进，可以说，他们暂时还适应不了新时期信息服务的需要。这些问题可以归结为主要有以下几点原因：一是我们的专业人员较少，结构上相对比来说是失调的，知识结构也属于单一化的；二是这些服务人员的服务意识是不强列的，他们了缺少竞争的意识和职业的危机感；三是他们本身的科学文化素养不高，业务能力是有待于急需加强和提高的。

（3）高校图书馆信息资源的深层开发不足。

我们平时在写一些文章发表时，我们要查阅一些篇章，比如说是期刊文章的某一类，我们需要大幅度地分类查询，而高校图书馆是急缺这些资源的。高校图书馆在我们的调查中显现，他们对信息资源的实施深层次以及开发，大多数体现在了开发信息资源中的智力性资源、预测性资源和如何提高资源的探索能力等等多个层面上。

虽然大多数图书馆都开展了一些馆藏文献信息加工、开发，提供了我们可需要的二次文献等服务，但大多数的部分都是浅层次的，整体水平来看是浅显而容易的，比如说像专题剪报信息服务、信息咨询、复印等等一些查阅方式。

（4）高校图书馆用户信息意识薄弱，参与不足。

高校图书馆服务的对象目标是确定的，他们主要是学校的教师和学生，而大多数的教师和学生普遍在思维方向上是缺乏信息意识的，他们主观上没有认识到信息作为一种资源对社会经济发展所起的重要作用，所以思想上还停留在原有的状态上。

（5）高校图书馆用户信息意识薄弱，参与不足。高校图书馆服务的对象主要是教师和学生，而大多数的教师和学生普遍缺乏信息意识，没有认识到信息作为一种资源对社会经济发展所起的重要作用。读者还停留在传统的信息检索阶段，缺乏借助信息资源发展自我、完善自我的观念。

三、高校图书馆信息服务的未来发展

（一）拓宽路子，科学规划图书馆图书、电子资源采购，解决经费紧张问题

一方面，图书馆要争取学校领导的重视，加大对图书馆的经费投入。要科学规

划图书馆图书、电子资源的采购工作，每次采购可根据学校具体情况重点倾向某一门或几门学科资源，而且要充分参考一线教师的相关意见。另一方面，图书馆要自己拓宽路子，解决经费紧张的问题。随着市场经济的发展，高校图书馆必须转变传统的服务观念，对外开展有偿服务，如为企业提供技术改造、产品更新等信息服务，并适当收取信息费用。

（二）提高高校图书馆信息服务人员整体素质

1. 人才是图书馆有效的提高自身的管理效率的重要条件，加强对图书馆人才的招聘和培训是保证图书馆有效开展各项信息化活动的前提。因此，图书馆应就人才的培训建立一系列的规章制度，并且在人才的引进方面有所侧重，这样才能针对性的提高图书馆人员的综合素质。高校图书馆信息服务人员作为一个文化的传播者，思想素质是决定其整体素质的一个先决条件。图书管理人员还是图书馆对外服务的直接窗口，他们的言行举止在一定程度上影响着读者。高校图书馆应该就其现有的状况对信息服务人员定期进行培训，思想交流，提高他们的知识水平，思想觉悟，职业操守。同时，高校图书馆应该加强对图书馆信息服务人员招聘条件，优秀的服务人员是图书馆开展各项信息化活动的必要条件。只有优秀的服务人员才能把图书馆与读者巧妙的联合起来。

2. 高校图书馆的信息服务人员应该提高主观能动性，变被动为主动，主动为读者提供一些新的信息知识。对读者入库借阅进行指导和推荐，使读者尽快的找到自己需要的科目。图书馆信息服务人员要端正自己的工作态度，以服务读者为第一宗旨，体现出现代图书馆与传统图书馆的区别，拉近图书馆与读者之间的关系。

3. 图书馆信息服务人员应该认识学习的重要性，珍惜学习的机会，积极抓住图书馆组织的各种培训机会，不断地提升自我，改善自我，以便于更好的服务于读者。在实际生活中，将理论与实际结合起来，不断地在摸索中前进，积累经验，对图书馆管理日趋信息化。

（三）对高校图书馆信息资源进行深层次开发

深层次开发图书馆的资源，是图书馆在发展的过程中，不断的保持自身的先进性的一种积极的体验，是不断的完善自身的机制，提高其在综合图书馆中的竞争实力的一种有效的方式。在不断的开展和继承其浅层次的一些服务的同时，其应该重视资源的深度整合和信息化的研究，提高其自身的情报咨询服务，同时对其图书馆内的各种文献资源和信息进行数字化的馆藏的分类，使其管理更加的明细化。同时，图书馆应积极的利用自身资源的收集和查找的优势，对不同专业的前沿的研究和其专业的优势的开发等进行新的科学的预测，提高其对这些不同专业的发展趋势的一种动态的跟踪，可以及时的为读者提供有效的信息。

（四）加强高校图书馆信息资源共享性建设

高校图书馆开展和建设的过程中，应该积极的提高自身的信息资源的研究和其控制机制，实现其资源的共享的多样化服务方式。将整体的资源分散性的整理，并且对其的分开的管理，同时和不同的院校之间形成一种资源的共享，就某一些专业性的领域的研究进行探讨，满足用户的需求，实现资源的共享。

（五）加强高校图书馆用户的信息意识，积极进行信息知识的宣传和普及

高校图书馆的发展，其可以为用户提供更多的服务。但是用户对图书馆的了解还停留在传统图书馆的基本的阅读功能中，其对现代化图书馆的信息服务概念并不清楚。因此，相关的图书馆应该加大对信息化图书馆的宣传，提高人们对其的认识，必要时，对图书馆的用户进行有效的信息培训，提高图书馆用户的信息素养，提高其自身对信息化的掌握技术，有效的使用图书馆的信息系统，综合性的对用户图书馆进行有效的分析，这样就使大量的潜在信息用户变为现实的信息用户。

总而言之，计算机网络技术的发展推动了图书馆的建设，图书馆作为一项人文历史的记录者，服务于人们的资源机构，其必须要提高自身的各项职能，做到与时俱进，更好的为人们进行服务。

（三）高校图书馆网络自动化建设

在我国当前的教育教学的过程中，网络自动化的发展提高了教学的先进性，并且图书馆中的网络自动化的应用减轻了人们工作的强度，简化了工作的内容，实现了便捷的管理。传统的管理方式虽然很有条理，但是其需要做的工作的内容很多，管理员的工作很繁琐，将网络自动化技术应用在其中，可以实现对其的工作内容的优化整合，提高了工作人员的工作效率。为建设更加先进、科学的图书馆提供了有效的技术支持。

网络技术在高校的图书馆的改革中，其应用应该有一个原则或者是理念，即网络学自动化。这种理念的提出，不但是对传统的图书馆管理方式的有效的保护，也是对先进科学技术的一种应用的决心，是为了提高图书馆的管理，为了建立更加优化的平台，更好的服务于阅读者而进行的一项改革。单纯的提高图书馆的网络自动化水平并不能有效的提高阅读者的服务层次，需要对图书馆的各个员工进行素质培训，提高其自身的综合素质，对新的网络自动化技术进行熟练的应用，这样才能更好的服务于阅读者。

1. 建立网站，加强监管，开辟图书馆"网自建"平台

（1）实现阅读平台的建设，在整个阅读的平台的建设过程中，应该实现对其的书籍的目录的管理，让其根据记忆的分类模式，为不同的读者提供不同的服务，提高了其自动化水平。

（2）根据当前图书馆内的计算机的水平对其资源进行系统的概括，预估网络自动化环境下的网络资源的数量，做好网络自动化进行的准备工作。

通过建立网络图书馆，人们学习的时间和其地点不再受限制，并且其学习的内容和知识更加的宽阔，通过分流浏览，对知识或者是技术的查找更加的方便。

2. 精心设计，完善菜单，延伸图书馆网络功能

（1）要不断完善图书馆网站页面建设

在实际的建设的过程中，应该加强对其网站的菜单的建设，菜单是人们在浏览的过程中，查找的依据。菜单设计的科学性会影响到人们查找的速度和有效性，为了更好的服务于读者，应该对菜单的设计进行优化，在菜单的建立上要包括但不限于以下几项：馆史馆建、注意事项、最新上架、在线书屋、按名搜索、阅读帮助、联系我们等栏目，充分展示图书馆网络功能，并将实体图书馆的各项功能加以延伸。

（2）实现多功能的网络图书馆建设

对图书馆的网络建设应该从其功能的角度考虑，提高对其不同功能方面的图书馆的建设。比如新闻的浏览方面、信息的查询方面等，切实发挥网络资源，提高其实际的便捷性，提高网络资源的查找的便捷性。

3. 完善硬件、优化软件，提升图书馆服务能力

对一些软件的效能的发挥应该重视其软件的使用。这就需要其不断的提高图书馆的服务能力。

首先，图书管理软件是图书编目、流通过程中的重要管理系统，通过对图书管理软件的研究，将人们在阅读图书的不同种类的阅读数量、阅读的时间、等进行分析，从而优化图书馆藏书分类，为采购或淘汰藏书提供决策。

其次要建设资源共享的数据库。当前日图书馆信息资源种类很多，并且其数量很大。这就给其分类和查找带来一定的难度。对图书馆现有图书文献资料进行摸底调查，按照文献类型、文献结构、渎职需求等进行文献分类，建立文献资源共享库，提升院校图书馆的资源服务能力，推进高校教育科研工作向网络自动化发展。我们还可以利用管理软件进行图书编目工作，建立目录数据库，形成数据共享机制。

4. 读者至上，服务第一，不断提升管理员业务素养

图书管理人员为读者提供有效的阅读服务，其包括帮助读者找到其所需要的资源，有效的为读者进行阅读的指点或者是进行一些信息的推送。图书馆的服务人员其应该是有两方面的信息素质和要求，首先其要掌握图书馆的各种资源的搜寻和查找的技术，这是其必备的信息素质。同时，图书馆人员应该认识到自身的工作是主要为客户提供阅读服务的，认识到自己的工作内容就是服务于客户。网络自动化时代，从图书的采编到流通，从图书管网站的建设到维护，从文献资源的数据整合，到收

集读者偏爱喜好，都需要图书管理员事无巨细的安排。高校的图书管理人员因为肩负着图书馆发展的历史性重任，必修要深刻的认识到客户评价对图书馆的发展的影响，提高自身的服务意识，积极的完善自身的专业知识，有效的提高自身的网络素养，为客户提供满意的服务。

总而言之，提高高校图书馆的自动化网络建设是其发展的必然，计算机等新的科学技术的研发为其图书馆的科学和网络化注入了新鲜的活力。高校图书馆因为不同的科学技术的使用，各种的新的管理方式的实现更加的充满了生机。因此，图书馆人员应该紧跟时代发展的潮流，积极的研发和学习新的科学技术，提高自身的科学素养，为社会网络化的实现贡献一份力量。

第三节　高校图书馆的传统服务与信息服务

随着信息化建设的不断发展，图书馆也有了相应的变化。信息服务在图书馆网络化环境中，为科学研究提供了更加准确的服务，在未来的图书馆的发展的过程中，其发挥着越来越重要的作用。

一、传统服务仍有强大的生命力

传统服务即一纸质图书文献等资料为馆藏，通过向读者提供借阅、辅导等项目的服务。传统服务其主要是有两个显著的特点以及优势。

（一）传统服务是以纸质图书文献资料资料为服务基础

传统服务这个特点对很多人来说的优势就是，其读本方便携带，并且可以实现随时阅读，这种阅读的方式可以实现其在不同的地方、不同的时间的阅读，并且相对于现代化的网络、电子等的读物，其不会给人生硬的心理上的感受，没有显示屏、电源等辅助性的设施，不需要充电等。并且读者在阅读的过程中，可以实现对其的专注阅读，知识的吸收更加的方便和从容。对于图书馆来说，这种纸质的阅读方式是经过长期的管理经验得到的对其的良好的保护和管理的方法。并且传统服务相对于数字化技术，其不涉及到技术性、版权等问题。

（二）传统服务以人育人直接交往为服务方式

传统服务的优势还体现在其提供了一个人和人之间进行友好交往的界面。计算机时代的到来，方便了人们自行解决问题，但是其减少了人类之间的接触，人们的大多时间是用在和没有感情的计算机之间进行交流的。这并不能满足人们归属和悲哀的需求，这对于年轻好动的大学生来说也不符合其生理和心理的特点。高校的图书馆的传统的服务模式实现了人们阅读的人性化的空间设定，为高校的图书馆的读者的提供了一起学习的机会，这种共同的氛围里就会促进人们的学习，读者会被读书的氛围所激发，更加的喜欢这种共同成长的环境，就历史的成功者来看，很多的人都是在这种思维开放的环境中成长的。

图书馆采用了计算机作为其管理的模式，传统的卡片目录的管理被计算机的目录所取代，纸质的图书被电子文字取代，计算机的广泛的技术应用在不同的服务模式中，传统服务的进步提高了其工作的效率，减少了其成本，焕发了活力。如果传统服务不作出任何的改变，坚持以纸质文字的方式为阅读的载体，那么久不能实现其对文章内容深层次的理解的信息的指导，不能实现当前社会环境中的多种文化共同发展的需求。

二、信息服务是高校图书馆提高与发展的根本方式

信息技术的发展逐渐的改变了图书馆，图书馆的改革势在必行。信息技术的出现解决图书馆面临的问题，比如时间的限制问题、空间的限制问题、地理位置的限制等，其为阅读的顺利开展提供了更多的选择，这就为图书馆的发展做好了铺垫。图书馆这一场技术的改革可以实现其读者对阅读的时间的良好利用，并且还能有效的发挥其藏书的技术性基础，改变了读者的书籍的利用方式，实现了其手段、环境、的变化，实现了图书馆的数字化形成的可能性的提升，信息服务被更多的人接受。

（一）信息服务是高校图书馆适应信息技术发展的必然选择

图书馆的服务的质量其不仅仅是表现在其馆藏的书籍的质量上，还表现为其为读者提供的信息是否及时、有效，其对信息的获取的能力是否可以满足阅读者的需求。图书馆的纸质的文献的阅读方式为基础性的传统服务，但是其服务的的方式却是被动的、机械的。对实际的资源的利用价值并不高，其不能有效的实现资源的良好利用，不能及时的、准确的满足阅读者的需求。

在信息化的时代，电子信息出版读物发展很快，网络资源的传播速度很快，其可以实现资源的有效的利用，并且随着其各项多媒体技术的研发、互联网高速网络技术的出现，图书馆的信息的传递的有效性逐渐的提升，这种情况下，提高图书馆资源的有效建设，加强对其的信息化建设已经有了规划。中国的计算机科学教育和学校的网络化联系在一起，用户可以通过终端直接的查询其所需要的信息，通过检索的技术实现其在高校的电子文档和其全文数据库中的有效的查找。同时可以通过网络信息将分散在网络中的各种相关的文件和信息聚集在一起，自动的检索出来。电子信息传递的快速、高效是传统的图书馆服务所不能比拟的。高效的图书馆的信息化的模式的服务应该在全校开展，实现传统服务模式向现代化的服务模式的良好的转变。

（二）发挥信息服务优势，满足教学和科研需求

高校图书馆的建设和发展的过程中，其作为信息化前沿研究领域，其应该提高自身时代信息的特征，积极的开展现代化过程中的自动化建设，实现其图书馆内部的网络自动化、数字化服务得快速发展，充分的发挥现代化的科学技术，提高其资源管理的优势，充分的发挥其现代化水平下的高校图书馆的科学、教研能力，为高效的教师和学生提供有效的资源，实现其科学研究的先进性的提升。因为细心你技术的发展过程中，网络联机的发展和检索是处于图书馆建设的中心环节，实现对其的网络化的发展，提高其技术水平的有效性的提升，充分的利用其先进的科学技术、先进的仪器设备将研究的重心放到信息的深层次的加工中。为用户提供更加学术性、先进性的知识，开发创新性的产品。同时在图书馆内部建立自己的数据库，建设自己的重点研究领域的数据库，实现网络信息资源的检索服务。开展其信息的查询服务，有效的提高现代化图书馆专业信息查询、项目跟踪服务，实现其现代化的科学服务，为用户提供安全可靠的管理系统，及时的更新其最新资源，动态的管理信息。

（三）拓展信息服务领域，促进信息产业发展

信息时代的到来要求图书馆深刻的认识到新的科学技术的重要性，对传统的束缚其发展的封闭性的服务进行改变，根据现代社会发展的大方向，根据学校发展的需求，建设符合社会发展潮流的、具有可靠性建设的信息产业化服务。一方面高校的图书馆的信息化发展应该和其服务行业发展所要求的信息相吻合，一方面其应该认识到人类社会发展对信息的依赖性，认识到信息的重要性，信息化发展是推动社会进步和发展有效动力。信息化产业将逐渐成为国民经济发展中的一项最优活力的产业。这两个方面都决定了高校图书馆建设在社会化的进程中具备的高校的产业优势，图书馆的信息化建设也是对其社会信息化发展一种促进。图书馆是信息的经营者，其是沟通信息的使用者和信息的生产者的中间人，通过对信息的使用和生产的良好的交流，实现对信息服务的推动，使得信息增值，提高其信息的经济效益。高校图书馆应该主动的分析市场上信息的价值，实现对其信息产业价值的估算，拓展其业务的范围，形成新的信息化运营管理模式，建造属于自己的信息化产业服务咨询平台，实现自己的文献信息服务业的建造等。其服务的内容不应该只是局限在信息化的市场建设，其应包括现代化科学研究查询、专业信息文献查询、网络资源信息查询等，并且逐渐的扩展到对商业领域内的代理，商业分析等。扩大其信息咨询的范围。

三、传统服务于信息服务应该注意的问题

传统的信息服务作为现代化的一种信息和知识的传输服务，其在高校的图书馆的服务中，是一种基础的服务性服务，这项服务是信息化服务建设的更加高级的服务，其也是高校的图书馆在未来的发展中走向。在实际的图书馆的信息化的建设的过程中，应该认识到其信息化发展的重要性，将图书馆的信息化发展和学校自身建设联系起来，科学的选择其服务方式。

（一）充分认识到传统服务于信息服务的长期共存性

传统的图书馆的服务其是受到纸质化载体的图书馆的技术限制的。是需要纸质载体的生产和其纸质载体相关性业务限制。就目前而言，图书馆的信息化服务的实现并没有减少纸质化载体的发展，其目前以纸质化的形式和数字化的信息资源共存。当前图书馆的信息化建设中，其馆藏图书仍然是以纸质文字为主，这主要是人们受到传统的阅读方式的影响，习惯性的选择这种方式。但是就未来的图书馆发展建设而言，其未来的还是要以数字化、网络化为主导。

（二）合理利用传统服务于信息服务的互补性

数字化图书馆的和纸质化图书馆的关系并不是对立的，其是可以共存的，可以融合的。尽管信息化文字本身有一定的局限性，并且很多的文献资源不能被数字化的，这就导致其在建设的过程中，数字化图书馆中文献资源并不是只有电子版的一种形式，其发展的格局是多元化的，不可能所有的读者都是完全依靠网络就会获取到其想要的信息，纸质文献的存在就是为了弥补这一缺陷。因此，纸质文献和电子版的文献资源之间是相互补充的，优化馆藏的图书馆，实现对其文献保证体系的建设，促进传统服务和信息化服务之间的良好的结合，建立高校图书馆的文献资源的保障体系建设，实现其服务模式的相互促进与提升，实现资源的优势互补。这满足科研人员等较高层次研究者对科学研究文献信息的深层的需求，也实现了一般人员图书馆信息查询的需求。

（三）信息服务对传统服务的冲击

信息服务是以数字教学、文献、网络信息技术发展为基础性的信息服务，随着现代化的通信技术手段的研发，其直接冲击陈旧的图书馆服务，主要表现在，图书馆在其信息化发展过程中的经费的投入是有限的，并且其数字化信息服务和文献信息改变、各种软件硬件设施的引进，传统服务的减少，纸质文献数量的减少。还有更深层次的冲击是对图书馆员的冲击，即信息化背景下对图书馆员的素质有了更高的要求。作为图书馆核心和灵魂的高素质图书馆馆员，必须在自身的知识、能力和素养等全方位有提升。

1. 要有比较系统的现代图书情报管理和信息技术基础知识

钱学森先生曾经指出:"图书馆、档案馆、情报单位工作人员,应当是信息专家或信息工程师,是信息系统的建设者,也是信息中心使用的向导和顾问"。现代图书馆馆员要在图书馆学科基础、现代管理科学、图书情报知识、信息科技和相关学科具有一定的专业基础和理论知识,以不断适应岗位需要。

2. 能够熟练进行信息获取与处理的能力

院校图书馆员在履行职能的过程中,必须担负更多职能,将不断增加新的内容。要从事网络导航、咨询、信息采集与管理等工作,帮助教学人员检索、提供检索经验和建议。因此,要有强烈的信息意识,具有捕捉最新信息和处理信息的能力,具备学术研究能力,包括及时获得最新科研成果的能力、进行学术交流的能力。

3. 具有扎实的科学文化和过硬的现代图书馆管理专业素养

随着读者自我服务能力的提高,教学科研将更需要具体的适用信息和经过转化、加工、分析研究而形成的信息资源。馆员不仅要有能从浩如烟海的信息资源中筛选出所需信息,而且能够适时分析和研究教学需求,对文献资源进行二次开发,指导和帮助教学科研人员利用馆藏和网络数字资源,找到各自所需的文献载体,准确高效地获取信息,同时还要开展以综述、专题报告等三次文献为核心工具的深层咨询服务。

(四)开展传统服务和信息服务,必须坚持以人为本,读者第一

高校图书馆是高校的支柱,其生存和发展是为了为学生和教师提供更加便捷的服务,其评价的标准是读者的需求。对此,其应该积极的研究读者的心理特点、阅读的需求的变化、信息需求的类型等,针对不同专业的教师和学生,选择不同的方式来满足其对信息文献的需求。馆员应该具备爱岗敬业精神和服务精神,实现对其的热心的服务,坚持耐心、精心、热心、细心的解决问题。

高校图书馆传统信息服务和现代化信息服务之间的矛盾一直是存在的,但是其会遇到很多的新的问题和矛盾,只要着力于解开这些矛盾,坚持两者的相互结合,提高其读者的满意度,积极的服务于社会建设和科学研究,必然会实现高校图书馆的长远发展。

第三章　信息带来高校图书馆思维变革

第一节　信息引发高校图书馆思考

一、新时期深化高校图书馆信息服务的思考

随着当前信息化的不断的进行，高校的图书馆传统的服务方式，在当前信息化发展的时代已经不能满足人们的阅读的需求，这种服务系统的更新和改革势在必行。对此，图书馆应就当前先进的科学知识进行学习，就阅读过程中的新的科学知识和技术应用到实际的服务系统中，提高其对阅读者的服务的各个方面完善性，实现以人为本。

人们在新的时代背景下，对各种技术和信息的获取的方式的应用提高了其生活的质量，因此，当其进入图书馆后，对这种已经落后的传统的服务方式已经不适应或者是不满足，人们更加的倾向那种便捷、高效率的服务方式，因此，图书馆作为服务机构，其应满足人们的阅读需求，提高自身的工作，发挥自身的便利性的特点，积极的为用户进行完善的服务。

（一）高校图书馆服务存在的问题

1. 思想观念较为落后

高校图书馆在建设的过程中，因为其自身的特点，对时代背景下科学技术的应用具有滞后性。并且图书馆受到传统思想的影响，其对馆内的图书的数量十分的重视，相应的就忽略了对馆藏图书的质量，并且对其图书的管理的方式和对其他信息资源的开发和利用就相对的有所忽视。这就导致其在信息资源的收集和整理的过程中，大部分都是一些纸质资源，没有电子的有效资源。

图书馆在之前的使用中，其对阅读者的需求没有有效的重视，这就导致其信息资源的收集不能从用户的角度出发，造成了虽然其收集了大量的信息资源，但是没有人对其进行有效的应用，造成了对人力、物力的浪费。这种传统的图书馆对现代化的各种新科学技术的使用十分的排斥，导致其虽然发展的时间很长，但是实际对读者的服务的方式比较落后。

2. 经费短缺

经费问题一直是制约着图书馆发展的重要原因。这种现象在一些民办高校中显著存在。这就限制了高校图书馆的发展，对其信息化的实现起到了制约的作用。对此，也有学校提高了自身对图书馆经费的投入，但是其经费的提高，并不能跟上其图书馆费用提升速度，并且随着各项新的科学技术的发展，图书馆的信息资源的需求逐渐的加大，这就需要其投入更多的经费采办一些新的电子科学的设备，提高其图书馆的网络建设，对其计算机设备和一些电子系统进行更新。

3. 信息服务人员素质较低

因为当前在图书馆工作的内容比较的单一，并且传统的图书馆对工作人员的要求都是在馆藏方面有突出的技能或者是知识。随着现代化的发展，图书馆的服务意识有了很大的提高。图书馆员不在只是进行馆藏图书的管理。但是当前的图书馆工作中，很少有年轻人会喜欢做这种比较单一、枯燥的工作，但是年龄比较大的工作人员其专业的技术和对图书馆服务意识重视程度不够，其服务的方式比较落后，整体的图书馆的服务人员的素质并不高。在实际的人员的招聘中，很难找到这些善于学习知识，同时对图书馆的工作又十分的尽心的人才。所以，人们对图书馆的服务质量评价并不高。

（二）深化信息服务的措施

1. 强化信息服务意识

当前随着人们对网络化发展的认识逐步的提高，传统的服务方式逐渐的发生变化。图书馆人员只有认识到传统的服务方式和当前的图书馆的发展是不相符的，才能有效的提高其对信息化的重视。所以，服务人员应该转变其之前对信息服务的认识，提高自身的管理经验，重视对新的科学技术的学习，用更加先进化、科学化的方式来管理图书馆，并且在学习的过程中，积极的研究本图书馆管理模式存在的缺点，将其和信息化之前建立有效联系，实现新的管理模式的应用。管理人员应该以一种包容的态度对待这些新的知识和技能，提高其对这些知识和信息技术的了解，提高自身的综合素质，这样在读者有需求的时候，可以及时的解决读者的问题，完善服务系统，实现图书馆人员的综合素质的提升。

2. 增加经费投入

图书馆建设的过程中，需要不断的提高馆藏的信息资源，综合性的丰富其馆藏的内容。提高其在自身发展过程汇中的技术、科学、设备的实际的应用水平。这就需要其经费支持。因此，为了有效的提高其信息资源的有效利用，需要在其信息的收集、整理、分析、管理上投入更多经费。但是当前在信息资源的经费的投入和使用的过程中，其服务的质量并不高，经费的投入是也为了有效的保证其服务的质量。

3. 开展个性化服务

个性化服务是在图书馆的服务过程中，积极的开展各项有效的针对性的服务，即一对一的根据用户的实际的需求，进行个性化的服务。这就需要高校的图书馆深入了解用户的需求，在对个性化服务的管理的过程中，提高其在个性化知识、个性化服务推荐等方面的建设。实现网络信息的个性化服务、信息化的个性化服务。

二、信息时代高校图书馆定位

新的科学技术研究和进展的背景下，图书馆的服务的内容不断的增加，其服务的方式不断的扩展，面对不断更新的新的科学技术和知识理念，当前图书馆的发展面临着很严峻的挑战。必须认识到当前信息时代下的图书馆的定位，才能有效的发现其存在的问题，实现目标。

（一）图书馆发展的定位

高校的图书馆是信息收集、信息传播、信息利用的有效的综合性机构。这个机构为高校人才的培养提供了有效的知识、信息。高校的图书馆一直是服务于高校的读者的，服务是其发展和产生的根本原因，在这个基础上，其不断的发展服务的类型，有学术类型、研究服务等。无论是从哪一方面的服务内容，都是图书馆在自身的定位基础上，进行的目标的设定。这主要是根据图书馆自身的优势、自身的特色形成的一种优势。因此，即便是当前图书馆在自身的规模或者是自身的建设的经费等方面存在不足，其在找到了自身的发展方向后，就可以实现沿着正确的发展方向前进，这就是每个大学的高校的图书馆在其发展的过程中，有其自身的发展和培养的目标。所以，图书馆的应认识到自身的特点，突出自身的办学特色。

（二）图书馆馆长的定位

图书馆的馆长对图书馆的发展有很大的影响，其对图书馆的发展方向和其管理的模式，运行的状况上都有决定性的作用。当前在数据信息化时代不断发展的情况下，高校图书馆的馆长必须要深刻的认识到信息知识和数据化系统的发展，对图书馆信息发展的作用。提高自身的信息意识，树立信息化理念。

1. 经营理念

在经济发展的高速时期，人们习惯以经济效益来衡量所有的活动，对图书馆的发展也是如此。高校的图书馆长必须要具备一定的知识管理的经验，重视管理人员的服务意识，提高其自身的管理的经验，从利益的角度，促进图书馆的发展，实现其岗位的人员的优化配置，提高管理的有效性，改变人们对传统图书馆的认识，提高在人们心中的评价。

2. 集成理念

图书馆是包含了众多的学习内容和知识的综合性的集成学科。其包括了不同的专业额度各个分支，并且在对其知识的管理上，其综合了信息化的先进的知识技术，同时还融合了计算机、网络、多媒体等高科技的科学手段。所以，图书馆在对其进行的各种人才储备、人才管理上，应该考虑到不同的专业和学科，综合性的提高人才的储备的数量。图书馆的馆长，作为图书馆管理的总指挥，其对这种集成的理念必须要有深刻的认识，制定长远的图书馆的发展的目标和方向。

3. 创新理念

图书馆的发展的历史很长，在经过了几千年的发展后演变成为今天这种形式。每一次图书馆的发展都是社会进步的反映，也是对社会变革的见证。创新是图书馆发展的动力，是其改革的灵魂。在当前社会发展迅速的时代背景下，对图书馆进行创新，是提高其自身的思想认识的健身，是提高图书馆和现代社会发展相适应的一种方式。

（三）图书馆馆员的定位

当前信息化时代的到来，图书管理员应该对自身的工作有一个准确的认识，其应该改变传统管理人员图书管理员管理图书的认识，对当前图书馆的管理人员的工作有新的认识，明确信息化时代，图书馆的发展的方向，以及自身在当前图书管发展的过程中其所起到的作用。对信息的使用、信息的价值的判断、信息的分析能力等进行相应的培训，提高自身的信息素质，在信息化时代下，图书管理员应该是实现对以下角色的转变。

1. 信息资源的传播者

随着当前信息化发展的脚步的不断的加快，网络自动化和全面的网络覆盖下的电子信息的获取的便捷性的提升，人们对信息资源的传播和收集的速度都得到了显著的提升。为了有效的发挥当前图书馆的自身的特色，提高其馆藏资源的有效的推广和利用，图书管理人员应该深刻的提高自身对信息资源的整理和传播，有效的推广当前环境中的各项资源和信息的整合，实现将馆内的各种信息有条理的被大众所获得，并且为其的工作和生活发挥其重要的作用。

2. 信息资源的管理者

在当前高速发展的信息时代，图书馆内的图书资源等其不仅仅是纸质、文献等的图书，其还有各种电子化的文献、数据化的资源，以及网络的各种资源。这些信息资源因为其自身的种类的不同、管理方式的差异，对其的保存、存贮、检索、管理势必有很大的区别，图书管理员应根据其不同的资源文献创新管理的方式，提高其现在信息环境下对各种文献资源的信息化的管理，对不同的信息资源进行加工，实现其被读者的良好的利用。对此，图书管理人员应具备良好的信息处理能力，并且熟练对各种资源的筛选，在其工作的过程中，管理人员应积极的发现其工作中存在的问题，并且寻求合适的解决的方法，提高其管理的效率。

3. 信息资源的教育者

随着当前教育改革的不断深入，我国信息资源发展的快速的今天，提出了终身学习的理念，终身教育的理念也被人们所熟知，并且这种观念改变了我国高等院校办学的模式。高校的图书馆，其作为高校教育的辅助工作机构，其应属于教育的一部分，对终身教育进行积极的推广，提高其对信息知识和文化的学习，引导学习者更新教育知识。

4. 信息资源向导者

虽然当前信息资源的获取的速度很快，但是因为数据资源信息的爆炸，各种资源充斥，人们想要找到自身需求的资源就需要不断的查找，筛选，这浪费了人们大量的时间和精力。所以，人们当前对各种信息资源便捷性的查找就很重视。图书管理人员应提高自身这方面的学习，对网络数据庞大的信息资源进行有效的筛选，及时的查找出人们想要的信息，并且通过客观有效的分析，提高人们对信息资源的有效利用。

（四）图书馆服务的定位

服务是图书馆的宗旨，随着当前时代的发展，服务的理念和内容也需要根据读者的需求做出相应的变化。新的时代下，图书馆的服务的定位发生改革。

1. 确立以读者为中心的服务理念

随着网络信息资源的共享和开发，读者的信息的获取已经从其之间的被动的获取信息到现在的主动的获取信息资源。图书馆作为新的技术的使用和开放的资源管理平台，其还应该重视参与信息资源使用的人们的意见，就人们和信息资源之间的关系进行深刻的分析和理解，根据其关系的变化，转变当前的服务定位，让读者的需求来引导信息资源的建设。

2. 完善数字化图书馆，提供个性化服务

数字化图书馆其包含的信息资源广阔，这个系统很开放并且涵盖的信息很全面，对不同专业和信息资源的检索和获取是当前高校建设数字化图书馆的重要内容。图书馆对此，应该根据本学校的办学的专业、科学研究的实际的情况出发，建设本校特色的数据资源库，针对性的帮助本校的师生进行文献信息的获取和知识的探索。图书馆应该进行个性化服务的建设，提高其在网络网站建设的过程中，各种专业性的信息导航建设，进一步的提高其对当前建设的过程中读者的服务质量。

3. 拓展网络服务渠道

图书馆在高校中建设与在社会中的不同是其专业性更强,其在学校中的存在就相当于是第二课堂一样,很多的学生和教师在图书馆的学习是不受时间限制的。传统图书馆建设的过程中,其是限制了人们的身份、限制了人们的时间,是几乎不可能全天开放的。但是现代信息资源下的高校的图书馆资源对外就基本是全开放的,不论其是通过何种方式获得资源或者是哪一个时间段的资源的获取,其都会获得其想要的信息资源。这就实现了读者的随时随地信息资源的获取,为图书馆的发展和服务指明了方向。

4. 提供信息资源培训服务

在网络时代,单纯的提高图书馆自身的信息建设是远远不够的,应该提高读者的信息资源的获取和对其的相应的服务系统的建设。这就需要让读者认识到信息资源的重要性,最好的方式就是对其进行有效的信息素养的教育。这可以从两个方面实现,首先是需要读者对图书馆进行重新的认识,提高其对图书馆信息内的各种数据系统和服务内容的认识,并且掌握各种新的检索的方式,有效的利用电子信息系统获取其想要的信息。因此,读者不但需要提高其对计算机信息资源的认识,还需要提高自身对信息资源的有效的获取的方式,提高其自身对各个资源系统的有效的利用能力。

第二节 信息对高校图书馆的影响

在人类历史的发展过程中,信息技术是一项技术性的变革,彻底改变了人类学习、生活。通过计算机、网络系统、各种电子产品渗透在人们的生活、工作中,彻底的改变了人们原来的生活节奏和方式。如计算机、多媒体、远程通讯、卫星通讯和光纤通讯、电子出版物、情报检索服务系统、信息高速公路及其支持下的信息数据库网络、虚拟图书馆(数字图书馆)、人工智能与专家系统等等,信息技术的发展使得现代的人类社会在各方面的速度都加快,它呈现给我们的一个非常突出的特征那就是信息总量的迅速膨胀,即人们通常所说的"信息爆炸"。信息的变化速度很快,其可能在每分钟都是变化的。高校图书馆是高校的教育的辅助性机构,也是高校信息资源的获取的主要机构,在信息化时代,信息资源的有效的获取就对图书馆的实际的发展有很大的影响。

一、对高校馆藏的影响

高校图书馆传统的职能就是馆藏，在图书馆之间的竞争中，图书馆的馆藏资源是各个学校的自身比拼的重要内容。信息技术的发展，打破了传统图书馆之间馆藏资源职能的单一性，其提高了在不同的图书馆用户信息服务方面的职能。并且实现了用户在不同的地域或者是时间内的信息资源的获取不受限制。传统的资源馆藏中主要是一次性的信息文献资源，即纸质信息资源。这种是不能有一点损坏的，是不可修复性的，并且其数量并不多，种类也不同，就不同的图书馆的地域性特征不同，想要获取相应的科学知识信息有时候需要到当地的图书馆才能获取，这就给用户的使用带来了很大的不便。随着信息科学技术的发展，网络数据实现了资源共享，图书馆之间相互融合，将自身的特色资源上传到网络上，实现了图书馆之间的有效的共享，这样，即便用户是在相隔万里的城市，其也可以在网上搜寻到自己想要的信息，简单又方便。

二、对高校管理与服务工作的影响

随着信息时代的发展，高校的图书管理工作也在不断的发生变化，以前图书馆的组织管理以采编部门、阅览流通部门、行政后勤部门为主体，要依赖于大量的人力资源，而且服务地点均以图书馆的场地为主，对外开放的时间也是有限的。而现在图书馆对馆藏书籍和期刊进行了回溯数据的建库工作，将图书整合编排，实现了采购、编目、流通的自动化管理，读者可以通过计算机迅速查到所需的书刊资料的存放和借阅情况，采编书刊可以一次输入多次输出，编目的格式整齐规范。图书馆中的用户大多数是学生，学生学习的过程中，如果不能有效的对其遇到的问题进行解决，就会影响到其使用的效率。在信息技术的影响下，计算机能够将图书馆常见的问题以 FAQ 的形式张贴在学校网站的主页上，供学生查阅；同时能够通过电子邮箱和实时问答等形式及时解决学生的疑难问题。学生写论文的过程中，其需要的文献的信息也很多，并且其对文献知识信息的获取的专业化程度不高，这就需要有专业的管理人员对其进行讲解，充分指导学生有效的利用信息资源，在有限的时间内充分的使用各项技术，尽可能多的为学生提供资料。

三、信息技术对图书馆管理人员的影响

传统的图书管理人员骑兵工作的内容只是对现有的资源信息进行有效的整合、对图书进行有效的管理、对其借阅的情况作出记录等，这主要是以其理论性管理为主。但是信息化时代下，图书馆的发展更加的信息化、网络化，这就相应的提高了对图书馆人员的要求。其需要对现有的文献资源进行电子数据的整合，对其进行电子版

的管理，这就需要其提高自身的信息化科学技能，提高自身的信息素质。

为了有效的帮助学生查找各种文献信息，图书管理人员应该提高自身的检索的技能，对各种检索的技术和知识进行学习，帮助读者更好的查找到其所需要的网络上的、数据库中的信息。因此这就要提高图书管理者的专业水平，不断地去学习新的信息技术。

第三节 信息推进高校图书馆应用的进程

图书馆的发展正向着信息化、数字化迈进。所以，高校在对其进行更新和管理的时候，应从其信息化和数据化的角度出发，改变传统的文献管理模式，提高对其网络体制的管理。重点培育出图书管理的人才，实现其设计的创新。

一、信息化进程图书馆特征

图书馆的发展的过程中，应积极的开发人力资源，并且结合着新的科学技术，将先进的管理理论、优秀的人才、科学的技术进行有效的整合，实现图书馆的发展。对图书馆中的人员应该进行积极的培训，提高对其的各种专业信息知识的应用，提高其对信息的查找能力，提高自身的创造力和思想的创新能力，专业化的设计图书馆，满足高校师生的信息需求。

（一）图书馆的信息化进程

高校图书馆的管理模式还处于信息化进程发展阶段，传统的管理模式已不能适应信息化模式，严重制约了高校图书馆信息化进程，其主要分三个方面：

1. 管理模式的信息化

图书管理从其传统的手工管理到当前制定高效的管理模式。手工操作的管理很繁琐，并且很不方便，管理人员常常会感到很吃力。信息化的管理模式解决这一缺点，实现了对其的简单、高效的管理。

2. 藏书设计的信息化

纸质的图书、文献等逐渐的被电子信息的方式所取代，并且被广大的师生所接受，这种便捷性的阅读方式逐渐的成为一种一体化的信息模式，提高了高校师生阅读的便利性。

图书馆主要是复合型图书馆，即其是以实现资源的共享为主要的目标。纸质资源信息的收藏，其主要是受到了图书馆建设的空间大小的限制，不能满足读者的大量资源的需求。但是信息化的实现，其将资源都是上传在网上，实现了网络资源的共享就是将各种文献的信息提供给读者，这样才能让读者找到其想要的信息，并且不会受到时间、空间的限制。

（二）信息化图书馆特点

随着图书馆信息时代的到来，改变了其之前的收藏的方式，从其木质结构的收藏的方式，转变为数字化、信息化的收藏方式。之前的图书资源主要是纸质印刷的方式，这种方式垄断了整个文献知识的传递，信息化打破了这一时代的垄断，收藏的信息逐渐是以数据或者是电子为主，实现了将不同的介质信息的转化。同时，信息时代的到来，改变了其收藏的空间和种类。当面高校的图书馆其收藏的主要文献为带有地域特征的各种文献信息、地域性知识等，信息化的实现，将各种珍贵性的信息通过网络安全的的方式实现了资源的共享，其可以获取到不同的地域内的有效的知识信息。

信息化图书馆的服务模式也发生了很大的变化，当前主要是以各种信息化增值性服务合格人性化服务为主，并且实现了其服务功能一体化的实现。

就当前的图书馆的人员的管理发面，其也向着信息化的方式靠拢。即提高管理人员的专业信息素养，提高了其管理模式的创新，并且提高了其决策性，实现了其创新和改革。图书管理人员对现代化信息的管理模式更加的熟悉，并且其提高了现代化图书馆的知识结构的科学性。

二、图书馆信息化设计的策略

（一）创建信息化资源系统

信息化系统的实现，其主要的目标就是为了更好的服务于广大师生。提高其文献信息知识获取的速度和质量。当前高校在这一方面主要是先从建设一些基础的信息化功能，其主要包括节约系统的建立、查询系统的建立，通过对电子信息技术的应用，实现对当前其所有的专业性书籍的分类和管理，达到对高校图书馆信息资源完整的整编。同时，图书管理人员通过有效的对图书馆的信息知识进行整体性的导航，提高了其查找信息化资源的时效性。

（二）运用现代化管理技术

图书馆的有效的运行，其需要提高自身的管理的技术，管理模式随着当前信息化的实现也逐渐的提高。管理人员针对这些电子信息文献，其管理的方式也逐渐发生了改变，是以电子化的管理方式对电子文献进行信息化管理。这种管理的方式促进了高校图书馆的信息化建设实现，并且引进了先进的管理系统，提高其管理的科学性，有效性，降低了管理人员每日的工作量，使用先进的科学技术实现了其日常工作的管理。

　　图书馆的信息化发展已经成为现代图书馆发展的必然趋势，加强对其的有效的管理，可以实现对图书馆职能和其服务的完善，加强对图书馆信息化过程中的设计的合理性评价，保证其在图书馆信息化过程中，信息发展的有效性，提高其图书馆信息化平台的建设。

第四章 信息时代高校图书馆信息服务创新内容

第一节 高校图书馆信息整合系统平台

一、高校图书馆信息整合需求

高校图书馆是为高校的师生提供有效的科学信息的服务性机构，其图书馆发展的目标是实现资源的共享，随着当前信息化发展过程中网络技术发展的不断加快，高校的信息化资源方面其面临了新的挑战。为了保证高校的信息化建设过程中的资源建设的有效性，提高对高校图书馆的资源整合。

二、高校图书馆信息资源建设现状

当前我国高校图书馆的信息资源建设已经在持续进行，但是目前其面临的问题比较多。就高校而言，其建设所需改革的内容比较多，有些学校没有形成一定的改革的机制，很多方面的信息化进行杂乱无章，并且对学生学习、教师研究等方面的信息管理上，其管理的效率不高，不能有效的为学生和教师提供及时的信息，或者是管理人员将大部分的精力放在对信息化管理系统的建设上，导致其没有时间来整理这些信息资源，导致信息资源混合的掺杂在一起，并不利于学生和教师的使用。

当前，随着学校的网络技术的应用，高校图书馆作为信息文化的传递者，其在进行各信息资源的有效的传播和使用的过程中，可以将其附带的各种技术性知识传播到学生和教师群体中。随着其信息资源向网络化和信息化发展，能把网上各种音频、视频、图像等数据库信息资源通过科学合理的整合，以动态方式为读者提供服务已经成为各高校图书馆服务的主要内容。除此之外，高校的信息化进行过程中，其在对信息资源的整合的过程中将图书采购进行科学计划，这样可以有效的促进图书馆资源的整合。因为高校的图书馆其面对的是不同的学习层次的学生，并且学生的需求各有不同，信息教学方面其面临的问题也有很多，这就是其在提高当前教育者的信息素质方面面临的问题。

当前在对高校的图书馆建设的过程中，其缺少有效的分工，没有整体的信息化的规划,导致其在分工或者是布局上各种不合理的现象。同时因为其在图书馆的信息化进程的过程中,出现经费不足的现象,导致在建设或者是技术方面其信息化的进程困难,资源的整合就比较困难。同时根据其在建设过程中的科学研究的采购的信息资源的差异性,教师或者是学生在筛选或者是查找的过程中,对各种资源或者是信息的查找过程就很繁琐,或者是难以找到其想要的信息。在整个信息资源的建设过程中,其面临的最重要的问题还是对一些水平比较低的项目重复建设的情况。不能有效的根据当前学校开展的各个专业,专业性的建设一对一的资源信息库。同时,在建设的过程中,因为其管理人员或者是建设人员的信息素质比较低,其在建设的过程中,技术的使用不合理,制定的管理的机制不符合建设的方向等,这都是严重的阻碍其建设进程的因素。

三、高校图书馆信息资源整合

高校图书馆的信息资源的有效的整合,是根据当前学生和教师的需要,对其功能、结构、关系、进行合理、科学的整合,实现其图书馆建设形成一个有效的、统一的整体,这样实现了其资源的各种的科学、合理的重组,形成一个更加有效的资源体系,发挥其最大的工作效能。

(一)做好图书馆信息资源的长远规划

信息资源的建设范围更广,其是一种发展前景更加广阔的新的体系。当前要想加强对信息资源建设的有效性,应该正确处理好对其以下关系。

首先,坚持同步发展原则。在信息资源建设的过程中,实现其和电子期刊、电子图书等不同资源的关系。

其次,优先发展原则。信息化建设是当前建设和发展的重点内容,加强对其的信息资源的建设,优先发展其中文资源。

(二)合理采购信息资源

图书馆信息资源的收集其主要是通过购买或者是租用数据库的方式实现。采购的过程中,应该保证其采购的信息资源对图书馆的信息资源可以起到补充的作用,这样才能实现其信息资源化的完整性的建设,并且在建设的过程中,必须要先明确信息化建设的馆藏的信息资源建设的必要性、完整性,保证其对教学的科研、教学的基础上为师生提供有效的服务,并且获得其足够的知识可以供学生和教师使用。

(三)加强信息资源宣传和培训

1. 加强宣传。

我国高校的图书馆的信息化建设虽然其建设的时间比较短,但是其在一些地方的建设还是取得了很大的进展,不过,大部分的学校的信息化建设还是处于低级阶段,很多学校对图书馆网络化建设还是一知半解。所以，需要提高对网络图书馆建设的宣传，提高大家对信息化认识，通过举办讲座或者是一些其他的活动来提高对其的资源的开发。

2. 读者培训。

信息资源的开发过程中，其作为一项信息资源的新的品种，其操作涉及到的内容很广泛，并且其种类很多，对学生的教育性工作的开展具有促进作用。读者在使用这些信息技术之前，其先应该对其使用进行系统的培训，以提高自身的技术，提高其检索的水平，积极的开展各项技术和检索技能的学习，实现对信息资源的有效的获取。培训的方式有很多种，可以包括讲座、在线的咨询等。

（四）加强信息资源优化和整合

随着电子资源的种类的增多、信息化知识的增加，在对不同的平台上的不同的信息资源进行检索的用户面临的困难也逐渐的增加，并且资源之间的检索面临着重复性和交叉性，这就会影响到其检索的难度，用户需要掌握不同的检索的信息和技术，并且熟悉不同的检索的界面信息。针对这个情况，高校的图书馆可建立相应的资源分布系统，实现资源的网络数据的一体化，统一用户信息，实现多个系统的层次性的访问，实现电子资源的优化。

四、高校图书馆信息整合平台设计

（一）信息资源的整合系统设计工作

馆藏的管理人员和其服务性人员的综合的目标就是为读者提供有效的服务，提高其图书馆的读者的有效的评价。当前在信息化背景下，图书馆人员面对着数字化图书馆建设，资源的迅速膨胀，管理难度增加的局面，想要构建整体的信息资源的整合系统，提高信息资源管理水平，有效的对资源进行整合就需要其不断的提高自身的能力，对资源额度整合系统的设计进行有效的评价。

1. 系统设计原则

高校的图书馆设计系统的实现，其需要遵循以下几点原则

首先是系统性、针对性原则。系统性原则即提高高校图书馆在当前的建设的过程中，对一些管理信息资源和管理方式、结构等方面的系统的考虑。其中心应该是围绕着提高服务的有效性展开的。针对性原则即在开展信息系统构建的过程中，对其在一些专业知识资源的查找或者是搜索的中，其应该建设针对性的资源库，满足师生的特定的需求，保证其可以实现读者的阅读要求。

2. 系统设计目标

设计人员在进行资源的设计和整合时，其要综合性的考虑很多方面的内容。其

中查询界面的建设是一项重要的内容。在建设的过程中，查询界面的建设其是需要根据读者的习惯进行不同的专业的文献知识分类，这样让读者在查找的过程中，提高了其效率，节省时间。同时将纸质资源和信息资源进行有效的融合，实现了其建筑的个性化、简便化，实现了对读者的灵活的便捷的服务。

除此之外，其他的就建设目标如下，依据读者的角色与类别对信息资源进行授权管理以及分级访问处理，以保证不同读者在最短时间内获取到其所需的服务；构筑高效的链接，将目标内容直接与扩展服务联系在一起，为读者提供选择自己所需求链接的充分自由；保证各种信息资源格式的多样化，允许读者根据其需求对格式、排版等进行转换，同时推动咨询、检索、互借等服务的一体化实现；设置目录、数据库资源、网络资源、已订购资源、该高校自身资源等各种资源相结合的跨库检索方式。

3. 系统设计方案

在系统的综合设计的过程中，设计人员可以有效的利用 SQL server 以及 ASP 建设基础的数据库，并且实现了信息资源和纸质资源的分开的独立的管理系统。并且对其进行一个系统的综合性整合，实现对两个系统的共同的管理和开发。

（二）信息资源的整合系统具体应用

1. 整合系统应用调查

设计工作的顺利的开展需要其做好准备工作，这就需要其在整体的系统开发之前就其可能会产生的各种问题进行综合的考量，并且研发人员和管理人员之间应该建设一个统一的、协调性的工作建设标准。调查的工作内容应该设计好一个完整的调查性问卷或者是完整性的用户需求分析，这样才能有效的实现其在调查的有效性，加强对其资源的建设的中各项技术和数据统计技术的应用，实现对群体检测或者是对各种有效数据做出的检测的准确性提高。针对不同的年龄群体对计算机技术或者是信息资源使用中存在的问题进行有效的分析，根据这些问题简化检索其所需要的步骤或者是操作，实现其群体使用的便捷性的提高。

2. 整合系统的试运行

单纯的完成了图书馆的信息建设并不能有效的解决其存在的问题，各种技术或者是服务方面的问题是会源源不断的产生的，所以，图书馆的工作人员应该做好对其系统的维护，对读者在进查找或者是资源提取过程中出现的各种问题应该及时的进行调查，找到其原因，并且积极的改善，实现其不同群体中的各种影响问题的消解。管理系统存在的不足或者是与现阶段的管理方式的冲突应该竭力避免，通过各项有效的检测技术或者是对一些系统中的实际的应用性板块的后期的反馈的信息进行分析，并且找到其中有效的信息，据此，对系统进行优化，实现系统的完善。

以提高系统的自主性、简便性。

3. 整合系统具体应用

用户在通过整合系统应用资源时,首先要将IlasII系统(图4-1-1)启动,再进入到输出馆藏数据的菜单,然后选择自己所需要的数据进行保存以及重命名,结合自己的格式需求进行格式转换,转换完成后,再点击输出检索途径,选定所要输出数据的具体范围,开始将所有资源数据输出,输出之后再以个人需求将无用的数据消除,最终获得所需资源。

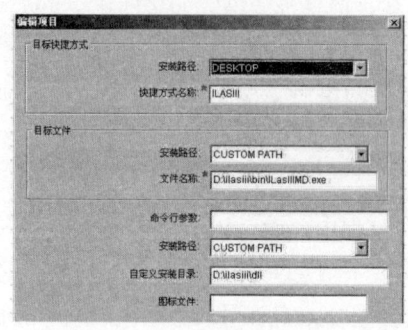

图4-1-1　IlasII系统安装

第二节　高校图书馆信息资源共享

高校图书馆建设的过程中,信息化的实现势必会提高其信息发展过程中的共享资源的进程。因为高校是服务于广大师生的,这就要求其在高校的实际的图书馆开展和建设过程中,应该根据学校的发展建设不断的提高自身的建设,但是单一的图书馆自身的资源有限,不能实现对其良好的建设,在当前大数据时代背景下,资源的共享是实现高校图书馆自身资源扩充的有效的途径。

一、我国高校图书馆信息资源共享建设其面临的问题

(一)资金来源不稳定,缺乏可持续的投入机制

就我国图书馆的当前的建设而言,高校的图书馆的建设其所需要的资金的来源就是政府的拨款,但是目前并咩有有效的法律条文来对其进行明确的规定,对资金的投入没有形成有效的机制,其不能稳定的、持续的进行图书馆的建设投资,这就使得高校建设图书馆的过程中,就缺乏原动力。并且在高校图书馆的资金赞助方面

很匮乏，没有什么企业愿意资助学校的图书馆就爱谁呢和，这就形成了高校图书馆建设政府的依赖性很强，在一定方面政府的投资就制约着图书馆的发展。

（二）缺乏交流、开放力度不够

高校建设的信息资源共享的联盟其并不是无限制的，很多高校的信息资源的联盟针对性很强，很多阅读者都打不开一些网站，这些网站大部分是针对本图书馆内部的会员开放的。这就导致图书馆内部的资源和外界的交流并不多，资源的开放性基本上就是零。

（三）数据库资源不足，资源重建现象严重

高校图书馆实现其资源共享后，这部分共享的资源大多是一些常见的资源，并不是特色建设的资源，并且不同的图书馆的内部人员之间的有效的交流并不多，导致资源的重复建设现象严重，有效性很低。

（四）高层次人才短缺，人员培训机制有待提高

当前虽然是计算机资源共享的培训背景下，但是对人员的培训的内容，大部分就是进行相应的数据管理或者是系统的操作性应用，其培训的方式很单一，并且缺乏灵活性，这就导致培训出的人员的实际的信息综合素质并不高，并不能有效的提高其服务的水平，人员管理方面的问题也就相应的制约了其图书馆的信息建设的有效性。

（五）资源、服务推广力度不够，使用率降低

虽然各个高校的图书馆都在相应资源共享的建设，并且也在积极的推广共享资源，但是相关的推广的实际的活动的效果并不明显，图书的实际利用率还是很低。

二、有效对策

（一）引入合理的市场机制，建立可持续投入机制

我国在图书馆的信息资源建设方面其可能没有国外其他图书馆的建设的发展时间长，缺乏相应的经验，对此，我们可以积极的借鉴国外先进的科学经验，引入高校的市场管理机制，提高图书馆和企业或者是一些投资机构的建设合作关系，实现其资金的筹集渠道的稳定性。

（二）加强交流和培训，重视人才的建设

高校的图书馆联盟可以通过建设信息交流平台实现其不同的图书馆的会员之间的有效的交流，并且通过对这些动态合作的信息化建设，实现对其的管理，及时的发现联盟资源的推广过程中，其所存在的问题，积极的解决这些问题，实现其资源的有效利用。通过对工作人员建设有效的管理，提高其工作人员的培训技术，对其各项专业性机能培训进行有效的监督，实现其管理人员的综合素质的提升。

（三）加大开放力度，拓宽合作范围

联盟之间应该摈弃之前的封闭性的传统的思想观念，重视高校之间的合作，实现信息交流的共享力度的加大，促进其共享的高校的联盟的规模，避免资源重建的浪费，提高特色资源建设的有效性，促进全国的资源的共享的实现。

（四）挖掘特色共享资源，完善特色数据库建设

当前高校的信息资源建设的过程中，其资源很有限，加大对资源的推广，实现对资源的有效性建设，提高对资源技术的更新速度，进一步实现特色资源的建设。这样就可以实现其不同管理模式的数据资源的图书馆的有效的开发和建设。

（五）加大宣传推广力度，扩大成员馆的覆盖范围

高校的图书馆联盟是一个统一的整体，但是其不同的地域性的图书馆其自身的学生的专业性特色不同。这就要求高校图书馆应该从实际出发，根据自身的学院办学特色，发展的情况，制定相应的发展计划，提高自身资源信息的使用效率。

总之，高校图书馆信息资源的共享是当前发展的趋势，是社会发展的客观性要求。虽然其面临的问题很多，但是只要选择科学、合理的方法对其资源使用、交流等制定相应的机制，就可以实现其图书馆之间的资源共享的联盟。

第三节　高校图书馆信息检索服务

信息检索是高校图书馆发展和服务的一项重要的内容，其主要的工作内容就通过对图书馆内的各种知识文献资源进行有序的整合，多方位的、快速、便捷的为教学人员提供有效的信息，满足图书馆理人员的共同的需求。

一、信息检索服务对教学科研的保证作用

高校办学的一个重要的辅助性机构就是图书馆，这也是高校重要的文献信息中心和科学研究基地。高校图书馆其既是教师科学研究，文献知识搜索的重要的场所，也是学生进行学术创作，学习知识，拓展自身的文化知识的一个重要的场所。对研究者而言，研究某种理论或者是现象知识，就需要了解当前国内的研究现状，这就需要对国内外的各种知识和理论进行系统的分析，图书馆为其信息的查找提供了有效的保证，为其信息化发展和建设进行有效的保证和创新，为其科研信息研究提供了保证。

随着当前信息化建设的不断发展，我国在网络技术发展方面速度比较快，图书

馆建设需要的数据库技术和种类很多,并且信息化发展的信息和分布比较杂乱,并没有有效的形成阅读者的良好的信息检索技术,这就导致其在建设的过程中,读者对大量的文献信息感到迷茫,不知道如何下手去找自己需要的资源。进行研究的高校的各种研究人员其时间和精力有限,但是面对海量的信息和文献,其不寻找资料和信息需要耗费大量的时间,一定程度上可以说其限制了高校科学研究的有效进程。这就需要其不断的提高图书馆的服务人员的自身的素质,针对信息检索的各项的内容,做好对其的同行业的研究的深入,并且提高自身的检索的有效性。

二、信息检索的基本方法

高校图书馆其检索的主要用户就是高校的教师和学生,为了服务于高校的教师和学生,有效的开展各项研究,提供有效的信息资源和其自身的专业性知识和文献,提高对其的专业性的研究领域的深入开展,不断的加强对自身的检索技术的完善,提高系统的各项资源,需要图书馆借鉴其他图书馆的经验,实现其引擎水平的提高,通过各种检索的技巧和技术的培训,对其用户信息查找的需求进行满足。

有时候高校的学生或者是教师会和图书馆人员进行求助,让其帮助其检索所需要的信息。当图书管理人员在接收到实际的课题要求时,就需要向读者进行其课题结构以及相关的专业课程范围进行了解,然后弄清楚其实质研究的内容,就其用户需要信息的具体内容有明确的了解。在其寻找到了用户需求的信息的实质后,需要对其进行进一步的深入的了解,然后及时搜索、查找其关键的信息,这样就可以实现对其有效性信息的建设和对其信息质量的保证。这也是成功的为用户找到其所需要的信息,保证其信息的准确、有效的一个关键性的步骤。

三、提高检索技术向知识服务发展

信息科学技术的不断的发展,信息检索方面其在检索的技术、检索的方式方面也有了很大的变化。传统的检索的方式已经并不适用当前对检索信息的精确性提高的当前检索的方式。面对新的问题,提高当前检索的信息和内容有效性,实现其检索的需求的变化,转变其检索的方式,提高其检索的有效性,这就需要管理人员按照其检索的要求和技术进行不断的培训,提高自身的信息文化素质,有效的对文献资源进行整合,实现其数据库资源结构的深化。通过有效的整合其信息资源实现其文献检索的利用率的有效的提升,这样综合性的提高用户的体验。针对某一用户的具体的专业性的要求,相关的管理人员应该认识到其专业内部的,各种文献资源的分布,并且对其资源信息需求进行深度的分析,提高其查找资源的确切性的要求,实际的提高查找的效率。

高校图书馆建设的过程中，其虽然是科研或者是读者的服务性部门，但是其一定要明确在高校和社会中，其自身的定位，其应该有自己的发展规划，实际的提高自身的价值，提高其在文献信息查找和资源的实际的服务素质，有效的促进高校图书馆的发展。

第四节　信息环境下高校图书馆个性化信息服务

为了有效的提高高校图书馆的服务，更好的满足高校内的学生和教师的文献或者是信息的获取需求，高校必须要加快信息化建设，提高对其的信息服务机制的制定进度，为了有效的服务于不同的客户，满足不同的客户的需求，促进我国科研事业的发展，实现我国数字化图书馆的有效的建设。

一、网卡环境下高校图书馆个性化信息服务的涵义

随着网络信息化进程的不断加快，高校图书馆建设的信息化机制不断的完善，人们对网络化图书馆的认识不断的加深，并且逐渐的接受网络图书馆建设给人们带来的便捷性资源查找功能，使得其自身的功能不断的被高校所推广，获得了大部分人的认可。这也促进了其后期的继续发展。当前我们了解到网络信息技术的发展不断的向着多样化的角度进行。高校的网络系统，根据自己的实际的管理规模、图书馆的特色其可以在更加宽阔的范围内选择一个适合本校图书馆发展的、从实际的角度出发的信息化服务系统，并且随着其发展的不同时期，可以有效的建设属于其自己特色的个性化服务信息。

二、网络环境下高校图书馆个性化信息服务现状以及问题

当前高校的图书馆其在个性信息化系统的建设中，其建设的标准和实际的质量之间有很大的差距，为了缩小这个差距，使自身的发展技术更加的完善，建设更加的标准化，高校的图书馆一直在不断的努力着。

当前高校建设的个性化的服务机制其主要存在的问题有：

一是高校在使用个性化服务的系统过程中，其只是表面上按照其个性化服务进行管理，实际上内在还是传统的图书管理意识，并没有接受当前新的思想和管理的模式，使用或者是管理的操作依旧是传统的方式。这就导致虽然其有一个高效的运行方式，但是没有一个良好的组织、运营优势，影响了其个性化服务的正常的运营。

二是高校发展过程中，一些高校图书馆求快，在对其还不了解的时候，就将其应用在图书馆的管理模式中，这就会导致一些关键的管理型个性化的服务信息存在很多的缺陷，并且这种高校的管理也仅仅是一种表象，没有将实际的个性化服务真正的体现出来。

随着信息化、网络化进程，高校认识到了信息化个性化服务的重要性，并且明白这种技术对其图书馆的未来的发展有很重要的作用，对于推广其在图书管理和各个系统软件中的应用应该在了解其深度和宽度的情况下进行，不然其不能起到相应的效果。

三、网络环境下高校图书馆个性化信息服务发展的措施

网络环境下，对高校的信息发展和综合性图书个性化的服务存在的问题分析后，应该竭力完善，网络环境下，高校的个性化信息服务机制只有在网络通信技术实施的基础上，才能有效的实现其信息的传递和相关的服务。这样才能保证信息传递的安全性，发挥信息的传播功能，实现其图书馆个性化服务模式。这就是当前图书馆个性化信息服务的一个重要的方面。

四、网络环境下高校图书于个性化信息服务应用前景

随着互联网技术发展的不断加快，网络技术已经在不同的国家和领域内得到了广泛的应用。信息化、互联网化的技术在图书馆中的应用也逐渐的增多。

对高校制定个性化信息服务的定制是为了让其成为高校发展的核心，指导整个高校的发展。据此，这就需要加大对这个系统软件的实际的开发和研究，需要高校的人员学会如何使用者个系统，需要高校的领导对这个系统的使用进行实际的授权，实现其对这个管理系统的良好的优化，让其在整个学校的规划发展中起到其应有的作用。

同时，高校必须要认识到图书馆的个性化信息建设是一项投资，这项投资是持之以恒，但是其效果并不能马上展现，其是需要时间来展现的。高校在对其的使用的过程中，应该对其使用经验不断的总结，以提高自身对其的了解，及时的发现其存在的问题，实现管理系统的良好运行。

网络发展在一些学校中已经取得了良好的效果。这也证明了网络信息管理技术的应用的可操作性。这项新的管理技术为高校创造了巨大的经济效益，并且提高了其服务质量。

第五章　信息时代高校图书馆阅读推广

第一节　国内高校图书馆用户教育现状

随着信息化时代的不断发展，我国的图书馆教育的重要性逐渐被人们所重视。随着电子期刊和文件的流行，其功能逐渐的取代了纸质期刊的功能，信息化的图书馆发展为当前的高效的网络信息化教育提供了有效的途径，但是图书馆其具有悠久的历史，在一些新的功能上面信息技术的应用不能被良好的结合，这就会影响其效果的发挥。我国当前对图书馆教育功能的实现具有很重要的影响。

一、高校图书馆用户教育的内容

传统的的图书馆其主要是对现代化图书教育的基本知识进行讲授。作为用户教育的基础，其主要包括：图书馆的历史沿革、图书馆的发展现状以及前景、图书馆信息的基本组成、图书馆的机构设置、图书馆的日常工作等内容。传统的图书馆教育对其进行基础信息的讲解，主要是让学生对图书馆有个系统的了解，同时其应该使学生对资源信息的获取渠道有了一定的了解。这样就可以方便的查阅相关的信息，提高高校图书馆的利用率。

二、高校图书馆传统用户教育存在的问题

国的图书馆的用户教育随着信息化进程的加快，其逐渐的向着文献信息检索和利用等方面发展，这与时代的发展相结合，但是同样，也使得学生在对图书馆的基本功能的使用方面生疏，甚至忘记了图书馆其基本的知识。学生对图书馆的印象只有刚入学时的参观和其偶尔进行的讲座中。

传统图书馆用户教育的欠缺导致阅览室中学生的数量越来越少，并且学生在其中甚至难以找到自己想看的书籍，等多的是学生常常会在期末考试时将其当做一个课外的自习室进行学习。图书馆的资源得不到有效的利用。

三、高效图书馆信息用户教育存在的问题

（一）信息用户教育受到经济发展的制约

信息教育其重在实践，但是因为我国当前大学网络设施设备还不完善，网络相关的信息还没有得到实际的应用，并且因为教学模式的落后，教学手段的落后，就不能在这种条件下进行有效的信息用户的培养。想要改变这种现状就需要其突破传统的图书馆教育模式，改革创新，不断的将现代化的教学信息和内容应用到信息教学中。

（二）信息用户教育出现起点低与根基浅的现象

当前我国信息的普及主要集中在高校，其他阶段的教学并没有将信息化普及，比如初中、小学、高中都是以传统的讲授模式进行的。学生对其的学习没有在其小时候就打下好的基础，导致其在后续的学习中，就不能获得有效的利用。如果学生自己掌握了信息的检索，那么在其后续的学习的过程中，就会在教师开讲前就其存在的问题进行研究清楚，或者是得到了初步的解决。但是当前其没有形成信息获取的意识，教育的起点很低。

（三）教学模式表现出单一性状态

在我国的高校信息用户教育上呈现一种单一性状体，其主要是表现在我国的大学教育阶段没有形成分层次教学，即大一学生的信息教育和研究生的信息教育阶段的分层。常常是在学生大三或者是大四的时候，进行一次性教育，这种情况下就会造成其理论和实践连接不上，用户教育对其的理解不能很好的贯彻其中。

（四）教师的知识结构呈现出单一性

图书馆的信息用户教育主要是让教研组和信息咨询管理处进行管理的，这就要求教师实行坐班制，这种制度可以有效的提高学生的阅读效率，但是教师其工作的任务很重，其还要接受教学等内容，这就会对其造成很大的影响。教师的时间越少，其对知识的了解就越少，就越难进行深层次的研究，导致其在后续的工作中，知识结构跟不上更新的信息，教师的教学知识结构单一，不能实现现代化的教学。

第二节　国内外高校图书馆阅读推广活动

人们通过阅读获得知识，这是人们认识世界、提高自己的文化的一种有效的方式。图书馆是知识汇聚的场所，其包含了各种文献知识资源，人们在这里，可以进行相应的学习，培育自己的阅读意识。并且学习阅读和教育的过程中，阅读在图书馆其

是一项公益性活动。在发达国家,比如美国、新加坡等,这些国家的高校的图书馆的阅读推广活动一定程度上就提高了其国民的平均人文素质,这对我国教育事业的发展和其阅读推广活动的开展具有现实意义。

一、新加坡南洋理工大学图书干阅读推广成功案例

(一)倡导深层次阅读,开展移动阅读服务

南洋理工大学在2008年以后,其就开始提倡读者进行深度阅读。同时其在学校图书馆内部还开启了博客等一些服务。学科屋是其一项学生阅读的导航系统。这个系统可以帮助读者找到其所需的多种资源,其包括了大量的、种类众多的资源,方便学生的查找。并且图书馆还为学生提供了书籍推荐、书籍评论、新书的咨询等有效的服务。南洋大学的图书馆博客在2010年其访问人数达到了7万人次。正式得益于这两种书籍的服务,学生在阅读中才进入了深层次的阅读。

南洋大学开展的移动阅读服务也是一项创新的阅读方式。其主要包括图书馆的数目查询、图书馆的活动情况、数据库检索等内容。图书馆通过将读者关注的书籍的内容发送到学生的手机中,这样读者就可以在移动设备的终端获得其对这种书籍的更新情况。

(二)营造共享空间、借助网络社区进行宣传

随着人们生活节奏的加快,人们在生活中的时间大多都比较紧张,在这种情况下,读者中出现了一种新型的阅读方式即休闲型阅读。这种阅读属于浅度阅读,是一种消遣性质的阅读方式。这种阅读方式可以在大众时间紧张情况下,进行一种放松的、消遣的阅读,并且对其阅读地点不受限制,可以是任何的时间、任何的环境下,因此,这种方式逐渐受到了人们的喜爱。针对这种阅读方式,南洋大学建立了自己的学习空间、为其创造了不同的环境,提供了电视墙、录音室等环境,为读者的阅读的空间进行了拓展,实现了其阅读环境的提升,并且将阅读的方式和其传统的阅读的纸质方式相结合,满足了读者不同的阅读习惯。并且从不同的阅读社交工具中,进行阅读的推广,吸引更多的人参与阅读。图书馆借助这个平台和读者之间进行有效的图书交流,得到了对自身服务的有效的反馈,并且不断的改进其存在的问题,这种方式就有效的推广了图书馆的阅读。

二、我国高校图书馆阅读推广活动现状以及与国外的差距

(一)我国高校图书馆阅读推广现状

2005年以后,我国将之前的阅读推广的读书月活动推广成读书年活动。随着人们生活水平的提高,人们对书籍阅读逐渐的重视起来,精神文明世界更需要建设。

高校图书馆更是将阅读推广作为一项重要的任务紧张的进行。首先图书馆制定了各种计划和任务就图书馆的阅读推广活动进行各种组织和实施，提高了人们对其的重视性程度。比如沈阳理工大学进行的多校图书馆组织进行的公益性质的讲座或者是图书漂流等活动。这些不同形式的活动内容丰富了图书馆阅读推广的活动的形式。

（二）我国高校图书馆阅读活动推广和国外之间的差距

首先，政策性的支持方面，我国对阅读推广虽然很提倡但是还没有形成国家的一些政策性的帮助或者是扶持，并且对其推广使用的一些资金或者是赞助等内容也没有。但是在国外的一些图书馆的推广活动中，有很多的图书馆都是得到了社会的人士的赞助的。比如美国的哈佛大学图书馆的阅读推广活动就受到了不同的基金协会的支持。其次，在对平台的使用过程中，我国平台使用的技术比较落后，在美国的图书馆，其已经实现了全球性质的数据库藏品的建立。我国虽然部分的高校推出了移动性阅读方式，但是那也只是部分的高校这样进行了示范，实际上其针对的还是本校的学生。另外，国外的高校在进行阅读宣传和推广时，其活动往往会和国家的一些节日相互结合，扩大其阅读推广的力度，我国目前在这方面做出的研究和努力还不够。

三、国外高校图书馆阅读推广活动启示

（一）政府应该加大对高校图书馆阅读推广活动的支持力度

在美国，早在 1977 年，国家就已经通过立法的形式来对阅读活动进行支持。美国的图书馆其不仅有美国政府方面的活动的资金支持，还有社会上的不同的公益机构的基金支持。在韩国的一些大学中，也有图书馆在受到社会公益性质的基金的支持。但是我国的教育部门虽然就我国高校的图书馆的各种阅读推广活动进行了肯定，但是没有给予其相应的支持政策或者是资金。并且其对阅读的重视性程度并不高，这样相比之下，美国对阅读的重视性程度就要高很多。我国应该认识到阅读推广的重要性，在高校的图书馆阅读推广方面应该给予一定的支持，这不仅仅是政策上的支持，还需要其认识到资金对阅读活动推广的重要性，加大对图书馆的扶持，提高图书馆在推广活动中的不同的活动的形式的组成，提高活动的科学含量，使我国的阅读推广取得良好的效果，提升我国人们阅读量，提升平均的人民素质。

（二）高校图书馆要扩大阅读范围，实施全方位服务

我国当前的政策和信息对其做出明确的规定，要求一些发展条件比较好的高校，应该就社会读者进行相应的服务。但是目前而言，我国的图书馆其主要是面对学校的学生进行阅读资源的提供。国外的先进的经验和知识其在不同的阅读推广活动中，都是实现了城市图书馆带动了整个城市居民的阅读，并不是局限在学生范围内。我

们对此更要积极的研究和学习，不断的提高我国在阅读推广活动中的开放性。同时图书馆应该有自身的独立服务性意识，品牌意识，建设自身的独特服务，实现世界范围内对其图书资源的了解和认识，普及图书阅读的影响。

（三）利用新媒体，举办各种阅读活动

随着互联网的不断的发展，其方便了人们的生活，在工作或者是学习中，有不懂的问题可以通过网络进行知识信息的搜寻，或者是求助，就会很快的获得想要的答案。高校图书馆应该将网络看做一种工具，来有效的推广阅读。即将读者、图书、网络之间进行有效的连接，实现了其文化氛围的塑造，并且是在虚拟的空间中，实现的一种阅读方式，这就会提高读者对其的兴趣，吸引更多的人来参与到活动中。图书馆应该大胆的去尝试新的科学技术，不要局限在传统的思想或者是旧有的方式中。实现读者从不同的阅读的终端获得有效的信息资源，实现对图书阅读的良好的推广。

第三节 高校图书馆阅读推广策略

一、社会化媒体在大学图书馆阅读推广中的应用

（一）在大学图书馆普及阅读中的社会媒体的选择

1. 从社交媒体中的基础功能网络

比如像博客，在线百科全书，在线答疑，文档分享。其中博客是众所周知的，它就像是一片片日记，记录个人每天的生活，他们通常是由个人管理的网站，并偶尔发布新文章。而它与读者之间的联系纽带是靠着博客本身能够通过文字，图像，视频等链接与读者互动。在博客中，每个人都可以尽情的展现出自己的风格，而文章的主题大都是通过自己的需要所发布的，是能够尽情表达自己的个性化平台。博客可以用来促进图书馆的阅读，其优点是可以可以将你要所展示的内容整合起来，让人们更加详细的，更加清晰的了解图书馆的风格特点。但是其在传播的速度方面的劣势也是显而易见的。因此，我相信博客更适合图书馆发布阅读方法，信息检索方法等文化知识阅读和读者培训等方面的内容。

2. 从社会媒体中的核心网络

其中的社会化媒体类型主要包括微博，论坛，社交网站等等。微博作为目前正在使用的的其中一个最受人们欢迎的社交媒体来说，它很容易使用，具有信息传播快，方便便捷的特点，并且内容较为朴实，每个人都能参与其中，是图书馆阅读推广的一个有效的途径。

3. 从社会媒体中的新兴网络

随着现在社会的发展，一些新兴的社会媒体类型正在逐渐的发展起来，譬如说现在社交平台具有代表性的平台微信，不同于传统的社交平台，其主要是依靠流量的使用来进行沟通，人们可以利用微信来进行文字交流，通话交流和面对面的视频交流，截止到现在，微信的使用用户已经达到了一个峰值，越来越多的人选择微信来进行日常的交流，而现在图书馆的阅读推广也可以依靠通过公众平台发布信息，加快了推广活动的进行。

（二）在大学图书馆普及阅读中的社会媒体的选择的角度

对社会化媒体的选择大致可以分为以下的几个角度

首先是阅读推广人群。如果图书馆阅读推广的目的是所有年龄段的群众，就要选择应用较为广泛和相对成熟的社交媒体，如博客，微博，论坛，等等。而相对于更加有趣和新颖的媒体平台则更适合于当下的年轻群体，比如说微信等等。

如果想要更好地达成阅读推广的目的，就要根据想要达成的目的而选择不同的社会媒体平台。博客可以使得图书馆索要传达的内容更加的充实；而对于微信，微博等社交网络来说，能够和读者之间达成更加频繁的互动；如果想加强对于图书馆的宣传，可以利用微博和在线百科等平台；作为读者肯定会在阅读中遇到各种各样的问题，这时可以通过微信与读者进行及时的沟通，也可以通过文档分享帮助读者解决问题；图书馆也可以通过微信公众平台定时的像读者们推荐一些有利的书籍进行阅读。

最后是对于各种平台的管理及功能的使用。各种社会媒体平台的功能是非常多样的，在使用的时候应该根据所要达成的目的的不同对各种平台的功能加以选择，选择更适合的功能进行使用，也要在使用中注意对平台的管理。合适的功能可以使得读者能够更好的享受阅读，并且还会激发他们的阅读灵感，所以要在阅读的推广中注意采用丰富的阅读方式。

（三）大学图书馆普及阅读中的社会媒体的使用和管理

阅读的推广活动在获得社会化媒体的关注有很多的方法，可以制作宣传视频，加强对于其的宣传，而宣传视频的制作需要从当代大学生的阅读习惯，阅读方式入手，了解他们在生活中感兴趣的方面，学会与时俱进，且具有创新性。在高校之中，图书馆的阅读群体是相对固定的，读者大多为在校学生，因此，只要方法得当，推广活动的进行并非难事，可以通过高效图书馆自身的网站和现场的宣传在该校师生中进行阅读活动的推广。而当代大学生对于各种媒体平台的使用较为广泛，推广活动也可以利用社会化媒体平台在其中开展。

二、在大学图书馆普及阅读中微博的应用研究

（一）图书馆中微博应用的的发展

从 2007 年中国第一家带有微博色彩的饭否网（图 5-3-1）开张，到 2009 年，微博这个全新的名词，以摧枯拉朽的姿态扫荡世界，打败奥巴马、甲流等等名词，成为全世界最流行的词汇。 2010 年国内微博迎来来春天，微博像雨后春笋般崛起。四大门户网站均开设微博。根据相关公开数据，截至 2010 年 1 月份，该产品在全球已经拥有 7500 万注册用户，而其中多少位大学生，其影响力是巨大的。

图 5-3-1 饭否网

利用微博的这种影响而进行图书馆阅读的推广活动其作用也是相当突出的。随着微博的的影响力不断地扩大，使用的人群也越来越广泛，图书馆自身利用微博的这种影响可以在一定程度上增加自身的宣传力度，可以与读者之间有着更紧密的联系，与他们有何良好的沟通。为微博服务的使用，使读者在咨询选择方面多了一种参考，读者可以利用微博来及时的了解图书馆的各种信息，如书籍推荐。咨询导航等。与传统宣传模式相比，经过微博进行沟通可以更加方便，快捷和及时。总而言之，微博可以使得图书馆的与读者之间的距离缩短，使服务的时间和范围得到扩大，使得图书馆的发展变得更为迅速。

（二）微博与阅读推广之间的发展差距

近些年来，大学生逃课、旷课、不听课的现象越来越普遍，我们称之为"课堂冷漠"，现在这种现象不仅仅存在于课堂之上，还能从现在读者对于图书馆的态度之中得到显现。上世纪八九十年代，当时的图书馆可以说是每个学子梦想中的天堂，是他们获得知识的圣地，而如今，图书馆的存在对于对于大多数学子来说已是可有可无的存在，这就是图书馆所处的境地变得十分的尴尬，急需要宣传和推广自己。

而图书馆本身作为一个文化信息部门，对于利用微博来宣传自己应该是驾轻就熟的一件事情，但是通过对国内高校的调查发现，仅仅只有数十所该校图书馆开通了微博服务，而开通的数十所学校也很少讲微博用于推广阅读的宣传，而仅仅是一些消息通知而已，至于其他方面更是没有涉及。

微博作为一种流行的社交工具，几乎每位老师和学生都活使用，而微博作为图书馆与读者之间沟通的途径，理应受到重视，但是事实却并非如此，大多说的学生对于微博的使用都是以了解新闻，娱乐为主。而对于图书馆的信息的了解依然是停留在旧的模式中，很少有人通过微博来获取图书馆的最新资讯。但旧的模式对于阅读的推广不满足于当今社会的要求，而且其传播范围过小，远不如微博所发挥的作用。旧的模式下读者只有亲自前往图书馆或者登陆其官方网站才能够了解新的资讯，而对于微博推广，几乎在瞬间人们就可以获取到图书馆新的资讯，如，藏书上新，图书馆讲座等等。其时效性和广泛性都是传统模式不能比拟的。

（三）如何将微博与阅读推广相结合

1. 系统的建立图书馆微博，并有专人负责

图书馆领导者必须认识到微博对于阅读推广的重要性，并对此开设专门的岗位，任命专门人员对微博的管理和使用负责。负责人应该对微博的有着很深的了解。并且能够熟练地使用电子产品进行微博的运营，有相应的计算机知识，并且在工作中积极进取，懂得学习，勇于创新，敬业，乐业。

2. 与学校的微博系统相结合，共同发展

图书馆作为整个学校系统中的一部分，就不能忽视与其他部门之间的团结协作，有助于增强图书馆的影响力。而对于图书馆的微博系统来说，如果能与学校的微博系统之间紧密的结合在一起，对阅读推广活动的发展是有重要意义的。微博作为当今时代信息传播的主要途径之一，其信息传播的范围和速度显而易见。图书馆的微博系统如果能和学校的微博系统之间形成良好的结合，就能对微博的运营之中起到很大作用，在日常发布的重要消息时，学校系统就会对此消息进行转发，是消息的扩散更加的迅速，进而使得阅读推广活动更有效的展开。比如说，图书馆将有一次一次重大活动，这是图书馆微博就可以在发布消息艾特学校学校微博系统里的各个部门的微博甚至是学生团体，这样就能使得这次活动的信息迅速的扩散出去，这样的话，参加的人数自然而然的也就增加了。

3. 结合图文开展新书推荐活动

微博的功能是多种多样的，其中最适合于对新书的推荐。当图书馆里的藏书有更新之后，就可以选出学生们感兴趣，具有代表性的作品及其相关简介和馆藏情况发布在图书馆的微博之上，并将新书的链接附于其上。这样就可以使得读者能够在

第一时间就了解到这些最新的信息，然后根据自身的需要前往借阅，省时省力。而且微博的操作十分简便，仅仅只需要很少时间就可以对其进行熟练地掌握，比起其他的宣传方式又简单又快捷。

4. 开展优秀书籍推荐活动

随着近年来的科技的发展，当代大学生获取知识的途径大都是通过网络阅读来实现的，然而因为当今社会的环境鱼龙混杂，还有大学生自身的兴趣爱好的等原因的影响，会使他们在阅读的方向上可能受到的错误的指引，致使他们会有许多的不良行为和现象。

高校的图书馆对于当代的大学生应该起到一个良好的引导作用。应根据他们自身的需要，通过微博平台向他们推荐一些优秀的作品，与他们进行交流，帮助他们养成良好的阅读行为。在优秀书籍推荐时也应该将书籍的相关简介和馆藏情况加以说明。一定要挑选出那些能够真正的感染学生，让学生都赞同的优秀书籍，这样才能够得到他们的响应。

5. 随地随时的开展阅读咨询服务

根据性质的不同，可以将阅读咨询分为很多种，按照主观能动性来分的化，可以分为主动性，被动性和交互式阅读咨询。

被动性的阅读咨询即读者通过电话问询和到馆咨询等方式进行的阅读咨询，在这种阅读咨询之中，图书馆处于被动的一方，被动的去回答你所咨询的各个问题，简单而又有效，但是无法却真正的引导读者。

主动式阅读咨询即图书馆方面主动的对读者进行咨询服务，但是这种方法太过于浪费时间，能够达到的效果也不明显，读者的反响并不大。只有交互式阅读咨询才能够使图书馆和读者之间的沟通更加的有效，这种阅读咨询方式是指双方能够主动交流，互相交流，自由的交流，而微博正式这种交互式阅读咨询的最佳平台，在微博之上，每个人都可以自由的提出自己的意见，随时的进行评论和转发，公正，公开，使两者之间达成有效的共识。

6. 学生社团参与阅读推广

对于学生来说，能够和他们进行更有效的沟通的无疑还是学生，因而，各种校园社团就自然而然的出现，这些学生组织的出现使得许多问题的解决更加的方便。他们既能够在平常的生活中协助老师进行班级日常的管理，更能够根据学生的兴趣组织开展各种活动。在很多的学校，都会有读书协会的学生社团，图书馆应该学会借助读书协会这个学生组织的力量，将阅读推广活动进入学生的生活之中，真正的深入到同学中去，让他们能够更清晰的了解图书馆，加强他们之间的联系，不失为一个上上之选。

而且微博的应用群体大多是学生，每当图书馆有重大消息时，读书协会的成员就可以对此消息进行转发，使消息能够迅速的在学生中扩散，达到阅读推广的目的。图书馆可以安排读书协会的成员进行轮岗，负责图书馆微博系统的运行，也能够在遇到问题时能够及时的发现并解决。

7. 开展各种读书活动

通过举办一系列活动可以更好地达成阅读推广的目的，比如可以在世界读书日举办各种活动，这能够使图书馆的影响力在短时间内得以迅速增大，也是对于丰富图书馆服务的一项有效途径。

图书馆中有着丰富的文献资源，图书馆本身可以利用这些丰富的资源开展一些趣味性十足的活动，比如征文大赛，演讲比赛，辩论赛等等，激发起学生对于读书的热情，营造出一个良好的读书氛围，引导他们养成良好的阅读习惯，同样对校园的文化建设也有着非常积极的作用。

图书馆也可以将这些活动的各种信息和照片发布到微博之上，对活动的过程加以记录，向读者展现出图书馆的风采。

三、微电影与阅读推广的结合

微电影，即微型电影又称微影、小型电影，指的是在电影和电视剧艺术的基础上衍生出来的小型影片，具有完整的故事情节和可观赏性。是一种新型的文化传播模式，对于阅读的推广也是非常有现实意义的。

（一）微电影在国内图书馆的进展

微电影是指专门运用在各种新媒体平台上播放的、适合在移动状态和短时休闲状态下观看的、具有完整策划和系统制作体系支持的具有完整故事情节的电影短片。

相比于传统的电影模式，微电影能够更好的适应当今社会的的发展特点，而且形式相对简单，而随着微电影的逐渐发展，图书馆利用这种新的传播形式的崛起，将自身的各种特点和介绍融入到微电影的短片之中，以图书馆本身为素材，通过微电影的宣传进行阅读的推广活动。使用这种新的传播模式，不仅可以是图书馆自身得到更全面，更精彩的展示，也可以改变在以往传统模式中各种枯燥，乏味的信息讲解过程，调动人们的热情，加深他们对于图书馆的了解，对于图书馆的发展是非常积极的。将图书馆的传统信息讲解模式与当下的各种电影形式相结合是现在最常用的宣传手段。

（二）微电影兴起的原因

微电影作为信息时代飞速发展所兴起的产物之一，它的兴起和发展符合当今社会的发展趋势，是新文化发展的必然产物，它的存在能够使得阅读的推广更加顺利和有效的进行,是当代阅读的新的载体,也是当今阅读新的形式。

1. 旧的的阅读模式被新型阅读模式所取代

随着网络的发展,旧的纸张阅读的模式正在被各种电子阅读所取代,这种新型的电子阅读模式没有纸张的限制,可以随时随地的进行阅读,方便、快捷,是现在年轻人非常喜欢的阅读模式,只要有网络,就能够进行实时的阅读,改变了传统的阅读模式,相当于一个便于携带的小型图书馆,满足了人们对于阅读的各种需求。

2. 碎片化的阅读模式特点

随着社会的发展,社会节奏也越来越快,人们很难能够在这种快节奏的生活之中真正的静下心来体会阅读的快乐,很难真正的投入到阅读之中去,从书本获取的知识都是零碎的,而且人们也真的很难静下心来选取好的书籍进行阅读,大部分的阅读都是一扫而过的,这就是现在社会的碎片化阅读特点。

3. 阅读观感的改变

对于传统的纸质阅读来说,是通过一种直观的文字和图画来表达出想要表达出的感受,但是,长时间的纸质阅读会使人产生审美和阅读的疲劳感。而对于新型的微电影则不同,它所变现出的艺术形式给人的的感受是不同的,它将阅读与微电影中各种艺术形式相结合,给人以感官上的不同享受,能够让读者全身心的投入到阅读中去,通过艺术的表达进而体现出阅读本身的魅力,能够深深的吸引住读者。

(三)微电影能在经典阅读推广中达成的效果

图书馆之中的经典书籍是结合了几代人,历经了数十年才总结出来的精华,是我们民族宝贵的财富,因而,对于这些宝贵财富的推广应该是不遗余力的,对于经典阅读的推广不仅可以提高人们的思想,更有助于社会主义精神文明的建设,让更多的人了解我中华文化的博大精深。而微电影作为最适合于当今社会对经典阅读推广的途径之一,应该得到图书馆的重视,是微电影传播模式逐渐的取代传统的模式,结合自身的有利资源,使对经典阅读的推广达到一个新的高度。

1. 作为文化发展的产物,微电影是一种更好的阅读推广的途径

声音的传递需要媒介,而文化作为一种更为高级别的"声音",其传播更需要媒介。不同的传播媒介到最后所取得的效果都是不同的,这是有各种媒介传播的方式和特点所决定的,且人们对于不同的媒介的接受程度是不一样的。随着信息化时代的发展深入,使得各种新的传播的媒介得以产生,许多电子产品的产生使得传统的阅读模式被逐渐的取代,使得旧的格局被全新的,由电子阅读所建立的格局所替代。

微电影作为一种全新的艺术推广形式,不同于现如今的微博,微信等媒体平台。与微博,微信的的形式相比,微电影本身就包含有一种艺术性,并能够将书籍中所要表达的意境用完整的影像表达出来,让读者能够真正的体会到作者想要在其作品

中所要表达的东西，提高读者对于阅读的灵敏度，激发他们心中对于阅读的乐趣。图书馆利用这种新的传播媒介，将科技技术与文化传播相结合，对于文化的传播的作用是非常有效的，是图书馆文化推广的一项创新之举，使得阅读的推广活动更好的开展。

2. 微电影引导读者，倡导经典阅读

微电影最为一种新的艺术形式，它能够完美的，生动的将书籍之中所要表达的东西近距离地展现在我们的眼前，使得人们对于经典的了解不再只停留表面，而是能够让我们深入去了解书籍中所要展现的东西，真正的去了解作者的精神世界，让经典真正的展现出它们经典的一面，也使得我们的思想得到升华。微电影的推广形式可以让人很快的对经典书籍进行了解，进而向其他人推荐，其他三人在观看了微电影之后，其阅读兴趣就会被调动，就会对原著进行阅读，使得阅读的效果被进一步的放大，这种效果显然是其他方式所不能比拟的。

3. 微电影联系群众，共同参与

一只筷子轻轻被折断，十双筷子牢牢抱成团；一个巴掌拍不响，万人鼓掌声震天。集体的力量是无限大的，个人的力量在多也是有限的，如果能够通过微电影的发展将群众与阅读的推广活动紧密的联系在一起的话，就一定能够使得阅读的推广得到巨大的发展。微电影作为一种新型的文化传播的方式，如果能在阅读推广之中对其加以正确地利用，那将会使得有越来越多的人认识阅读，关注阅读，从而真正的实现全民阅读的目标，使得阅读产生更大的影响力。

第四节　阅读推广对馆员的素质要求

在新时期时代早期，先有人文始祖伏羲创造了最早的象形字，后有文组仓颉造字，使得人类的文明得以更好地保存，文字的产生使得阅读应运而生，而随着我国五千年的历史车轮滚滚前进，使得阅读的范围得以更广泛的发展，新社会以来，阅读作为一项每个人所应有的基本权利，使得阅读这一行为在民众中形成一股巨大的浪潮，开始成为一种社会的标志，阅读可以使人们获得知识，提高个人的道德修养和文化底蕴，使得中华文化的传承得以更好地延续，更好地促进了文化经济的发展，而作为阅读的基本平台，图书馆这一阅读平台自然而然的走进了我们每个人的生活，让我们深陷在知识的海洋之中，无法自拔。而作为其中最重要一环的图书管理员，其自身的能力培养和建设是图书馆更好发展的前提，因此，提高他们的个人素养是迫在眉睫之事。

一、馆员个人能力和阅读推广的必然联系

传统意义上的图书馆资源是指真实存在的实质性文献或者书籍等资源，而随着社会的进步，信息时代的来临，资源不仅仅单单是指文献等实质性资源，人们对于人力资源的的理解越来越深入，也逐渐的认识到人力资源的重要性以及对当前社会可持续发展的必要性。馆员作为图书馆结构最重要的一环，不仅仅要靠自己的态度为广大民众服务，还应不断的提高自身的文化素质修养，更应该学会借助各种高科技产品对图书馆进行智能化管理，整合图书馆所有的信息资源，让读者能够更加的享受阅读的乐趣，给予他们这个震撼视听的阅读享受，由此，馆员的个人能力和文化素养的建设是使阅读在广大民众中得以推广的的第一步，也是在某种程度程度上能够决定成败的因素。

二、推广阅读中馆员的能力要求

（一）业务能力和良好的思想素质

对于现代社会的工作人员，业务能力和良好的思想素质是必不可少的的，而对于馆员来说，这种要求就显得更加有必要，图书馆里所保存的文献和书籍都是数代人经过了无数年的研究所整理出的精华所在，涉及的行业数不胜数，而借阅的多数人也都是各行各业中具备相应能力之人，如果不能拥有良好的思想素质，就无法在与他们进行良好的沟通，如果不能拥有较强的业务能力，也就无法给予他们更好地服务，那对于阅读的推广就很难继续进行下去，所以，图书馆员必须要拥有较强的业务能力和良好的思想素质，使自己的专业素养都得到更好地提高。

（二）在儿童中推广阅读的能力

阅读的范围是不限的，推广阅读的对象不仅仅是那些有自己思想能够明辨是非的成年人，同样也包括尚未成熟的儿童，但他们还无法通过自己选择来进行阅读，这就更加需要图书管理员具备更加良好的专业素质，帮助他们进行选择，在迎合他们的爱好的同时更要考虑他们的切实需求，而且儿童的好奇心还很重，所以对于他们要有针对性的对他们开展一些趣味性的活动，引起他们对阅读的兴趣。

（三）在青少年中推广阅读的能力

随着科技的发展，越来越多的青少年利用电子产品来进行阅读，因为其比起传统的图书馆模式更加的便捷，更加的直接。而对于传统的阅读模式，因有其局限性使得其越来越不受人们所关注，而要重新的焕发出图书馆的第二春，图书馆员就应该学会与时俱进，在了解当代青少年的兴趣爱好之下，把传统的图书馆模式与现代

的高科技技术相结合，建立一个与新媒体平台相结合的新的阅读平台，使青少年能够主动地去享受阅读的乐趣，进而使得青少年能够主动地走进图书馆，真正的开始享受阅读带给他们的快乐。

（四）在老年人中推广阅读的能力

我国的人口基数大，其中老年人所占比例也越来越多，而随着人们生活质量和文化素养的提升，越来越多的老年人为了丰富自己的精神生活而选择走进图书馆，享受自己的老年生活，而老年人作为特殊群体，他们所要享受的阅读感觉肯定是不同于儿童，青少年，这就对图书馆馆员的专业素质提出了更高的要求，需要他们更加的有耐心，提供给这些老年人群体更热情、更为细致的阅读服务，也应该经常的组织一些他们感兴趣的活动，如老年人讲座，文化展览等等，让他们把图书馆当成自己晚年精神生活的第一选择。

（五）在"三农"群体中推广阅读的能力

"三农"即是指农业，农村，农民，"三农"群体因为种种原因的影响导致他们的文化会平高低不一，而在阅读中他们一直是处在最底层的群体，另外，由于农村的信息化发展还较为落后，所以他们很难从各种信息平台中学习系统的、专业的农业知识，因此，在"三农"群体中推广阅读要讲究方式和方法，不但可以利用图书馆里丰富的资源和高科技技术为他们进行讲解，让他们学会科学的农业技术，而且还可以组织"阅读下乡"的活动，着力于提升农民朋友的文化水平，从根本上解决问题，让他们真正的走进阅读，了解阅读。

三、提高馆员能力的方法和举措

（一）有针对性的提高馆员的专业素养

一个组织的生存和发展在很大的程度上取决于管理者的决策，所以，要想提高馆员的专业素养，管理者就必须意识到学习的必要，应当定期的开展一些针对性的活动，加强对馆员的培训，让他们能够跟上时代的发展，图书馆的发展，满足图书馆各个岗位的需求，也可以派遣馆员前往国外学习最新的技术，积累经验。

对专业素养的要求不仅仅是要求馆员具有专业的技能，也应该要有馆员有着良好的道德文化修养和与时俱进的品质，对此，管理者也应该多多了解馆员的思想和心理，和馆员多进行交流和沟通，也可以定期的举办一些讲座活动，提升他们的思想水平。而对于馆员来说，敬业、乐业是每个人都应该做到的事情，应努力提升自己，以更饱满的精神和敬业的态度投入到以后的工作中去。

（二）不断的学习才是人进步的源泉

"活到老，学到老"，知识的获得永远是无止境的，因为社会总是在向前看。

而在如今这个社会高速发展的时期，知识的更新速度丝毫不亚于社会进步的速度，如果只是安于现状，那就注定会被这个高速发展的社会所淘汰。图书馆作为大多数人更新只是的来源，其中的知识更新可以说是日新月异的，作为图书管理员，只有通过继续的学习才能够及时的对资源的更新情况加以掌握，并且在读者需要时能够及时的帮助他们寻找。以此来看，对图书馆员的继续教育是非常重要的。

获得知识的方法有很多种，一方面可以通过开设专门的课堂供图书馆员进行学习，并定期的组织他们学习最新的关于图书馆科技方面的知识，对现代人类的阅读方向有大致的判断。另一方面，作为图书馆员，应该自觉地，主动地去索求新知识，不断地去更新自身所有的知识，积极进取，努力的提高自身，更好的满足阅读者的阅读需求。

（三）发展创新，提高馆员的创新能力

创新是以新思维、新发明和新描述为特征的一种概念化过程，是推动民族进步和社会发展的动力源泉，同样的，阅读也是如此。随着社会的高速发展，科技的不断创新，传统的阅读模式已被取缔，变成了电子阅读模式，其相比于传统的阅读模式来说，更加的简洁，方便，快捷，这也使得大多人已遗忘纸张阅读的乐趣，所以，图书馆的现代发展离不开与科技创新的结合，譬如，图书馆与科技结合的产物——数字图书馆。图书馆的发展不仅仅是需要我们思想上的行动，更需要我们身体力行的去行动，努力的去开创传统图书馆与现代科技相结合的新时代图书馆模式，使其能够满足现代社会读者的各种需求，从而将阅读真正的推广到每个人。而作为图书馆核心的馆员和管理者应该齐心协力，创新思维模式，积极地探索适合现代社会的新模式图书馆，管理者还应当积极地关注馆员们的动态，鼓励他们创新，并及时的将有利于图书馆的创新加以使用，给予有贡献的馆员以支持和奖励。

总而言之，图书馆的发展需要图书管理员不断地进步，不断地创新，紧跟时代的脚步，利用自己的专业素养和个人技能为阅读的推广贡献自己的力量，更好的满足现代读者的阅读需求。

第六章　信息时代高校图书馆信息服务展望

第一节　信息时代高校图书馆信息服务面临的问题

一、读书信息需求多元化问题

随着思想观念的多元化，现在读者对信息的需求也在不断的增长。图书馆的用户主体主要就是老师和学生，学生除了本专业相关学习之外，还要在课外拓展视野，经常性的在图书馆自主进行跨专业学习；老师为了培养创新人才，需要不断进行自我知识的更新，还要担负着越来越重的科研任务。所有这些都使各专业的信息需求量直线上升，图书馆作为学校获取信息的首选之地，对信息服务质量的要求也就越来越高。

二、图书馆管理、服务模式创新问题

图书馆是为学生、老师等求职者提供信息检索的地方，而图书馆的工作，作为图书馆资源和求知者、利用者之间的纽带，更是一项具有服务性质的工作。然而，真正理解图书馆管理的图书馆工作人员又有多少呢？许多高校的人事部门普遍认为图书馆的工作属于"三低"工作：专业要求低、技术含量低、工作强度低，根据对图书馆工作人员的来源调查报告显示，有近五成的工作人员都是教师的家属，他们通过各种渠道、利用各种关系进入图书馆工作，俨然成了高校的就业中心。而在图书管工作人员当中又仅有三成左右的人具有专科及以上学历，虽然学历不代表百分百的工作能力，但他们大都错误的或者说局限性的理解了图书管工作人员的职责，将图书馆的工作简单定义为了管理馆藏文献和以本校读者为对象进行服务，达不到利用信息网络科技来进行信息采集、管理和服务的要求。

除了人员配置方面的问题，在服务模式也大都被限制了，主要存在以下这么几个方面：

首先便是管理理念的问题。图书馆的传统管理相对封闭，多是采用重视制度而忽略服务，以整理文献、借阅为中心，造成工作流程的单一，图书馆管理环境的单一。

目前图书馆自动化建设越来越普遍，这也就意味着要求图书馆工作人员必须不断进行知识更新，及时掌握新技术。政府主管部门对此也给予了不少的支持，但实施起来仍然是速度缓慢，缺乏科学规划。而且，在图书馆的信息化建设当中，大都存在了各种问题，比如过于注重形式，而忽略了内容，过于注重外部数据资源的引进，而忽视了自身特色数据资源的建设。

其次，模式僵硬化、被动化。传统的图书馆服务多是坐等读者上门的模式，以前总是把获取信息的主要渠道和方式定位在图书馆，使图书馆成为唯一的渠道，但现在随着信息时代的发展，获取信息的渠道、手段在不断的拓展，信息服务机构、组织等应运而生，逐步抢占市场，如果图书馆工作人员还是只应用"等、靠"这种服务模式，缺乏主动服务精神，只满足于提供相应的服务，却忽视书刊的利用率的话，那么问题会越来越严重，图书馆又是否只是一个摆设呢？

再涉及到的一个重要问题就是专业人的缺失，就像上面所提到的，图书馆工作人员大都非专业人员，造成岗位设置不合理，人员结构不匹配，工作人员素质低等各类问题。信息时代的来临，也让图书馆的服务职能发生根本性的转变，要求工作人员必须熟练掌握计算机技术的操作，根据读者的需求，选择、鉴别馆藏信息和网络信息，编织成相关目录，技术报告等，利用网络传递给读者，还要应对网络问题突发情况。

三、信息安全问题

自上世纪八十年代起，中国就已经步入了信息时代，尽管比欧美晚了15年，但其发展速度却不可小觑，时至今日，人们的日常生活、工作和学习中都和信息化息息相关，高校图书馆的运行模式也在逐步向数字化、网络化发展，给广大师生利用高校图书馆的数字资源进行教学和科研带来了便利。同样，人们所担心的信息网络安全同样威胁着高校图书馆数字资源的安全。一般的网络安全存在以下这么几种。

首先便是计算机病毒（Computer Virus）的侵蚀，根据《中华人民共和国计算机信息系统安全保护条例》中的定义：病毒指"编制者在计算机程序中插入的破坏计算机功能或者破坏数据，影响计算机使用并且能够自我复制的一组计算机指令或者程序代码"。计算机病毒虽然不像人体病毒一样天然存在，但它的特性在某些程度上也跟人体病毒具有一样的相似性，像传播性、感染性、隐蔽性、潜伏性、可激发性和破坏性。我们日常传输的文件、运行的程序，包括移动硬盘、光盘等等，都可能成为病毒的载体，对计算机系统进行难以估计的破坏，轻则系统崩溃陷入瘫痪，严重情况下系统里的所有数据都会遭到破坏、损毁、数据丢失，在图书馆系统里，除了各类图书信息，还有大量的读者个人信息，包括读者的详细资料以及借阅情况，甚至有的可能还包含着读者用户的个人账号等重要信息，一旦感染上病毒，所有信息都有泄露的可能性，这样的破坏对于图书馆来说是灾难性的，对于读者来说也存在巨大的安全风险。

再就是软、硬件这方面存在一定的漏洞。虽然学很多校在建设网络时，对硬件设备投入了大量的资金，但也不乏漏洞，在后续使用过程中造成信息泄露的问题。而且，过分注重高配置硬件设施，而忽视了对软件的投入和维护，从而导致黑客入侵，或者感染病毒，从而威胁到图书馆整体的网络安全。

另外，高校图书馆在对网络安全进行维护的时候，在技术层面层层把关，进行防护，像是安装防火墙和各类杀毒软件之类的，但与此同时不可或缺的是制定一套行之有效的网络系统维护制度和应急措施、网络操作使用原则和人员出入机房管理制度等。

四、用户隐私泄露及相关法律、法规缺失问题

在诸多论述中，现在出现了一个"情景敏感服务"的词汇，即描述用户时间、位置、活动状态、任务，包括设备状态，目前正在使用的浏览器等等的情景状态都属于情景敏感服务，也属于一种个性化服务，根据当时用户的具体情景信息提供用户所需的服务。利弊向来都是相辅相成的，用户在享受便利的同时，也会面临着个人信息泄露的风险。因此，图书馆工作人员和用户更应该提升隐私保护意识，采取有效的保护措施。

然而，对于用户隐私泄露问题，很多高校却没有完善的机制，如何用法律保障公民隐私权，我国前几年也出台了个人信息保护国家标准——《信息安全技术公共及商用服务信息系统个人信息保护指南》，明确规定在获得跟人信息主体明确授权后才能手机和利用个人敏感信息。这也让图书馆用户隐私有法可依，但较于国外对于用户隐私保护政策还是不那么完善的。

另外，我国图书馆界也缺乏对用户隐私权的详细论述，图书馆作为提供服务的主体，却没有在图书馆的相关制度中明确用户隐私的保护内容和范围、如何保护用户隐私、维护用户的权利等等。

第二节　信息时代提升高校图书馆信息服务应对策略

当前随着网络信息化发展的深入的展开，纸质性文献资源为主的图书馆的工作的开展面临着严重的挑战。怎样才能有效的提高图书馆的服务质量,提高图书馆的竞争能力,有效的发挥其在时代背景下功能和作用,是当前图书馆建设的重点。

随着当前信息化发展的不断成熟,我国的图书馆在其发展的过程中,提出了很多新的名词,比如数字化图书馆、虚拟性图书馆等,面对机遇和挑战,图书馆如何实现自身的网络信息的改革,提高其发展和科研工作的效率是其当前面临的主要问题。

一、信息化时代对高校图书馆服务提出的新要求

(一)要求高校图书馆向综合化方向发展。

传统图书馆其主要的功能就是以印刷和借阅图书为主。现代图书馆逐渐的发展成为科研提供印刷、提供电子出版服务等不同的功能的综合性的服务机构。逐渐的满足了读者的需要,提高了服务的标准,并且实现了自身职能的扩散,不断的将读者的需求结合着时代发展产生的先进技术,改革自身的功能,实现了自身的功能上的创新以及服务水平的提升。图书馆当前的服务主要包括为读者提供学习、休闲、审美等不同功能性质的服务,这些服务丰富多样性,提高了读者对图书馆的评价。

不同的读者对信息文献资源的深度需求不同,图书馆根据现有的科学技术武装自己,实现了其资源的深化处理,帮助读者找到其需要的信息和文献资源,提高了自身的信息化发展,促进了社会科学技术的进步,这也是图书馆不断的提高自身的知识职能服务的方式。相信未来的图书馆的建设和发展其必然会更加的信息化,功能更加的齐全。

(二)要求高校图书馆向特色化方向发展

图书馆在其发展的过程中,应该认识到本图书馆内的用户的信息搜寻的特点,提高对用户信息的分析,才能相应的提高其服务的有效性。图书馆不同的地域性特征也有不同,发挥自身的优势,是图书馆发展中的一个特色建设的途径。针对馆藏资源的特殊性,针对某一些特定的用户,可以为其在图书馆资源系统的建设中制定一些特定的目标来实现其用户群体为图书馆的建设贡献知识和技能的作用。根据其不同的信息范围内的不同领域的资源,图书馆应该重点的发展,形成一个体系的馆藏资源的建设,在网络中积极的搜寻这方面的相关资源,建设其特色的资源数据库。这样在特殊项目上建设重点研究内容,突出图书馆的重点,树立图书馆的品牌意识。

(三)要求高校图书馆向学术研究型方向发展。

高校图书馆其和一般的学术性研究机构不同,图书馆更加的贴近人们的生活,其是为人们的生活和学习提供服务的。技术的进步提高了图书馆的信息资源的实际的使用功能,并且随着其发展的不断加快,网络技术的使用提高了其文献资源的研

究的深度，提升了其数字性资源的开发，这就给用户提供了多种选择，让用户体会到了更加智能化、人性化的服务。图书馆的馆藏资源其随着智能化、数据化的发展，其自身逐渐向着学术性发展。图书馆的服务逐渐也就更加的偏向于咨询服务。越来越多的图书馆管理人员从背后走向了前台，面对面的解决读者的各种问题，为读者提供更好的建议，为其处理和解决问题。

（四）要求高校图书馆员向智能型方向发展。

随着当前各种信息科学技术的不断发展，各种科学发展的技术在图书馆的知识研发、数据管理、资源建设、服务方式等方面都得到了广泛的应用。因此，图书的管理人员应该认识到自己的角色，成为信息的导员，这就要求其自身必须要跟上图书馆的发展，实现自身技能的提升，具备良好的专业知识和道德素质。

二、信息化时代高校图书馆提升流通服务质量的对策

（一）更新理念，全面提升馆员综合素质

首先，应该认识到图书服务质量对图书馆未来发展的意义，抓紧图书馆内部的软实力的建设。

其次，应该树立以人为本的服务理念，要求图书馆内部的服务人员，提高自身的服务素质，提高自身的职业水平，有效的加强对自身环境下的图书馆各项技术的使用能力，实现图书馆的人才的培养，建立多元化的人才储备。在新的服务标准下，创新其服务的理念，寻找更加便捷的服务模式，提高读者的有效评价，成为图书馆、读者、网络资源之间的有效的传输纽带。

（二）开放服务，拓展图书馆服务空间

开放性的服务需要图书管理人员先树立自身的服务意识，这样才能有效的发展多种的服务方式。

其次，活动的多样性可以帮助图书馆更好的宣传其服务，不同的活动其带给读者不同的感受，这样就可以了解到更多的读者对图书馆的意见，根据读者的有效的反馈信息，改善其工作的方式和内容，实现其工作的有效性的提升。

再次，有的读者对图书馆的兴趣很大，对此，图书馆可以让其以勤工俭学的形式来参与到图书馆的建设中，使其可以对图书馆的工作了解的更多。

最后，图书管理人员在以前的服务中都是一种被动式的服务，这种服务意识比较消极，并不利于图书馆读者意识的提升。这就需要鼓励其改变这习惯，提高其主动意识，实现其双向化的发展。在和读者的主动交流中，了解到读者的信息，可以针对性在其感兴趣的领域内为其推荐合适的书籍。或者是通过对一些检索形式的介绍，提高读者对信息文献获取的了解。掌握一些查找或者是搜索的技能，可以很

快的找到其所需要的信息资源。

信息咨询服务也是一种提高读者获取知识资源能力的方式。通过对网络信息资源的及时的更新，让读者了解到图书的最新信息，对其宣传信息资源查找的技巧和优势，提高其自身信息获取的能力。又可发放调查表征询收集读者的意见和要求，及时调整服务内容和服务方式，加大力度开拓新的服务领域，改进和创新读者服务工作。

（三）多法并举，全面推进信息服务发展

除了有效的做好其图书借阅记录、文献资源查找等一些基本的工作外，图书馆应该就读者的信息需求，发展其服务的意识。首先是根据馆藏资源的优势，开发具有特色的数据库，实现其文献和信息化资源的一个转变。其次，为了有效的提升其馆藏资源的有效性，实现其资源信息化发展的简洁化，应该对其资源进行整理，同时上报到网页中，让读者有所了解。第三，为了有效的发展其教学功能和教育工能，可对大学生的毕业论文设计和开题报告进行文献检索网上预约的方式，提高其信息的职能。四是开展网上预约、催还图书业务，解决紧俏文献的供需矛盾和逾期罚款问题；五是举办网上系列讲座，介绍图书信息和相关知识最新发展动态，扩大读者视野。

图书馆不仅仅是学生获取知识的场所，其也是进行各项科研的支撑点，高校图书馆在大学生的学术创作，教师的学术研究中提供了重要的资源信息，只有不断的总结其信息的知识，提高资源的更新速度，全方位为读者提供服务，实现读者的多种需求，才能有效的满足当前竞争市场中的需要，实现高校图书馆的持续发展。

第三节　信息时代高校图书馆情报信息服务能力的提高

就我们调查的信息来说，高校图书馆有一项特殊的资源，就是我们从高校文献信息中心来获取一些资源材料，我们所要做的，必须尽可能地充分发挥自身的优势，比如说利用文献信息资源的绝对优势：可以培养一些专业的技术人才、也改善现代信息设备等各方面的缺陷不足、同时也可以提高自身的情报信息服务能力、同时力求最大限度地提高要求的服务效率，这样我们才能肩负起这项沉重的使命——图书馆信息的传播，坚持一种精神上的支持，才能使我们能够在这个激烈的信息社会竞争中处于一种不败的地位。因此我们现在的重中之重有了明确的指向：针对如何开展高校图书馆情报服务工作的，逐渐地便成为了尤为迫切的事情。

一、高校图书馆情报信息服务的重要性

（一）高校图书馆特殊职能上的需求

高校图书馆有其要发挥的功能，在这些功能中具有有形的和无形的功能，而在无形的功能中是具有特殊的功能性，比如说我们在无形中教育职能和情报职能，这两种职能的充分发挥，让我们知道了职能的发挥是离不开知识的载体"文献资料"。

（二）高校图书馆文献资源的增长速度

随着目前文献资料高速地增长，各种科技书刊资料都是以万种为单位地快速增长；例如要求必需所发表的科技论文、科研论文、科技报告等等，这都是以十万篇为单位地猛速增长；还有一些新兴的学科资料文献是随着时间要更新发展的，目前是都是到了二三年就要再次翻一番的，我们看到的各类文献资料信息资源点，更是以想象不到的速度更新的，以亿情报单元的速度递增。随着需求的文献高速地增长，需求的资源总是以量几何数倍增，在这种特殊的环境下，可以说在潜移默化中逐渐加大了难度，比如说读者对文献的查询、处理、吸收、排除等各项能力的难度。

（三）高校图书馆情报信息的便利性

高校图书馆是为了给大家提供便利的服务的。在这种情况下，图书馆的情报工作变得目的性很强，他们只需要将收集来的大量情报资料进行编辑和处理，我们首要要它们进行资料上的选择、并在此基础上进行分析看属于哪类；其次我们按规则进行了分类；最后我们要根据一类编成索引、文摘、目录，这样方便以后需要的人进行查阅和浏览，这些文类最终提供的是给教学和科研人员。

这种简单的目录清晰明了的呈现在需要者的面前，最重要的是这样有利于为教学人员以及科研人员在以备不时之需进行查找资料和资源找相关的文献，在一定程度上节约了大量的时间和精力。因此，我们提高高校图书馆情报信息服务的能力，在这里就显得尤为重要。

二、高校图书馆情报信息服务用户需求的特点

就定义而言，高校情报用户的情报，他们在一定范围内定义的是指在高等院校内主要从事了管理、科研以及学习等，在其它各种大型的活动过程中，我们需要利用情报的人的情报需求，具备了以下的几大特点：

（一）信息需求的内容丰富多样、种类繁多

目前，随着信息技术的发展，信息与情报的概念已经被众人所熟知，已渐渐地渗透到社会生活领域的各个方面，用户除了需要在教学和科研信息方面以外，同时需要我们了解了各个学科的发展现状、动态信息以及科研课题的研究前瞻信息。

我们大体上除了关注这些以外，更需要关注科学技术的期刊、年会会议的参考

文献、报纸期刊的论文、文学专著、科学研究报告、商议文献、以及专利说明书等其他的综合类信息。这其中既包括了我们要求的公开出版发行的文件书刊，又内含了非公开出版社发行的，如会议文献、学位论文以及机密的内部资料包含在内的各种特殊类文献。这些需要的文献可以帮助我们从不同角度去探索和分析，他们反映了科研进程和经济建设中的真实情况和发展趋势，是当今用户对于需求大量的信息的重要途径以及来源之一。

另外，随着网络信息的发展情况，用户还需求有关网络上的各种各样的信息，如他们也需要既直观生动的、容易被理解被接受的图文并茂的多媒体电子文献、声像型等一些文献，同时被关注的是还需要大量的实物信息。

（二）用户的信息需求呈现精品化、个性化的特点

随着信息资源的增长，信息用户的需求量也发生了转变，逐渐从需要大量的一般性信息转变成了对信息精品化的特定性需求，并且有严格性的限制和特定范围。任何一种人物都是一把双刃剑，它能给人带来利弊，既有好的方面，也有坏的方面。同样，作为信息资源网络化的环境，它一方面给人们创造了无限信息能力，同时它也给人们带来了无限度的巨大信息污染，从而出现了大量信息的混乱所造成的信息缺乏的现象。

重复的、低水平的网上资料已经占用了往上的大部分资料，它们的占位使90%的网上时间被占用户的所侵略，即使花费大量的实践仍然找不到我们所需要的有价值、有含金量的有用信息。为了取得事半功倍的效果，在有限的时间内取得和获得有用、价值量较高的信息资源，所以我们提高用户的一些意识，比如说用户的精品意识有待于加强，用户的信息需求要有目标性，培养他们逐渐向精化的方向发展。

随着高校院校的研究生和博士的大量扩招，其目的性更为明显了，他们趋向于要专题性的大量文献，需求更趋向于专深性和专业需要的特殊性，用户对信息的需求将更具有针对性、更属于个性化的行为。可能大多数用户需要同样的需求，但所不同的是，这些特殊用户的需求却与普通用户有着本质性的区别，他们时时跟踪和追踪自己领域内的最新发展方向与动态，并跟随学术领域的发展状态，时刻补充自己需要的材料和资源，不让自己在某一项匮乏和缺失，以使自己拥有的某个方面的东西达到一种极至的状态。从这些突出的现象来看，可以说，他们的需求更具专门化、专业性更强。

（三）用户对信息的及时性、新颖性要求越来越高

科技是一个国家兴衰的不竭动力。目前，科技正在逐渐地兴起。而由于科技得不断创新和进步，文献也日益增多，随着时代的更新，一些文献也渐渐地变成老化状态，新的科技领域也在不断开拓和创新，科学研究不断向各个相关领域扩展，各

个学科的之间交叉性也越来越强,越来越综合。

科研课题的出现不单单在一些高科技的领域,目前也出现在了一些教育的领域以及医学领域等各个全方位的地域。科研课题的出现不可能是陈旧、蜕化、被淘汰的状态,许多的课题是需要大量的时代更新,他们是需要的是最新信息、需要前沿发展的状态,而不是我们停滞不前,不研究的、长久信息。用户的需求方向发生了改变,他们的目标不再认为是需求的信息愈多愈好,而是强调了信息的时代更新性,对信息的新颖性和时效性越来越注重和关注。

当今的社会环境是信息技术的时代环境,在信息逐渐渗透在生活的各个领域,信息化的程度也在逐步提高的环境,以及最新的信息时刻准备着更新,我们针对新颖的信息资源是抓住机遇、正确对待信息的有效性,我们要正确对待决策的生命。因此,用户希望在最短的时间内,取得自己良好的信息效果,也就是尽可能准确地、迅速地得到自己所需要的关键性信息。高等院校情报用户的信息需求特点,我们很清晰地了解到,就是要更加注重及时性、新颖性。

综上所述高校信息服务的特点,我们要充分做好高等院校师生的信息需求查阅、分析、实施工作。如有以下几点,我们可以按照要求来做:首先,我们必须认真地去查阅院系开设了哪些课程信息,都有哪些专业化的范围,对此进行研究并做好相关的记录;其次,要全面了解所有的特点,我们要调查和了解学科馆员的基本信息,同时并记录下来对口的院、系的研究项目成果以及需要的情况,对研究项目有一个大致的总括和了解;最后,我们要做一个调查问卷,知道调查各学科教师和学生都从哪些渠道去获取哪些途径信息,对哪种信息的类型有偏好,他们大体的程度都集中在哪些方面,对这些都有了一定的研究,我们进行分析。

三、提高高校图书馆情报信息服务能力的意义与要求

高等院校的图书馆,它作为了信息的传播者和散播者,他们要积极地收集和采纳相关的有用信息,在这基础上,然后他们才能够传播和散发出有用的信息。根据大量的资料而言,总体而概括地来看,提高高等院校的图书馆的信息能力是尤为主要的,我们发现主要体现在以下几个方面:

(一)提高检索、分析、获取信息的能力

在信息化社会时代的今天,面对我们所需要的大量需求的信息,图书馆情报信息工作人员敏感性要强于一般普通的用户,尤其是在一个固定的方面,他们在判断的辨别方面,要比一般用户具备更强的信息分析能力以及对信息的判断能力。

在网络的工作中,对于图书馆情报信息工作人员要求是较为严格的。首先他们对于检索、分析、获取信息的能力应该是比其他的一般用户更为专业,他们自身尤

其丰富的文化底蕴、专业的独特眼光、浓厚的专业知识基础决定的。他们在一定程度上，自己本身是适应信息化的前沿发展，有一定的基础性，而在这些需要的前提和保证下。只有这样才能使自己一直处于保持对相关信息领域时刻更新的动态敏感性，我们针对这些，做的就是提高知识信息生产率。

基于以上种种独特的原因，这些根源就成为了衡量一个图书馆情报信息能力的基本标准，如何才能在有限的时间里便于更好地、更快地、更短地时间中，能够迅速地对相关选题的情报信息作出正确判断有效的信息，取舍无用的信息资源，筛选出更多更好的有利信息，也就成为了情报信息工作人员，彼此进行自我竞争的表现，这样形成了有效的循环竞争。

（二）提高从网上获取、转化、处理信息的能力

传统与现代图书馆情报信息有着迥然不同的区别，虽说它们的工作目的基本是相同的，大体上没有任何的变化和区别，基本上都是从搜集信息、检索信息、追踪信息、获取信息这几大步骤中进行的，但针对如何优化信息、提炼信息、传播出新的信息却要思考很多的方面。它们之间最主要的差别很明显，主要体现在工作方式与工作手段方面。传统的情报信息工作方式是一个相对于事件来说，是一个慢节奏的动作过程，由于受一些因素的影响和制约，他的加工制作周期性在时间方面来说是过长的，极易造成的后果是信息处于了贬值状态；而现代化的情报信息采取的工作方式，就使这一过程发生了突破，实现了质与量的重大转变和飞转。从初开始的选题、以及后续的策划信息、检索信息、获取独特的信息以及到最后情报信息的加工、提炼、传播与反馈这一漫长的全过程，它们不需要浪费大量的实践，而是全部可通过相对于开放的网络进行，也就是计算机在网络上进行。这就要求图书馆情报信息工作者要具有更为强大的操作能力，要求他们在技术上不但要有传统的情报信息检索和搜索技能，在软件的操作上而且要能够熟练地运用计算机的程序以及操作。

目前，网路信息化盛行在社会的各个角度，而信息化时代中具有的重要特征之一是计算机网络化，网络遍布在各个地方，它可以实现不同地方的资源共享，通过计算机网络推行，使得一台普普通通的的计算机发挥成巨大的功能，他展现给人们面前的独特功能是让人们在使用时变成变成具有多项使用功能、性能好、信息储存量更大的计算机。

传统的获得信息的途径，是简单的和复杂的。现在大多数信息获取的途径是相当便利的，它们都可以被网络所代替。情报信息工作人员不再是以往的得到信息困难，而是需要一台电脑，他们只需要坐在一台计算机前，动动手指，运用键盘和鼠标的操作功能，就可以获得人们想要得到的有用信息，但这些的获取和获得，其中都是以熟练掌握计算机的操作技术为前提和基础的。

图书馆情报信息工作人员在技术操作上有特殊的限制，在他们身上要求熟练的计算机操作技术，包括网上获取信息、处理信息和使用信息、发布信息的多方位能力。通过互联网的延长和开拓视野，我们可以从多种渠道获得更广泛的情报信息。最基本的是，我们要学会利用各种现代化的通信工具才能在简短之间内做到接收和传递快速地情报信息。如果信息资源以我们常熟悉的数字方式出现并存在，就能够再次被利用，实现了转换、使用、提炼、重组信息的方式，并且能够自如地进行发送、传播，不受任何地点和时间的限制，就可以根据需要的人在任何时间、任何地方发送给任何需要的人所在的地方，就让我们利用了可转化的知识信再现出新的可利用信息和生产出有用的信息资源。

（三）建立与完善具有自己特色的数据库

网络技术已经成为了广泛应用的对象，目前它有重要的地位，作为现代化的存储信息、流通信息和传播手段，极大地丰富了我们的资源并成为改变资源的重要途径，除了对重点学科的领域资源建立一些跟踪的学习档案，广泛搜集最新领域的科研动态、研究成果以及探究高等的研究方法等信息，根据科研的课题搜集一些电子版的课堂成果，在一些文本版的资源搜索信息的载体，包括我们经常用的专利论文、学术论文、科研论文等一些资源。同时，信息服务人员也注意了浏览研究机构发出的期刊论文、初民个数据库及知名的电子出版物网站，并进行加深处理，开发出服务于他人的文献数据库。

下篇
——高校图书馆档案信息化管理

第一章　档案馆信息化的社会环境

第一节　社会信息化的一般概念

一、社会信息化的内涵

（一）信息化

社会信息化是信息化的社会体现，首先我们要先了解什么是信息化。本世纪以来，信息化这个中文名词使用率非常之高，英文可以说成是"Informatization"或"Informatisation"。是指培养、发展以计算机为主的智能化工具为代表的新生产力，并使之造福于社会的历史过程。具体是指通过现代通讯、网络、大数据、网上云客户端等方式，对社会各界发展情况形成的信息进行分析，将之整合至云端数据库中，形成信息资源，人们通过查询网络云端数据库中的信息来了解各个领域中各种信息的一种现象。信息化的生产生活方式下，人类工作劳动效率大幅提高，人类社会大幅发展。智能化的工具就是实体工具信息化的具体体现，一般包括具有信息获取和传递，信息处理和再生，以及最后利用信息处理事件的功能。应用智能化工具工作的生产力，叫做信息化生产力。信息化生产力与过去传统非信息化生产力不一样，不是过去被动的由人力操作、单兵作战的生产模式，而是一个有组织有规模的，自上而下可自己运行的大型网络系统，这种信息化生产力给人类的生产生活带来极大的便利，必将改变人类的学习、生活、甚至思维模式。而由信息化生产力所带来的全民改变，我们赋予它一个贴切的名字：社会信息化。

（二）社会信息化

所谓社会信息化，是指：以计算机信息处理技术和传输手段的广泛应用为基础和标志的新技术革命，影响和改造社会生活方式与管理方式的过程。社会信息化指在经济生活全面信息化的进程中，人类社会生活的其他领域也逐步利用先进的信息技术，建立起各种信息网络；同时，大力开发有关人们日常生活内容，不断丰富人们的精神文化生活，提升生活质量的过程。

一般可将社会信息化定义分为广义和狭义两个方面。

广义的看法是，将社会中的各路信息通过现代网络技术和现代信息技术传递到社会各个领域，并应用这些信息处理相应的社会问题。与之相对立的另一个概念是工业化，可以说，工业化与信息化呈现出相辅相成的关系，工业化为信息化提供坚实的物质后盾，而信息化更像是工业化的技术升华，信息化产生于工业化而又优于工业化。在工业化层面上，人们无限制的发掘物质潜能，并将物质潜能最大化的表现出来，体现为现如今真实可见的物质产品。而在信息化层面上，人们更趋向于完善工业化社会所带来的服务软环境，应用如今发达的信息技术，不断收集社会各界的各种信息，最大限度的开发信息环境所带来的信息资源，来保证在物质生活中人们能获得更多提升实体生活质量的信息，从而促进全社会工业、信息一体化。

而狭义的看法是，全社会处在一种信息化交流过程中，实现信息化的标志就是社会信息化，在社会所有领域中全部实现信息化。在这里，信息化不仅仅是指网络科技信息化，还包括信息化在所有学科行业中的应用：以网络科技信息化为中心，逐步向经济、社会、科学、军事等各个社会领域扩展的活动本身。

（三）我们将社会信息化分为三个部分：

一是实现生产工具的信息化。如应用网络自控技术产生的全自动、半自动生产线，货与人类生活息息相关的信息化电器的应用。二是整个国民经济产业实现信息化。从产业运行到产业生产产品，从对产业实行控制到控制的管理模式，全部实现信息化。三是以联通、移动公司为首的通讯系统信息化和网络微信、微博等全社会交流信息化。

二、社会信息化是社会发展的必然趋势

社会信息化改变人类的生产结构、生活方式，无时无刻不在改变我们的社会。人类的社会要发展，人类的社会要进步，必将以信息化发展为载体不断更新科技水平。人和人交往依靠社会网络，社会网络的发展依靠信息，我们必将进入一个由网络信息化主宰的科技社会，社会信息化必将是社会发展的趋势。

（一）生产结构的改变

我们在广泛地将先进的信息技术应用到生产和生活中的各个领域后，不仅简便了生产中费时费力的复杂步骤，减少投资成本，更免去了人力操作中的重复工作，节约了时间成本，大幅度提高了生产效率。在生活中，信息化的产品配备给我们的生活增添了乐趣，减少了繁重的家务。单看家用全自动洗衣机就可以发现，人们节省了过去洗衣的时间，将之利用到更富创造力的工作中去，为社会发展起了辅助作用。从数据上看，先进的信息技术应用到各个领域中后，各行业 GDP 水平明显增长，信息产业增加值占 GNP 比重有了质的飞越。

（二）工作、生活质量的改变

社会信息化的出现改变了我们的生活和工作方式，提高了工作效率，比如在酒店管理方面，酒店管理系统的应用，改变了原始手写登记旅客入住的传统模式，节省了手工登记时纸、笔成本，系统自动采集酒店入住信息，预估押金金额，降低人为因素产生的出错率，减少顾客登记入住或退房的等候时间，间接提高了酒店服务管理质量，增加酒店好评度。最新管理系统还实现了工人工资的自动测算、房间物品使用情况提醒、存货不足预警设置，只一个人就可兼顾前台、会计、统计等多项工作，大大节省了人工成本，实现了酒店管理的集成高度控制。酒店管理系统是智能化工具的具体体现，由于智能化工具等信息化工具的出现，我们的生活质量明显提高。

（三）社会结构发生改变

社会就是一张大的信息网，信息将整个社会融合起来，手机、微信等通讯设施的出现使人与人之间零距离，国与国之间无分界，城乡差距缩小，在信息面前人人平等，人人都有的获得信息的同等权力，所以社会信息化的出现使不同出身的人获得就业、成才的机会相同，获得福利医疗和教育水平的权力也相同。而这种巨大的社会信息网中，如果没有有效的管理模式来约束信息传播，将造成信息泄露、不良信息传播等隐患，这时就需要形成一种约定俗成的制度，享受信息网中信息的人群自发的遵从这些制度。社会信息化下的管理模式正是社会发展向着健康的信息时代迈进的有力保障。

（四）社会不断发展

社会信息化不断发展，人类通过信息技术与自然界进行沟通，并试图以此干涉自然界的活动，通过它来进行人群之间的交流信息和商讨，从而掌控人类的社会活动。信息化的不断发展不断更新人类的实际生活方式，更更新了人类精神层面的思维方式。从智能小家电到网络云数据，社会信息化已经给了人们太多的惊喜，人类倚靠这些信息化的技术，已经将我们社会带入了一个新兴的时代，完全打开了工业化革命中信息化革命开端。

综上所述，信息化的社会变革已经潜移默化地进入人类的生产生活中，我们已经习惯了信息化带给我们的改变，习惯了这个社会应用的信息化技术。如今，社会信息化已经形成一种信息文化被记录在工业革命这本历史大书里，社会必将向着信息化发展，社会信息化必将是社会发展的必然趋势。

三、社会信息化的主要领域

信息化技术飞速发展的现今，已将其应用于多个领域。军事、教育、医药、经济、物流、服务（旅游）、事业单位等领域，都有信息化技术的应用。下面将信息化在军事、医疗、水利工程领域的应用进行举例说明。

（一）将信息化技术深入到军事训练的各个领域，应用电视教学、多媒体训练、网络训练、模拟实操训练等高科技信息化手法，全面提高军事学员素质水平。

（二）在水利工程方面的应用。

1. 将信息化技术引用到水利工程中，改变了传统治水的老思路和老理念。为适应当前水利行业由工程向资源水利方向的发展，我国应用信息化技术不断进行水利资源的探索，转变开发利用水资源的最初目标，将工作重心放在水资源的合理利用和节约管理上。而利用信息技术对水利工程建设中产生的冗杂数据的科学分析，大大减轻了人工负担，辅助国家为当前水利工程发展做出科学决策。

2. 利用信息化技术管理我国水利工程，能不断推动我国水利行业的公共服务能力。一方面，政府通过信息化渠道向群众发布有关水利部门的相关政策与信息，便于"政民沟通"，方便群众了解水利部门最新动态。另一方面，通过信息化渠道打开舆论大门，便于群众对水利部门工作、执法行为的社会监督，推动公平、法制社会的建设，保证水利公共服务事业的公平、公正、共开。

（三）在医院等医疗设施中的应用

1. 应用信息化技术管理医院物资，将更好地记录医疗物资的储存和使用，改变传统管理模式下对物资消耗、医疗设备、药品储存的混乱管理，摒弃费时费力的制度和一级一级的层层审核，实现了对物资设备的实时监控，当物资使用情况发生变化时，系统自动记录在数据库中，并可随时查看。省时省力，大大降低了管理成本。

2. 应用信息化管理在人事、服务方面，可以利用信息系统内部运算，一方面依据偏好设置和事项难易程度对医院各项服务进行详细的整合分类，另一方面根据专业特长，对医院人员进行科学合理安排，并将每个人员都分配到相应的岗位上，一人一岗，落实一岗责任制，便于岗位责任管理。信息化技术的应用，将每个人员特长发挥到极致，充分利用人力和物力资源，辅助医生为病人设置最完美的护理方案，提高病人满意度，缓和医患关系。

3. 在医疗工作的安排中运用信息化管理技术，可以将医院各项工作细化到每一步，分配至个人，落实责任到人，便于事件管理，追究责任。通过对病患医护措施进行信息化管理，准确的记录病人的病史、就诊时间、诊断情况及对症药物，辅助医生科学准确的制定出治疗方案。

四、我国社会信息化的主要进程

最早的社会信息化是20世纪由日本的一位学者提出来的。之后被翻译成英文传到西方。而在中国，信息化的议题被多方科学家们论证，不同学家对社会信息化看法不一，例如关于信息化的概念，中国学术界和政府机构就有过很长一段时间的分歧。一些学者的观点是，信息化单纯的指代由网络通讯和计算机组成的现代技术；另一些学者的观点是，信息化社会就是由实体生产社会到信息化生产力占据社会主导地位的过程；还有一些学者则认为，社会信息化就是工业化社会向信息化社会发展的进程等等。关于此，我国1997年召开的首届中国信息化工作会议，将信息化明确定义为："信息化是指培育、发展以智能化工具为代表的新的生产力并使之造福于社会的历史过程。社会信息化就是在国家统一规划和组织下，在农业、工业、科学技术、国防及社会生活各个方面应用现代信息技术，深入开发广泛利用信息资源，加速实现国家现代化进程."实现信息化就要构筑和完善6个要素（开发利用信息资源，建设国家信息网络，推进信息技术应用，发展信息技术和产业，培育信息化人才，制定和完善信息化政策）的国家信息化体系.（2006-2020国家信息化发展战略中将信息化6要素改为7要素，增加"信息安全"要素）。我国社会信息化从20世纪80年代开始发展，经历了普及信息化阶段，发展通讯化阶段，信息化阶段，社会信息化阶段。

近年来，我国通过实施信息入万家活动，全面推进社会信息化工作，达到社会资源共享化、社会服务信息化。通过对信息资源的开发利用、信息化格局的建设、信息化人才的培养、信息化政策的下发、信息化执行标准的规定等方信息化建设方面都有了很大的进展。虽如此，我国信息化建设仍处在初级阶段，各方面建设仍不成熟，信息化革命任重道远。在全球一体化的时代，信息化发展迎来了前所未有的好时代，中国今后的信息化建设挑战与机遇并存。

第二节 社会信息化的特征与影响

一、信息化的重要特征

信息化的特征主要包括三个方面的内容，即非均衡性、阶段性、系统性。

（一）系统性

信息化其主导内容是信息技术的广泛性应用，其发展的主要核心动力是其信息资源，长远的发展依赖的是信息化的人才，网络是信息化发展的基础，信息化的产业则支撑起其发展的规模。

信息化的6个基本的要素即信息产业、信息人才、信息网络、信息技术、信息资源以及相关的信息政策标砖等。这六个要素之间是相互作用，共同协调性发展的。只有这六个因素的共同作用，才能保证信息化长远的发展。

（二）阶段性

信息化根据其技术发展的历史可以分三个阶段，即导入期、成长期、成熟期。不同的阶段内的信息化对社会的影响程度不同。

作为信息化的初级阶段，信息化导入期，其主要特征是出现了大量的高仿或者是信息技术的创新，并且形成了局域网络；信息化的产品和人才逐渐的显现，并且有一部分人关注了其价值，这个阶段的信息化的法律、法规等内容还处于探索阶段。

处于中级阶段的信息化成长期，其主要的特征是大量的开发新的信息技术，提高其信息化的模仿和其人力资源的同步发展，实现了其技术创新和人才培养的相互促进；全民建设信息化基础设施，实现了信息化人才储备，资源产品信息化的价值得到了肯定，国家相关的信息化的法律法规逐步的建立。

处于高级阶段的信息化成熟期，其主要的特征是信息技术和创新逐步的停滞，技术化应用形成了一定的规模，信息化的网络技术渗透到了各个领域中，信息化资源实现了共享；信息化的产业逐渐的公开、透明，相关的法规、政策逐渐的全面化、标准化。

就当前一些信息化发展进入了成熟期的国家发展历程看，在不同的阶段，信息化的发展的内容、发展的规律以及其发展的特征各不相同，并且其对当时，社会产生的影响和程度也各有不同。其中其影响的主要作用和其影响的深度都是受到了其信息化推动者的作用。信息化的推动者如果是针对经济发展和信息化发展制定了一系列的科学的发展计划、其能有效的推动社会化的进行，实现其信息人才的培养，起到了对社会经济发展积极的作用。但是同样，如果信息化的推动者如果不能有效的制定战略性的计划，而是进行部分的、阶段性的发展的目标制定，失去了其发展的长远方向，没有有效的创新机制，就会导致信息资源不能进行有效的利用，不能形成其基础设施的完善的建设，导致信息化发展受阻。

（三）非均衡性

信息化的发展实现了信息资源的共享，在这个过程中，不同的国家的文化、信息化的有很大的不同，即便是同一个国家其不同的地域内的信息化的水平也不同，这就是信息化的非均衡性。信息化之所以不能实现其均衡发展，其主要的影响因素由以下几点：

第一，信息化无法脱离经济与社会发展的客观实际

信息科学的研究和技术的创新、信息化人才的培养和教育、信息资源的开发和整合、信息化网络的建设和维护、信息相关性政策的制定以及实行、信息化产业的

形成和发展这都离不开经济的投入。发达国家其经济发展比较快,这就为其信息化的进行创造了有利的条件。但是其他的国家相对落后,其在信息化建设过程中,就受到了制约,导致其不能实现有效的信息化投入,这就会造成其投入少,信息化水平低。

第二,信息化无法迅速改变现有利益格局

利益格局形成后,在一定的时间内,这种格局是相对稳定的,这种信息化对利益格局的形成是一点一点的渗透进去的,得利者会维护自己的利益,其就会越推进信息化的进程,也就是通过信息化来维护或者是提高自身的利益。

第三,信息化无法改变信息的非对称性

信息化的非对称的状态其是会随着各类信息的逐渐透明化而减少。但是其并不会完全的消失。这种不对称性产生于社会的不同个体之间的差异、不同组织之间的差异、需求者不同需求之间的差异,只要有竞争的地方,就不会实现均衡发展。

第四,信息化无法改变经济周期

市场经济体制中的不同的利益的主体其对信息的掌握程度不同,即便是信息获得能力最强的那个主体,其也不能完全的掌握信息。因此,在追求利益最大化的过程中,即便是市场调节也不能实现真正的供需平衡。

信息的系统性、阶段性、非均衡性的特征其对信息化的影响是渐进的,并且是双向的、是存在在一定的范围和程度的,他不会改变当前经济的运行方式,也不能实现其社会发展的基本规律的变化。

二、信息化影响经济与社会发展的主要途径

信息化其主要是通过与社会发展和经济之间的互动,进而影响国家的工业化发展、市场化发展、地区经济结构、产业结构、就业的形式、市场分配的格局等,进而对社会经济发展的均衡性进影响。

(一)信息对工业化进程的影响

信息化和工业化发展之间存在以下三种关系:

首先,信息化是在工业化发展起来后,才逐渐的有了相应的发展。工业化的进程为信息化的实现提供了物质、资金、人才、资源和市场。

其次,信息化的发展,促进了工业化的发展,增加了工业化的经济效益,因此,工业化是以信息化为导向的。

第三,信息化没有替代工业化。信息化的发展虽然推动了工业化的进展,但是其对传统工业化的功能和作用并没有影响。

在上个世纪八十年代,世界上大部分的国家进入了工业化的时代。并且在随后的二百年的时间里，其工业化的进程很缓慢，工业化的程度的高低影响着国家的经济结构和社会的发展，这也就是造成不同的国家的经济和社会发展差距的主要原因。

就目前而言，发达国家和发展中国家之间的经济差距十分大，如何才能有效的缩减其之间的差距，一直是发展中国家不断的研究的问题。但是从历史发展的历程来看，其并工业化并不能实现这一愿望。

信息化解决了工业化遗留下来的问题，为社会和经济的均衡发展创造了条件。信息经济的核心的生产要素是信息、无形的知识、生产方式，这些都是具有及时性、分散性、等特征的。信息化的发展的时间并不长，其没有形成有效的制度。如果在这个时候，发展中国家抓住这个机会，吸收发到国家的经验，结合本国的资源信息，有效的提高本国的人才、利用现代化发展的技术设备武装国家，实现国家的跨越发展，最终实现了其经济和社会的协调发展。

（二）信息化对市场化进程的影响

信息化其主要是通过对市场的构成和其运行的方式进行作用，实现了其生产原料和商品之间的自由的流动，提高了市场化的进程。

1. 信息化对政府的影响

建设电子政务，实现了对政府管理的公开、透明化，实现了人们的有效的监督，促进了政府的廉洁建设，便于政府的工作效率的提升，促进政务廉洁的建设，改善公民和政府之间的关系。

2. 信息化对企业的影响

企业通过引进先进的信息技术，提高了企业运行系统的稳定性，有效的提高了企业的生产效率，实现了其管理模式的创新，建立学习型的员工培训，提高员工的整体素质，有效的提高了整体的人才的储备质量，提高了企业的综合实力，提升了企业的竞争力，促进了社会经济效益的提升。

3. 信息化对居民的影响

随着信息化发展的速度不断的加快，其在各个行业获得了广泛的应用，一方面信息化提高了企业的生产、加工效率；另一方面，其也相应的提高了产品的性能，使得居民享受到了更加便捷和舒适的服务，满足了居民的物质和精神生活需求。并且政府的信息化操作程序使得政府工作更加的简便，提高了政府的工作效率，这样居民的生活就会得到更多的公共性质的服务。最后，信息化的发展促进了知识、科学的传播，提高了人们对知识和文化的认识，让更多的人爱上了学习，认识到学习的重要性，方便终身学习，实现了居民素质的提高。

（三）信息化对全球化的影响

信息化推动了全球化进程，其影响主要体现在：

1. 信息化促进了科学技术的发展

科学技术的发展促进了信息化的革命,实现其全球化的信息化发展,人们更加的认识到了信息化的重要性,认识到了经济时代,知识的重要性、人才的重要性。在信息化的发展中,科学研究得到了政府、企业的支持,科研协作得以顺利的进行,并且科学研究成果的保护机制也逐渐的完善。

2. 信息化促进了国际分工和国际贸易

科学技术的发展使得国际分工越来越细化。跨国的集团或者是企业在世界各地采购其所需要的零部件,然后再进行组装和销售,通过全球网络系统进行售卖。全球性的生产系统的形成,加深了国际贸易间不同国家的相互的依赖,并且随着各项科学技术的研发,多个国家的生产和销售促使了商品的成本的降低。商品、人员等之间的流通性更加的畅通,经济的一体化速度逐渐的加快。

3. 信息化促进了金融市场的一体化,加速了国际资本的流动

金融信息化的深入发展提高了金融市场一体化的进展。一方面,其在金融信息的收集、处理等方面的能力有所提升,另一方面,其实现了全球各地的投资者都可以通过网络进行投资、交易,方便了其金融交易的顺利进行,打破了其空间的限制,实现了全球的金融市场的有效的联系,促进了金融资本之间的有效的流动。

(四)信息化对产业结构的影响

不同的产业之间的信息化的作用各有不同:

信息化的水平包括的信息产品制造的能力和水平,也包括信息服务的能力与水平。其对的服务行业的影响主要表现在两个方面:首先是拓展服务业:形成了发电子商务等服务性的信息行业,二是将新的科学技术应用在传统的服务业中,改变了其服务业的模式,逐渐实现了其传统的服务信息产业的效率的提升。

对于农业和工业而言,农业的信息化服务其主要是表现在对其的信息科学技术的改造方面。即在农业的技术的科学的进步上、推进农产品的生产和制作上、加强对农业指导上等。对工业的信息化主要表现在,其工业生产的设备的改造、生产的方式的转变、管理的方式的信息化的程度、工艺水平的提升等。实现了其生产能力的提升,生产产品的质量的提升。

在信息化的过程中,一些过剩的劳动力和资本会逐渐的被淘汰,实现其产业结构的优化。

(五)信息化对地区结构的影响

1. 网络对落后地区形成观念的冲击

落后的地区其思想比较保守,网络的广泛的传播和应用,可以起到了开拓人们的视野,提升人们的见识的作用。这种方式可以有效的打破其思想的束缚、唤起其

地域内的人们的上进心，促进其地域经济的发展。

2. 信息化有利于落后地区比较优势的发挥

信息化的发展的过程中，落后的地区和其发达国家之间差距更加的明显，更加的方便落后地区发挥其自身的比较优势。

3. 信息化带给落后地区新的发展机遇

就像是落后的国家可以抓住信息化的优势，进行跨越式的发展一样，在落后的地区，其可以平等的分享网络和信息化的技术，发挥其后发的优势，实现其落后地区对先进的信息化技术的模仿和创新，突破当前的重点的技术，实现地区社会的快速的发展。

（六）信息化对就业的影响

1. 就业结构的影响

传统产业开始走下坡路，第一产业和第二产业的就业人口的人数逐渐的下降。信息服务业的人数不断的增加，并且其在发展的过程中，不断的形成新的领域，服务业的规模逐渐的壮大，这就提高了服务业对劳动者的需求。

2. 改变就业方式

信息化实现了办公地点的变化，其不局限在生产的厂房或者是车间，而是实现了在家里、飞机上、宾馆里的等不同的地点的上班的工作方式，实现了劳动者可以身兼数职的可能。

3. 改变就业观念

信息化发展的速度很快，因此，其对就业者提出了更高的要求，其只有不断的学习，才能跟上时代发展的脚步，才能实现其自身的素质满足工作所需要达到的标准。在新的时代背景下，谁也不能凭借自身的经验衣食无忧。

4. 拓宽就业信息的来源

网络实现了人才市场供求双方的选择的空间，实现了求职者对工作的自主选择，让求职者可选择的企业更多，降低了找工作的成本，实现了其就业机会的增加。

（七）信息化对分配格局的影响

信息化实现了对收入分配的影响。但是其对收入分配的影响并不固定。一方面信息的拥有者和信息的缺乏者之间的收入差距可能会因为数字鸿沟加大，一方面，其也可能因为信息资源共享机制的实现导致其收入差距的减小。整体来看，如果人们能够有效的利用信息资源，就可以实现其信息化的收益的提高。同时信息化缩短了模仿的创新的空间，降低了垄断行业的利润，实现了落后者可以分享创新者的智力成果。政府根据其不同地域内的贫富差距情况，进行适当的收入调节和分配。

（八）信息化对宏观调控的影响

1. 电子货币对现行货币政策提出挑战

电子货币的出现其缓解了流通中的货币的需求。电子货币的通行一定程度上扩大了货币供给主体，使货币供应在一定程度上脱离了中央银行的控制。电子货币对互联网的依赖性很大，其对货币的独立性影响很大。

2. 调节经济总量的指标进行调整

3. 计划手段更具有弹性

4. 宏观调控更具有预见性、科学性和有效性。

第二章　档案馆信息化与信息化建设

第一节　档案馆信息化概述

一、档案信息化基本概念

档案信息化是指在国家总体规划和系统组织之下，采用现代信息技术改造传统档案业务，不断适应数字环境下档案活动的发展变化，档案管理模式从以面向档案实体保管为重点、向以档案数字信息管理利用为重点的转变，最大限度地满足社会档案需求的建设过程。

（一）国家信息化战略在档案领域的具体实现

国家信息化战略是一项规模浩大的系统工程，涉及农业、工业、科技、国防等各行各业和社会活动的各个方面。信息资源、信息网络、信息技术、信息产业、信息化人才、信息化法规和标准是国家信息化体系的基本要素，地区信息化、行业信息化则是国家信息化全局的有机组成部分。档案信息化作为国家信息化在档案领域的具体实现，服从国家信息化全局，在整个战略规划框架下系统、有序地展开。档案信息化的目标、任务、内容取决于国家信息化全局的发展需要，具有明显的时代性和社会性特征。

（二）档案工作目标与信息网络手段的结合

档案工作的根本目标是满足社会对档案管理、利用的需求。计算机、网络等现代信息技术手段的引入，极大地改变了档案业务的程序和模式，但并未因此改变档案工作的社会使命。数字环境下档案工作的根本目标依然是最大限度地满足社会对档案保管、利用的需求，信息化所要追求的正是如何最大限度地利用数字软硬件、数字网络等现代技术手段来实现档案工作的根本目标。档案信息化的实质是档案工作目标与信息网络手段的结合，是传统档案业务向网络环境的迁移。

（三）档案信息化是一个不断发展的动态过程

随着信息技术的不断发展，技术手段和技术环境不断变化，不同时期，档案信息化建设的目标、任务和要求是不同的，但在某一时期特定的社会环境下，受制于技术、经济条件和人文基础，我们设定的档案信息化目标，确立的档案信息化建设任务却是现实的、具体的，并相对稳定的。在动态变化的背景下，档案信息化建设的目标不可能一步到位。

（四）档案信息化具有丰富的内涵

档案信息化是现代信息技术手段对档案管理目标的支持，因此，技术、管理以及作为其社会基础的人文环境在档案信息化过程中始终交织一体，使档案信息化建设具有了不同于传统档案工作的新的内涵。

二、档案信息化要素

档案信息化的基本要素归纳为以下五个方面。这些要素相互作用、互为支撑，共同构成档案信息化的有机整体。

（一）档案信息网络

档案信息网络是数字档案信息传输、交流的平台，是档案信息化最基本的设施，包括专门构造的档案局域网、档案区域网等档案信息专用网络和互联网、政务网等公共的或一定范围内共享的信息网络平台。档案信息的网络化程度是档案信息化发展的一个重要指标。

（二）档案信息资源

档案信息资源是指存储于各种介质、处于不同阶段的各类在线或脱机的档案数字信息。档案信息资源是档案信息化最核心的要素，档案信息化的根本目的是档案信息资源的充分共享，离开数字化的档案信息资源，档案信息化就成为无源之水，无本之木。

（三）档案信息化专业人才

档案信息化专业人才是所有具有信息化专门知识和专业技能，能够以其创造性的劳动为档案信息化建设作出贡献者，具体可分为管理型人才、技术型人才、技能型人才和研究型人才四种类型。档案信息化人才是推动档案信息化发展的支撑，是档案信息化建设最宝贵的资源。

（四）信息技术及设备

信息技术及设备是指支撑档案信息化建设的现代信息技术及基于现代信息技术的物化手段，包括数据处理技术及设备、网络通信技术及设备、信息存储技术及设备等。信息技术及设备是档案信息化建设的物质基础。

（五）档案信息化法规和标准

档案信息化法规、标准是指推动档案信息化发展、规范档案信息化建设必需的各类法律、法规、规章、规范性文件及技术标准等，包括国际、国家信息化公共的法规、标准和档案信息化专门性法规、标准。档案信息化法规、标准是国家对档案信息化活动进行管理的重要手段，体现着国家档案信息化发展的战略与政策。

三、档案信息化建设内容

（一）档案信息化基础设施建设

软、硬件基础设施是档案信息化建设的物质要件，是档案信息资源开发利用和信息技术应用的基础。软、硬件基础设施的核心是信息网络，充分利用公共网络环境构建符合特定要求的档案信息网络平台，是档案化基础设施建设的重要内容。

档案信息基础设施建设的主要任务有两项：

1. 配置信息处理设备

其任务是配置适应档案信息网络平台需要的计算机、服务器、扫描仪、数码摄录机、复印机、打印机等信息处理设备，构建档案信息处理的硬件环境，提高应用计算机管理档案的普及率。

2. 建设和完善档案网络

根据服务对象和服务范围的不同，目前档案信息传输、利用的网络环境可分为三个层次：档案局（馆）内部的局域网、连接政府各部门的政务网、连接公众的外部互联网。三网应当实行物理隔离，形成独立的网络体系。

（二）档案信息资源建设

档案信息是国民经济和社会发展的战略资源之一，它的开发利用是档案信息化建设的核心内容，标志着档案信息化发展的水平，决定了档案信息化建设的成效。档案信息资源建设的具体任务有以下几项。

1. 档案目录数据库建设

档案目录数据库又称为"档案机读目录"或"档案电子目录"，是存储在计算机内，使用某种数据库管理系统（如 SQL-SERVER 图 2-1-1、ORACLA 等）组织管理起来的档案目录数据集合。根据著录对象的不同，档案目录数据库分为文件级目录数据库、案卷级目录数据库和专题目录数据库三大类。

图 2-1-1　sql server 2012 free

2. 档案目录中心建设（区域档案文献目录中心）

档案目录中心是在集成各级、各类档案馆目录数据的基础上建立起来的档案目录数据交换、共享平台，它是实现更大范围内档案资源共享的有效手段。档案目录中心根据其汇集目录的类型或范围的不同而分为专业档案目录中心和区域档案目录中心。利用网络平台实现档案目录数据的集中和共享是档案目录中心建设的目标。

3. 电子文件归档管理

在数字形式的文件占形成文件比重越来越大的今天，电子文件将成为未来档案的主要来源。加强对电子文件的归档管理，制定电子文件归档管理规范，实现从电子文件到数字档案的"无缝连接"，是档案信息资源建设最艰巨的任务。

4. 档案数字化

档案数字化是指利用扫描技术、多媒体技术、数据压缩存储技术等将传统介质的各种档案通过扫描、拍摄、采集转换成为可在计算机系统中存储，在网络环境中传输的格式规范、结构有序的数字档案的过程。根据数字化对象的不同，档案数字化可分为纸质档案数字化、照片档案数字化、声像档案数字化和缩微胶片数字化等。档案数字化的实质是传统档案信息向现代数字环境的迁移，是为了解决传统档案信息对数字环境的不适应性而采取的技术措施。

（三）档案管理应用系统建设

档案管理应用系统是指以档案信息资源为内容，以档案资源管理、共享为目的，以信息技术及其软硬件设施为手段而构建的各类档案信息管理系统。档案管理应用系统关系着档案信息化建设的速度与质量，体现着档案信息化建设的效益。档案管理应用系统目前主要有针对不同应用环境开发的各类档案管理软件、基于政务网的文件档案数据库系统、基于互联网和政务网的档案网站、基于实体馆藏综合各种信息技术而建立的数字档案馆等。档案管理应用系统建设的主要任务是：；

1. 档案管理软件系统的开发与推广；档案管理软件是指各机关、团体、企业事业单位和各级；

2. 基于政务网的文件档案信息系统；基于政务网的文件档案信息系统是指将有序组织的档案；

3. 基于互联网和政务网的档案网站建设；档案网站作为网络环境下档案机构的门户，既是档案信；

4. 数字档案馆建设；数字档案馆是以一个或众多实体档案馆为基础，综合采；

（四）档案信息化法规标准建设

法规标准的制定和执行是信息化建设的保障。档案信息化法规标准应涵盖信息化建设的所有方面，包括电子文件归档和数字档案管理与利用的各个环节。档案信息化法规标准建设的任务则包括档案信息化法制建设和档案信息化标准体系建设两个基本方面。

（五）档案信息化人才队伍建设

人才是信息化建设的成功之本，重视信息化人才的培养，提高档案从业者的信息素养和信息技能，造就一支适应档案信息化建设需要的人才队伍，是档案信息化建设的重要内容，是加强档案信息化建设的当务之急。

（六）档案信息安全保障体系建设

档案信息不同于一般信息，是各种社会活动的历史记录。档案中有相当部分内容包含敏感信息，具有保密性和利用限制性。这些信息一旦泄密或被非法利用，将威胁国家的安全，损害公众的利益，危及社会的稳定。数字网络环境的不稳定、不安全及数字档案载体脆弱、易变等特点，使得其安全措施更为复杂，如何构筑可靠的档案信息安全保障体系，提高档案信息的安全系数，成为档案信息化建设一项重要而艰巨的任务。

《纲要》中对构建档案信息安全保障体系框架，完善档案信息安全管理体系提出了具体要求："各级档案部门要加强对计算机档案管理系统的管理，确保档案数据库安全；加强对电子文件归档工作的监督和指导，保证归档电子文件的真实、完整、有效；档案部门的内部局域网要切实与一切外网实行物理隔离，加强身份认证和密钥管理，确保档案信息网络传输的安全。""各级档案部门在开发利用档案信息资源和网络系统建设工作中，要提高信息安全意识，防止失密、泄密的发生。参加各级政府电子政务建设的档案部门，要严格遵守相关的安全保密制度。非公开的档案信息一律不得上外网；在因特网上提供已公开档案目录查询服务的，要认真采用身份认证、防火墙、数据备份等安全防护措施，确保档案信息和系统安全。"

第二节　社会发展对档案馆信息化建设的要求

档案信息化建设的重要组成部分之一就是档案馆信息化的建设。近几年，我国加大了档案馆信息化建设的力度，但是在实际的建设过程中暴露出了各种各样的问题。目前，人们对档案馆信息化建设的相关内容的认识相对比较一致，档案馆信息化建设的主要内容包括五个方面的内容，分别是基础设施建设、档案信息资源建设、应用系统建设、标准规范建设以及人才队伍建设。所以人们提出了"修路—造车—送货"的档案馆信息化建设思路和"路上有车、车上有货"的理想模式，所谓的"路"

就是指内部网、外部网、互联网等各种不同类型的网络以及基础设施，所谓的"车"就是指计算机软硬件以及档案馆信息化的应用系统，而所谓的"货"就是指数字化的档案信息。实际上这种档案馆信息化建设的思路和模式只是强调了档案馆信息化的基础设施建设、档案信息资源建设以及应用系统建设，却忽略了标准规范建设和人才队伍建设，也就是说不但忽略了档案信息化建设的标准规范和档案信息安全保障体系，而且还忽略了培养掌握现代信息技术和档案专业知识的复合型人才。

一、优化档案馆信息化网络环境建设，构建档案馆信息化网络平台。

（一）优化档案馆信息化网络环境建设

档案馆信息化网络环境建设，根据服务对象和范围可以将其划分为档案馆内网、政务网、公众网三个层次。所谓的档案馆内网指的就是能够支持档案馆内部服务的馆内网，也可以称为档案馆局域网。

档案局域网的功能主要表现在五个方面：

第一、能够有效的将采集和预处理系统产生的档案信息数据和其他信息数据进行加工组织和存储；

第二、能够有效的向档案馆内部用户发布各种各样的档案信息，并且能够为人们提供档案信息和其他信息检索和演示等服务；

第三、支持档案馆内部日常办公，为办公提供便利的条件；

第四、能够有效的向政府网和公共网提供需要的档案信息数据以及其他信息数据；

第五、能够有效的管理和维护网络、档案信息数据以及其他信息数据、用户。

所谓的政务网就是指能够支持政府部门服务的政府专网，是以政府部门为服务对象的专用服务网，也被称为政府信息服务网，其主要功能主要表现在三个方面：首先是能够有效的对档案信息以及其他信息采集然后送到采集与预处理系统；其次就是能够向政府专网用户提供档案信息服务和其他信息服务；最后就是能够管理和维护网络、档案信息数据和其他信息数据以及用户。所谓的公众网就是指与互联网连接的为大众服务的通用网络，提供服务的主要对象就是社会大众，也被称为外网，其功能主要表现在三个方面：首先就是能够对档案信息和其他信息进行有效的采集并且能够送到采集与预处理系统；其次就是能够向 Internet 用户提供档案信息服务以及其他信息服务；最后就是能够管理维护网络、档案信息数据和其他信息数据以及用户。

在对档案馆信息化网络环境进行优化建设时，需要采取物理隔离措施对档案馆内网、政务网、公众网三网进行隔离，从而能够使三个网络相互独立。

（二）档案馆信息化网络平台建设

1. 档案馆信息化网络平台建设的原则

（1）确保网络安全原则

在对档案馆信息化网络平台进行建设时，为了能够有效的确保在网络发生被攻击、破坏事件的情况下在最短的时间里恢复网络信息中心的服务，必须严格的坚持全面均衡以及整体性的原则；为了能够有效的确保安全性与可用性相容，必须坚持安全性评价与平衡原则，建立健全科学的、合理的实用安全与平衡体系；为了能够有效的确保整个系统安全地互联互通、信息共享，必须坚持网络安全体系设计的标准化与一致性原则；必须坚持技术与管理相结合的原则，也就是说有效的将各种安全技术与运行管理机制以及安全规章制度的建设进行充分的结合；同时还需要坚持动态发展的原则，根据网络安全的变化对安全措施进行不断的调整；除此之外，还需要坚持易操作性的原则，确保比较容易操作，不能够太复杂。

（2）确保电子库房安全原则

一般情况下，首先需要建立健全电子档案的管理制度，主要包括电子档案的形成、处理、收集、积累、整理、分类、保管以及利用等方面，从而能够有效的维护电子档案的安全；其次就是不断的强化电子档案存贮安全以及策略，特别是网络安全、馆藏安全以及兼容性问题；最后就是不断的强化电子档案的应用安全以及策略，主要包括单机应用、网络应用两方面。

（3）与档案馆库及装饰工程同步设计建设原则

在进行建设案馆信息化网络平台的时候必须确保能够与档案馆库的建设和档案馆库装饰工程同时规划、设计、建设。

2. 档案馆信息化网络平台建设的内容

档案馆信息化网络平台建设主要包括六个方面的内容，分别是接入系统建设、门户安全系统建设、应用系统建设、基础服务系统建设、数据库层建设、中间件层建设。在进行建设时需要充分的考虑未来的各种需求的主要包括接入系统建设和门户安全系统建设以及中间件层建设。

3. 档案馆信息化网络平台建设的要求

档案馆信息化网络平台建设，在符合国家相关标准要求的同时，还必须符合以下要求。

（1）网络综合布线要求

所谓的网络综合布线系统就是指档案馆信息化网络的信息高速公路系统，为了能够确保建设完成以后能够长期的使用，必须严格按照高标准、高要求对其进行设计建设，与此同时还必须预留出足够的扩展空间。第一、需要设计建设相互物理隔离的档案馆内网、政务网、公众网。第二就是需要确保网络带宽能够支持文本、图形、图像、录音、录像等各类电子档案与数据的传输、利用与管理。第三就是在馆库内的每间各类用房都需要布设档案馆内网与外网信息点,政务网信息点需要布设在电子公文交换、电子档案与数据交换等用途的办公与业务用房内,并未对于各类信息点配置数还需要预留余量。第四就是在每一个信息插座旁需要尽可能的配置安装对应的电源墙插或者地插。第五就是布线所使用的线缆、金属桥架、PVC 管、面板等材料都必须具备阻燃的性能;第六就是对于网络拓扑结构必须具有一定的可扩展性,如果建设的经费相对比较充足可以采取树型网络拓扑结构。

（2）中心机房建设要求

中心机房作为各级国家档案馆的电子库房,能够有效的控制档案信息网络。为了能够有效的确保档案信息的安全,档案馆必须建设能够自主管理控制的中心机房,并且必须符合以下几点要求:一是中心机房不能够设在一楼,还需要充分的考虑空调外机的安装的实际需求以及楼面承重能力。二是严格按照相关的标准配备气体自动灭火装置。三是为了能够确保在断电情况下正常运转,还必须配置机房专用供配电系统,配电柜内电气元器件应根据照明、计算机设备、空调等不同需求分别设置。四是为了能够有效的防止静电以及雷电的干扰,需要铺设全钢防静电地板与防雷防静电设施。五是需要配置千兆交换机,并且交换机端口还需要预留余量。六是严格按照规定配置标准机柜,并且对于各类设备需要预留出后期扩展安装余量。七是配置在线式稳压电源,还需要确保功率配置预留出余量。八是配置机房专用空调及恒温恒湿防磁柜。九是为了确保中心机房的安全,还必须配置录像监控摄像头、防盗门、防盗窗。

（3）服务器与防火墙建设要求

在对档案馆信息建设时,需要充分的考虑馆档案信息化工作的实际需要,可以在档案馆内网配置一至两台机架式服务器,采用当期主流配置,内存与硬盘可以进行适当的扩展,并且档案馆内网与政务网、公众网之间需要配置一台百兆防火墙。

（4）技术文档要求

在对档案馆信息化网络平台基础设施工程进行验收时,必须确保系统设计文档、系统施工图、系统竣工图等齐全并完整。除此之外工程承建方还必须向档案馆移交各种各样的技术文档两套,一套归档,另一套日常使用。

二、"造车"是档案馆信息化建设来说是至关重要的一项工作

"造车"指的就是建造档案馆信息化的应用系统,不断完善计算机软硬件的建设。衡量与检验档案馆信息化建设往往是通过档案馆信息化应用系统建设与计算机软硬件建设以及运行状况。

（一）档案馆信息化应用系统建设

所谓的档案馆信息化应用系统指的就是以档案馆信息资源为内容，并且将档案资源管理以及共享作为目的，充分利用信息技术及其软硬件而构建的各类档案信息管理系统。目前档案馆信息化应用系统主要包括基于不同应用环境开发的各类档案信息管理软件、基于政务网的文件档案信息数据库系统、基于互联网和政务网的档案信息网站、基于实体馆藏的数字档案馆四项内容。

1. 积极开发应用统一规范的档案管理软件

所谓的档案管理软件就是指档案馆信息化过程中用于对档案信息和档案实体进行辅助管理的基于各种计算机环境的应用软件系统。根据适用技术环境的不同可以将档案管理软件分为两种，一种是单机版档案管理软件，一种是网络版档案管理软件；而根据功能上的差别可以分为文件档案一体化管理软件、全文版档案管理软件、专业档案管理软件。国家档案局发布的《全国档案信息化建设实施纲要》（档发〔2002〕8号）中对进一步提高档案管理软件的技术和应用水平，推广应用相对统一、符合规范的档案管理软件提出了具体的要求。各级各类档案馆必须根据实际情况，为了能够有效的推动档案馆信息化持续健康发展，必须积极的开发应用统一规范的档案管理软件。

2. 积极构建基于政务网的文件档案信息系统

所谓的"基于政务网的文件档案信息系统"就是指将有序组织的文件档案信息数据库采取一定的方式接入到地方的电子政务网，科学的、合理的融入到电子政务的信息流程，通过政务网平台为地方政府提供各种各样的文件、档案信息服务。目前，随着电子政务建设的快速发展，必须建立健全政务网的文件档案信息系统。所以，各级各类档案馆必须严格按照《全国档案信息化建设实施纲要》的具体要求，积极参与当地政府上网工程和电子政务建设，对于档案信息建库入网工作需要采取有效的加强措施，从而构建基于政务网的文件档案信息的完整的系统，并且尽可能的将档案数据库作为重要信息资源库纳入当地电子政务、信息港建设总格局当中。对于那些条件比较好的综合档案馆可以建立为各级党政机关服务的电子文件中心和政府信息公开查阅服务中心，充分的利用电子政务数据交换平台，从而实现了在线采集、接收和利用归档电子文件的模式，能够有效的开展政府信息公开查阅利用服务。

3. 积极建设基于互联网和政务网的档案信息网站

所谓的档案信息网站就是档案部门在信息网络上建立的站点，也是档案部门面向网络世界的窗口。根据建站网络的不同，档案信息网站分为两种，一种是基于政务内网面向地方政府服务的档案网站，另一种是基于外网面向社会公众的档案网站。

各级各类档案馆必须严格按照《全国档案信息化建设实施纲要》的具体要求，采取有效的措施，积极的加强档案信息网站建设，对网站的内容不断的进行完善，并且还需要有计划地上传开放档案目录，在条件允许的情况下还可以上传已公开的档案全文信息，从而能够不断的促进全国范围内的档案信息资源共享。

4. 积极推进数字档案馆建设

所谓的数字档案馆就是以一个或众多实体档案馆作为基础，科学的利用现代信息技术，在网络环境中集成数字档案资源，能够为广大的用户提供档案信息服务，实现档案资源共享的档案信息管理集成系统。数字档案馆建设对于整个档案信息化建设来说对于技术要求是一项非常高，并且资源投入比较大的内容，可以采用不同的构建模式。目前我国数字档案馆建设总体上还处于不断探索、试验的阶段，对于数字档案馆的功能要求以及技术模式并没有进行明确，还需要制定出相关的规范以及标准。所以，各级各类档案馆必须从实际出发，严格按照《全国档案信息化建设实施纲要》的具体要求，稳扎稳打，不断的推进数字档案馆建设。

（二）计算机软硬件建设

1. 计算机应用软件建设

所谓的计算机应用软件就是指能够为档案管理应用需求而提供的软件，是将各种各样的软件有效的结合在一起的一个综合性系统。可以充分的根据档案信息馆的预算情况进行选择合适的商品化软件或者与软件开发公司合作定制。尤其是必须充分的考虑软件的升级和后续服务等各项问题。

2. 计算机硬件建设

在对计算机硬件进行建设时，必须确保采用的是当期主流配置，需要充分的考虑输入、处理、储存、输出等非常关键的性能。与此同时，在档案馆信息化建设的整个过程中，在对计算机软件和硬件进行建设时，还需要充分的考虑档案信息馆自身的财力和物力实际情况，既要做到积极的推进，又要量力而行，从而能够在很大程度上杜绝了资源的浪费，并且达到了事半功倍的效果。

三、"制定交通规则"是档案馆信息化建设的保障

"制定交通规则"就是指制定档案馆信息化建设的各种各样的标准化规范，为构建档案信息安全提供了重要的保障，确保档案馆信息化建设能够快速、有序、健康的发展。

（一）标准规范建设

档案馆信息化建设的重要基础内容就包括标准规范建设。虽然信息高速公路比较畅通，但是同样还需要严格的遵守各种各样的、科学合理的"交通规则"，这些

所谓的"交通规则"就是在进行建设档案信息馆的重要的标准规范。这些标准规范主要包括标准管理规范、标准业务规范、标准技术规范三类规范,首先是标准管理规范,其主要包括电子档案的定义、移交、整理、价值鉴定、存储、著录、安全性保证、原始性保证、检索途径、利用方式等方面的标准规范。其次就是标准业务规范。其主要包括电子档案的术语标准、资源描述、电子档案文件格式、元数据、对象数据格式标准等标准规范。最后就是标准技术规范,其主要包括软硬件基础设施建设技术标准、软件系统工作平台技术标准、存储压缩格式、数字水印、加密算法等标准规范。为了能够有效的推进档案馆信息化建设的进程,我国出台了一些相关的标准,主要包括《CGD电子文件光盘存储、归档与档案管理规范》、《电子文件归档与管理规范》等。

(二)档案信息安全保障体系建设

档案信息安全保障体系建设主要包括四方面的内容,分别是法律法规和管理制度、档案信息的安全技术、档案信息的安全管理以及维护公共设施安全。第一,各级各类档案馆必须建立档案信息安全保障体系,不断的对档案信息安全管理体制进行完善。第二,各级各类档案馆在开发利用档案信息资源和网络建设工作的整个过程中,必须不断的提高信息安全意识,为了防止失密、泄密事件的发生,需要采取有效的措施加强上网信息的审查以及管理。第三,各级各类档案馆必须积极采取各种各样的保障档案信息安全的科学的、合理的应对策略,以防患于未然。

四、"培养驾驶员"是档案馆信息化建设的核心

"培养驾驶员"指的就是培养能够充分掌握现代信息技术和档案专业知识的复合型人才,不断的加强档案信息人才建设。培养复合型人才是档案馆信息化建设的核心内容,也是档案馆信息化建设的关键点。

众所周知,技术再先进,也必须依靠人去掌握和运用。如果路修得再好,车再先进,没有优秀的驾驶员,那么是不能够完成任务的。对于档案馆信息化建设来说,同样也需要培养一批复合型专业人才,从而能够对系统开发和维护、档案数字化加工与管理、标准规范建设与实施、相关技术的使用与研究以及档案信息化建设运营及管理。

档案馆信息化建设的最终目的就是科学的、合理的运用计算机和网络技术服务于社会和公众服务。在档案馆信息化建设过程中,为了能够使档案馆工作者更明晰的认识到自己的主要任务是管理档案信息而并不是档案实体,档案馆工作者需要从思想上、工作上以及技能上不断的由传统的档案管理者向档案信息管理者进行转变。传统的档案馆中档案整理人员、档案调阅人员将不断的减少,服务人员、网络和数据库维护人员、专业计算机硬件人员等将会成为档案馆工作人员的主要的力量。从

本质上发生了改变，知识结构、操作技能以及工作实践发生了变化。为了能够科学的调整人员，合理的安排工作岗位，确保能够达到最大的工作效率，档案馆必须制定一个科学的、合理的决策。与此同时，档案馆工作者还需要不断的更新观念，学习新知识，掌握各种各样的新技能，最终满足社会各方面日益增长的利用档案信息的各种需求。

目前档案馆信息化人才队伍的建设存在着各种各样的问题，主要表现为缺少真正懂行的档案馆信息化决策者、档案信息化专业人才严重缺乏、全员信息化素养有待提高三个方面，因此必须采取有效措施进行解决。首先是缺少真正懂行的档案馆信息化决策者，档案馆信息化从一定意义上讲是"一把手"工程。但从实际情况来看，有很多掌握着档案馆信息化权利的领导对信息化的了解是非常少的，从而很容易导致决策失误。其次就是严重的缺乏档案信息化专业人才，档案馆信息化是一个非常庞大的系统工程，涉及的范围比较广泛，因此需要大量的信息化人才，但是目前所现有的人事体制还不能够很好的适应这种状况的要求，由于档案部门自身的社会地位以及条件受到一定的限制，当引进信息化人才时与其他部门相比存在着很大的劣势，不能够引进所需要的人才，同时现有信息化人才还存在大量地流失的现象，从而在很大程度上导致档案信息化人才严重的紧缺，尤其是在中小档案馆，这种状况非常严重。最后就是全员信息化素养有待提高。全员信息化素养就是指档案馆全体干部职工对信息化知识和技能的掌握程度。档案馆信息化不但是信息技术部门的事，而是需要全员的参与，才能够确保档案馆信息化的建设。在一些档案馆，仍然存在很多不会打字、会上网、会发电子邮件的工作人员。甚至有一些档案干部连基本的计算机操作都不能够掌握，却负责电子文件归档管理的业务指导工作，此外还有一些工作人员从来不上网，却在负责档案数据库的建设工作。因此必须采取有效的措施改善这种状况。

档案馆信息化建设是一项系统和复杂的工程，所涉及的范围比较广泛，需要多层次的人才，主要包括战略性预测人才、复合型管理人才、信息技术"专才"。首先是战略性预测人才。档案馆信息化建设不但需要高瞻远瞩，而且还需要求实务实，由于战略性预测是非常重要的，因此战略性预测人才也是必不可少的。其次就是既懂档案又懂相关信息技术的复合型管理人才，作为复合型管理人才不但需要熟练的掌握软件、硬件、网络技术和系统工程理论知识，而且还需要清楚的掌握档案管理业务发展和改革的方向。复合型管理人才可以是一个人，也可以是一个机制，而这个机制可以是若干人，也可以是本单位和外单位结合，还可以是自主与外包开发相结合。最后就是信息技术"专才"，"专才"不但包括软件开发、硬件设计、系统集成等各种各样的人才，而且还包括档案数据采集、数据分析、数据处理及系统运维的人才。在档案馆信息化建设的整个过程中，从智能布线到系统的研发工作，从设备选型到系统的维护工作都需要"专才"。

五、"送货"是档案馆信息化建设的重点

"送货"就是指充分的利用现代信息技术手段，采取有效的措施大力的开发档案馆信息资源，并且把具有一定价值的档案信息内容组织输送到档案馆信息化网络平台。"送货"对于档案馆信息化来说是一项非常重要的内容，也是目前档案馆信息化的建设的最终目的。

档案馆信息资源建设的内容设计范围比较广泛，主要包括现有馆藏档案的数字化，以及收集和接收各种形式的电子文件，然后集成到统一的档案数据库中。传统档案信息数字化工作分为目录数据的管理与检索、全文数据的管理与检索、多媒体数据的管理与检索三种。目录数据的管理与检索分为两种，一种是案卷级，一种是文件级，而文件级相对比较重要。所谓的全文数据的管理与检索就是将档案文件全部信息录入计算机，使用计算机进行管理和查阅。全文数据的管理与检索主要有两种方式，一种是图像录入，通过采取扫描或者充分的利用数码相机将档案文件进行图像数字化，采用图像文件的形式将档案文件进行存储。图像录入具有工作量小，省时省力，并且能够保持文件原貌，不出现人为因素录入错误的优点，但是这种储存的方式所需要的存储空间比较大，并且还不能够进行字段式检索，只能通过目录进行索引找到原文。另一种是文本录入，使用键盘对档案文件进行逐字逐句的文字录入，虽然采取这种录入方式占用计算机存储空间比较小，存储速度快，能够直接对字段进行检索，但是录入速度比较慢，在录入的过程中可能会因人为因素出现错误，并且录入的工作量比较大。

虽然近几年档案馆信息资源的开发利用有了比较大的进展，但是仍然存在各种各样的问题，主要表现在三个方面：首先信息资源建设"重开发、轻利用"。一些档案馆为了做"面子工程"，往往只是片面追求馆藏档案数字化的数量，比较盲目的展开数字化工作，并没有科学的对馆藏资源进行分析，造成了严重的浪费，并且还在一定程度上分散了开展档案信息资源其他方面工作的精力，除此之外，还在一定程度上造成了不必要的档案信息数据存储压力，使基础设施建设的负担增加。其次就是信息资源开发"表层化"。一些档案馆的档案信息资源开发工作比较"表层化"，只是停留在目录录入、数字化扫描的层次上，对改变档案信息的存储方式比较重视，而并不是寻求转变带来的信息利用方式的改变，最终导致档案馆信息资源建设成只是一个摆设，失去了档案信息馆的真正意义。最后就是在进行开发信息资源的过程中各自为政、缺乏沟通。虽然目前已经开发了大量的目录信息资源，但是由于缺乏沟通，不能够实现联网互通、数据共享。并且各个档案信息馆的信息资源不能够适应跨系统、跨平台的网络化应用需求，导致信息资源开发出现各自为政，而且不能够很好的进行连通的现象，除此之外，档案信息的机密性在很大程度上加剧了这现象的出现。

为了能够有效的加强档案馆信息资源建设，首先必须采取有效的措施加快档案信息数字化的步伐，建设数字化档案馆。充分的利用现代信息处理技术对档案馆中的各种载体的档案以及现行文件进行数字化处理和存储，存储的档案内容主要包括纸质档案、照片底片档案、录音档案、视频档案等。其次就是加快档案目录数据库建设。档案馆需要充分的、科学的、合理的运用计算机技术，不断的加快档案目录数据库的建设，有效的使档案检索利用服务质量得到提高，各部门向档案馆进行移交档案时，还需要向档案馆进行移交机读目录。第三就是积极推进档案全文数据库和多媒体数据库建设。如果档案馆的条件比较好，那么就可以采取数字化管理等方式对接收的各种各样的电子档案进行管理，积极的建设相关的全文数字和多媒体，从而能够实现档案全文信息查询，使服务效率以及质量得到有效的提高。最后还需要采取有效的措施加强电子档案归档管理。对各单位电子文件积累、鉴定、著录、归档等相关的工作进行严格的监督，并且对于存在的问题还需要明确的指出，保证各单位产生的有保存价值的电子文件具有真实性、完整性以及有效，除此之外，还需要积极的改进电子档案接收、保管、利用的技术方法，并且制定严格的电子档案管理办法。

第三节 档案馆信息化与档案馆职能、功能的实现

一、高校档案信息化建设

档案是记录历史信息的重要性的文件，是为后人研究历史的一种参考。信息资源一直受到人们的重视，这是历史研究中的主要依据。高校图书馆应该重视档案资源的建设，提高其信息化进程，并且建立相应的建设的目标和方向，加快信息化档案建设的步伐。在高校建设信息化档案资源的过程中，信息化资源十分的重要，其帮助图书馆实现了其纸质化资源向着数据化资源的转变，并且通过有效的利用和研发计算机科学技术，提高了信息化资源的建设过程中信息资源的有效的管理，为其信息化资源的建设提供了数据和技术的支持，并且对这些资源良好的保存提供了有效的保障。档案的信息化资源的建设其本质上就是实现了档案的传统管理模式向着

数字化管理模式的转变。当前高校档案的管理的水平其衡量的标准就是档案的信息化管理程度的高低。但是在我国的高校的信息化档案管理过程中，其目前还有很多不完善的地方。需要进步一步加强。

（一）高校档案信息化建设的不足之处

高校的信息化建设过程中的实际的工作就是对图书馆现有的资源进行数字化和信息化的转化，并且建立有效的信息化管理的方式，提高档案管理的数字化，实现其信息资源的网络共享。这就需要建设图书馆档案信息化人员提高其自身的科学素质，提高其对信息化技术的应用能力，有效的利用现有的信息科学技术，根据信息资源转化的原则进行资源的转化和建设，并且根据相应的管理的模式，结合高校的图书馆现状，建立符合高校图书馆建设的信息化管理的模式，实际的提高高校图书馆建设过程中的信息化的质量水平。档案资源的开发需要从眼见的利益和长远的利益考虑，综合的认识到信息化资源开发带来的影响。但是我国的信息化起步研究比较晚，对一些技术科学和实际的计算机应用的方法之间存在的一些问题不能找到有效的解决办法，这种现象其主要表现在以下几个方面：

1. 对于信息化建设，高校的认识还能不够准确

高校现在开展的信息化建设的热潮很大，人员很积极，但是目前并没有一套成熟的图书馆信息化资源建设的有效的理论，这就导致高校在建设信息化图书馆的过程中会走进很多的误区。即在建设信息化资源图书馆过程中，高校没有明确的实施标准和规则，只是在追求建设的信息资源的现代化和其信息化，对于图书馆的信息化本质理解不够，没有深入了解本质信息内涵。导致很多的人认为图书馆的信息化建设只是单纯的进行文献信息的数据化转化，没有真实的体验到信息化建设的实际的内涵和本质，对电子信息资源的文件的整理和管理工作不到位。并且这种片面的认识还表现在对高校的信息档案的资源的建设部门之间，很多人认为信息资源的建设工作只需要高校的档案部门自己组织规划就可以，没有整体的信息档案的建设意识。

2. 信息化档案建设过程中的管理的效果比较差

高校的建设档案的信息化过程的管理工作效率不高，主要是因为人们对其的重视程度不高。管理部门对其建设的进程还没有明确的目标。还有一些部门对信息资源化的准备工作还没做好，没有形成全局意识，没有形成有效的计划，在整体的宏观调控中，其范围并不广，不能将整体的信息化建设的范围囊括在内。这就导致其在前期的准备的资金、技术、政策制定方面缺少相应的支持，影响到其后期的建设。并且信息化建设的过程中，图书馆的信息资源建设体系不完善，很多内容或者是系统会重复，这就会造成很多资源的不必要的浪费。

3. 高校档案信息化建设的目标并不明确

高校档案信息化建设的各项多元化的需求如果没有明确的目标其就不能实现。并且没有从其信息化技术和其成果进行分析，提高其建设信息化的先进性。并且高校档案的信息化建设因为其不能从实际的角度出发，导致其在建设的过程中，实际的应用性和安全性比较差。

（二）高校档案信息化建设的意义

1. 社会科学发展的实际的需要

在实际的工程建设的过程中，加强对图书馆资源的信息化建设是为了迎合时代的信息化发展，是为了提高图书馆资源的先进性，更好的为阅读者提供有效的服务，为图书馆的长远的发展做准备。图书馆之前的档案的管理模式已经远远的落后于现代化的文件管理方式，并且随着现代化的科学技术的进步，各项资源、档案的分类更加的细化，如果继续采用传统的管理方式，势必会增加管理人员的工作的复杂性，并且其效率比较低，不利于档案资源的良好的管理。并且随着技术的进步，档案资源的载体、种类日新月异，这就需要高校适应时代的发展，改变其档案的管理的方式，提高管理的先进性。

2. 资源优化配置的重要手段

高效、合理的资源优化配置可以实现信息资源的优化配置，做到资源共享。高校信息化建设需要计算机和网络技术的支持，这也是其可以向着现代化、科学化发展的必要条件。可以实现其在整体的建设过程中的资源的重新的整合，让档案资源可以脱离自身的时间的限制，呈现在人们的眼前，满足人们的需求。当前信息化资源建设已经是人们现代化进程中改革中的一项重要的内容，是未来的资源发展的趋势。档案信息资源属于其中的一种。其实际的要求就是建立一个完善的、丰富的档案细心你资源库，并且做好对资源库的管理工作，保证其可以实现系统的良好的运行。

3. 提升其实际的工作的效率

随着技术水平的提高，各项工作要求和内容的不断提升，各种档案信息资源在管理的过程中随着其管理效率的提升，管理的工作内容大大的减少，并且其管理的有效性逐渐的提升。并且档案管理工作还能有效的提升其办公的自动化，弥补其自身的不足。实现其信息资源的管理工能的有效发挥。

（三）高校档案信息住建设的强化策略

因为当前影响高校档案的信息化建设的因素很多，比如没有建设的统一的标准，缺少必要的安全保证体系等。这些因素总的来说可以分为两类，一是技术性因素，一类是非技术性因素，这两种原因制约着我国档案信息化建设的进程。

1. 信息资源体系的建设

在我国高校档案信息数字化建设的过程中，应该从其建设的目标出发，建立相应的信息资源建设的体系，加强对数字化资源的建设，并且提高其网络建设的工作。这个过程中，实现其资源的数字化和信息化需要高校的相关管理人员提高其自身的素质，积极的利用先进的科学技术对各种档案进行分类的管理，并且实现对不同的资源的有效整合，通过科学的管理方式，实现对其的管理的有效进行，利用先进的数字化的转变技术，实现资源的数字化转变。但是纸质的档案管理不能丢弃，而是把其当作现代数字化信息建设的基础性工作。这样就可以实现图书馆信息化建设，就可以给阅读者一个质量较高的数据库，方便其信息的查询和管理。

2. 建设信息管理与利用体系

高校在进行信息化建设的过程中，其需要大量的人力、财力的支持，并且在管理技术方面其需要根据实际的学校图书馆的现实图书的状况出发，结合其现有的信息化进程，研发其合适的技术。因此，高校应该建立根据学校图书馆为核心的应用性信息资源系统，做好其系统的维护性工作，积极对平台的各项管理进行改进，并且实现其统一的管理。并且高校的档案信息社会化服务体系，对其服务的模式进行改进，实现其现代化计算机和其网络技术相结合的一种新的工作平台，有效的提高高校的工作效率。并对互联网信息资源的获取和其分析建立相应的系统，为人们提供更好的服务，实现社会资源的共享。所以，建立信息资源的共享系统也是高校当前面临的一个主要的工作内容。在建设档案信息化资源管理系统后，高校应该就档案资源库的安全性进行评估，保证系统运行的安全。

3. 建立人才管理体系

建立高校的系统人才的管理体系，是建设这项复杂工程的有必然选择。因为这项工作本身就是需要建设高校的信息资源管理系统，加强对其的管理体系的建设，需要先进的技术之外，还需要对技术使用以及了解的人才。这就需要其在工作的过程中，加强对人才招聘，改变传统人才引进的"重藏轻用"的模式，提高其在实际的工作中人才发挥其能力的环节。建设档案的信息化管理应该从提高人才的工作认识出发，积极的根据其现有的科学技术进行各项技术培训工作，让工作人员可以从这些学习中积极的提升自己的管理水平。同时，高校的各项管理应建立一个统一有效的管理机制，实现其系统安全、数据信息的安全。

总而言之，提高高校的资源信息化建设就需要正式当前图书馆信息资源化过程中其所出现的各项失误，就高校自身的实际情况做出正确的预估。并且坚持在信息资源化改革中坚持系统开放性原则，对高校的信息资源化建设有正确的认识和定位。

二、档案馆信息化与档案馆功能的实现

档案馆其最早兴起于奴隶制时期,这个时期的档案馆的建设其重要的服务对象是统治阶级。对于大部分的人来说,其是没有办法享受图书馆档案带来的便捷性信息箱的。随着社会的发展,人们的改革的不断完善,档案馆的建设制度不断的完善,我国在的档案馆的公开性逐渐的扩大,并且高校作为我国档案馆信息资源的巨大的学术机构之一,其对高校内的师生和社会大众应该提供必要的信息服务。

(一)在信息背景下高校档案馆的发展

信息化是计算机发展到一定阶段后,和网络结合形成的一种一新的时代发展模式。国家档案局早在 2000 年就提出了档案信息化建设,随着近年来的不断的发展,这种档案信息化建设的路径更加的专业并且,作为一项工程性档案的信息化建设逐步的开展。技术信息化平台的建设实现了高校的资源合理的使用。

信息化发展的潮流下,高校的信息档案建设逐渐的提高了其资源的使用价值和其利用水平,并且其逐渐成为推动社会发展的重要力量。随着高校办学规模的不断的加大,高校的档案信息化建设的进程不断的提高,在一定程度上,对学校的人才的培养和对技术的研发有积极的促进作用。

(二)信息化背景下个高校档案馆工程的定位

传统的档案功能就是对传统资源中的信息进行有效保存,并且对信息服务的使用能力。但是在信息化背景下的档案的工能,就是在对信息资源进行有效的保存、整理、实现信息资源的转化,并且提高其在网络技术的应用。这样被更多的人获取或者额度使用。档案馆的职能逐渐的增多,负担逐渐的加大。

高校的档案信息化建设过程中的功能的并不是虚拟的,而是现实存在的。其功能的多少和大小都是根据实际的高校的档案馆的实际的资源的拥有量和其自身的特性所决定的。在当前社会主义建设的今天,高校档案馆的功能其主要是包括以下几个部分。高校档案馆具有德育功能;高校档案馆具有社会功能;高校档案馆具有服务功能。

1. 高校档案馆信息化背景下传统功能的深化

(1)高校档案馆的资源收集的范围逐渐扩大

高校对档案信息资源的收集主要是受到社会、学校需求影响,其收集的信息资源的多少就会影响到高校的各项使用,这也是档案馆建设的需要。所以,档案馆的假设工作对平时的工作的进行有很大的影响。加大对档案馆的工作的管理,提高对其收集和整理的力度,有效的开展对各个研究成果方面信息的收集,实现其功能性的提升,为研究新的科学成果做好准备。在传统的信息资源的收集和整理的过程中,其都是以纸质的信息资源为主,在信息化背景下,网络时代资源技术的搜集更加的

方便，这对档案馆的信息化建设实现具有积极的促进作用。

（2）高校档案馆的服务功能进一步加强

信息化时代的背景下，随着高校各项信息化网络化等教学模式的建立、各种电子档案的建立，传统的档案管理方式已经不能满足当前档案管理的需要，基于此，对高校的档案信息化进程进一步推进了其工作进行。高校的档案化管理的进程应该是在校园数字化建设中进行，这需要学校建立统一的、合理的数字化系统，方便其在网上进行统一的管理，并且提高其数字化进程中的管理的科学性。档案管理人员应该在当前数字化管理的要求下，提高自身的科学素质，努力的学习，提高其管理的有效性，科学性，建立合适的管理模式，适应当前新形势下的档案管理工作的要求。信息时代的发展，使得很多信息的传播和人们获取的方式都是通过电子设备实现的。这就需要高校提高自身的电子信息化建设，提高对网络技术的实际的应用，实现校园内部的电子计算机和网络化全面覆盖。为此，高校应该提高其自身对网络技术的实际的应用能力，提高其对先进的网络技术的了解，随着技术水平的提高，提高校园内的各项信息网络服务水平，实现以学生、教师等用户的服务模式的提升。通过对现有图书馆档案资源的有效的管理和研发，为客户提供有效的、社会化、智能化的信息，开启档案信息管理的新的服务模式。

2. 在信息化背景下个高校档案馆新功能的增加

（1）高校档案馆成为信息服务中心

随着自动化水平的提升，高校的办公自动化逐渐的提上日程，在产生纸质的文件的同时，电子文件大量的产生，这就形成了大量的珍贵的资源。在当前建设信息化档案馆的背景下，人们在完成对档案的管理的同时，对其信息化改革也在逐步的开展。这种模式满足了不同的人员的需求，使得档案信息得到了充分的利用。这样，高校的档案馆就提高了其自身的职能，成为了当前档案信息传输的中心。

（2）高校档案馆开展社会宣传教育功能

在高校建档案馆的建设的过程中，不同的学校之间也存在着激烈的竞争，实际上，档案信息化的建设是科学的竞争，其也是人才之间的竞争。人才是社会发展科学进步的源源不绝的动力。高校的档案建设中，都是老一辈的档案管理人员在兢兢业业的奉献着，为档案馆收集整理了大量的资源，这些资源详细的记录了学校的发展，并且保留了大量的文献知识，这些都是后期的科学研究的主要的参考文件，将会为学校的教师和学生的研究提供有效的资料。高校档案馆的建设是对历史的一种见证，这也是爱国的表现，对此，高校的教师和学生有义务进行档案馆的建设，将信息化档案馆的建设的责任扛起来，实现对科学文化知识的传播，提高档案馆的研究现状，并且积极的提高其档案馆建设过程中的人员的素质。这就需要高校将人才的培养途径，并且积极的开展各项宣传教育，提高全校师生对档案工作的认识。并且积极的为学校各项科学研究提供资料，实现新的科学研究成果的宣传。

3. 在信息化背景下高校档案馆信息服务的发展趋势

（1）市场化趋势

信息的价值有传播的价值，但是其储藏的价值并不被人们看好，因此，高校在进行档案馆建设的过程中，可以就一些新的科研成果和一些企业建立一种对接，让这些科研的进展信息有效的传播到企业中，为其应用创造良好的条件。并且在学籍证明、档案代理等方面逐渐呈现出一种市场化的趋势，这为其工作的开展带来了一定的经济效益。

（2）高校档案馆信息服务呈现出个性化趋势

在信息化时代，对信息进行有效的获取和及时的应用已经成为当前社会人必须具备的一种生存条件，这和社会科学的进步和发展是有很大的关系的。根据不同人之间的信息的交流，实现信息的传播。档案馆的信息资源的整理和开发应该从本校的特色出发，积极的开展各项信息的定向服务，形成高校自己的特色档案管理体系。

（3）高校档案馆信息服务呈现出联合化趋势

随着信息化的进展，高校档案馆的信息化建设取得了一定的进步，但是基层的档案馆的信息服务方式比较少。因此，在这种背景下，高校采取了联合方式，即与其他的高校之间、企业之间、建立的一种资源信息的共享的模式，改变了高校之间封闭的资源独享局面，实现了互惠、互利，合作共享的新局面。

在这种趋势下，高校更应该积极的开发自身的馆藏资源，提高档案信息的有效利用，这样让高校的档案馆的建设和发展的格局不断的扩大，促进了不同学校之间的档案建设的优势互补，实现了档案馆建设的有机的结合。

高校档案馆的建设和发展是不间断的，没有尽头的，但是其在发展的过程中，必须要不断的提高其工作人员的素质，拓展其档案馆职能，确定其发展的趋势，提高对社会的价值。

第三章 档案馆信息化建设现状及存在的问题

第一节 全国档案馆信息化建设的基本状况

一、档案信息化建设已纳入地方国民经济和社会发展计划。

档案信息化建设是通过对档案信息的整理，管理档案的最新情况，从而来确立档案信息管理系统，以及档案管理方法，最终实现档案信息的全国化、数字化、系统化。建设全国档案信息化不仅有利于提高国民经济，同时也有利于更好的规划社会发展。所以档案信息化建设已经被纳入了地方国民经济建设和社会发展的机会中。

1. 档案信息的数字化

档案信息的数字化是通过一些高科技手段，例如：大数据技术、数据扫描技术、数据统计技术，将一些以纸质形式保存的文件以电子文档的形式输入到电脑中以保存，从而组成有序、系统的档案信息技术。档案信息数字化必须遵循真实性原则、安全性原则、有效性原则等等。这需要在实际操作中严格遵循，不得违背。

档案信息数字化建设包括目录信息的建设，还包括全文档案信息的数字化。这两方面的内容缺一不可，相互补充，相互协调。档案目录信息整理完整了，才能够整理出合格的全文内容。

2. 档案网站建设

档案网站是相关的档案部门建立档案信息的载体，它通常是以网页的形式来提供相关的服务，当然要想顺利开展工作，需要进行档案信息工作的宣传，宣传工作做到位之后，相关的网站建设就会轻松很多，其中档案信息网站的建设需要从档案工作信息、档案机构信息、档案资源信息、档案利用服务信息入手，最终达到为大家服务的目的。

3. 数字档案馆建设

数字档案馆是通过电子网络来获得档案信息的一种手段，它注重的是档案数字化的情况下，对档案信息进行合理的利用，挖掘档案信息的价值。数字档案馆建设本身就是在一种无形的环境下进行的，通过纸质文件电子化，实现档案信息的网络化。现在的档案馆的档案资料作为基础资料、数据，同时它也为档案馆建设提供了很好的建设方向。数字档案馆与实体档案馆并不是替代关系，而是相互依存，相互促进的关系。只有完善相关的体制才能更好的建设数字信息档案化。

一、档案信息化建设水平有明显提高

要想形成现代管理理念需要人们进行理念转变，首先管理人员就需要进行管理观念的转变，管理观念的转变是档案管理工作现代化的精髓。当然实现档案管理工作现代化还需要实现管理观念与思想的现代化。在实际工作中，相关的档案管理工作人员要紧跟时代步伐，形成现代管理理念，树立科学管理、高效率管理的观念，改变过去重视管理、忽视档案利用的观念，改变过去等客上门的观念。将档案管理工作推向时代发展的大潮中，由被动服务转变为主动服务，由消极服务转变为积极服务，促进档案管理工作面向世界、面向未来、面向现代化。只有这样才能更好的提高档案信息化建设的水平。

提高档案信息化建设首先得保证档案管理工作的经费。档案管理部门要不断完善自己、提高自身的服务水平，提高工作质量与效率，使得企业投入更多的资金。其次需要深入挖掘档案的价值。档案本身具有重大的经济价值，只是人们忽略了其作用，没有发现而已，因此，档案管理部门要深入挖掘档案的价值，促进档案资料发挥更大的作用，通过档案提升企业的竞争力。最重要的一方面就是提高服务质量。档案蕴藏着巨大的价值，档案管理部门要将其潜在价值转化为经济价值，更好的为人们服务，提高档案的利用程度。

建立健全档案管理制度，规范档案管理流程，提高技术含量，提高管理环节的完成质量。同时形成相应的安全措施，保证电子档案或者电子文件的安全，确保其完整、安全。还有就是形成标准化档案管理制度有利于提高档案化建设的水平。

提高档案管理工作人员的专业素质，档案管理工作人员的专业素质是实现档案管理现代化的关键，影响着档案管理工作的质量与管理效率。档案管理部门要定期对管理人员进行培训，不断提高其工作能力，确保各项工作高效展开，确保档案信息的完整、安全。

第二节 档案馆信息化建设中存在的问题

一、档案馆信息化基础设施建设发展不平衡

档案馆信息化基础设施建设主要有档案信息网络系统建设和档案数字化设备建

设,其中包括硬件设施和一些软件设施,有计算机、路由器、服务器、存储器,以及操作系统、数据库管理系统、信息安全系统等,但是核心还是计算机网络。因为它是档案信息传递、交换和资源共用和基础条件的基础,只有建设先进的档案信息网络,才能充分发挥档案信息化的整体效益。

档案信息化的基础设施建设主要包括网络环境建设、硬件环境建设、系统软件建设等。根据三种不同的服务对象和范围,网络环境建设分为三个层次:内网、与政府连接的政务网、与互联网连接的公众网,同时实行三中网络之间的物理隔离,进而形成三个相互独立的网络系统。服务中心主要通过负责采集信息并送到采集与预处理系统,然后向政府专网用户提供相应的信息服务最后再进行网络、数据和用户的管理维护。

而现在的档案信息化建设的硬件基础设施建设不够完善,档案信息化管理主要体现在电子文件管理系统和数字档案馆的建设和运行。在现在的管理中,电子文件不能够及时的整理出来,系统没能够更新彻底,不能够及时发现问题并解决。这就会导致不能及时地提供给相关部门一些参考文件。根据这种需求,这就需要建设较大容量的信息资源数据库、与此同时,还需要开发大规模的访问服务管理系统,可以配置大型高速交换机、路由器、光端设备、并行处理的高性能服务器、便于扩充的规模型集群系统、智能城域网系统、操作系统、可靠性的信息安全系统和存储系统、数据库管理系统和其他相关系统等。这就可以有效的提高档案信息化建设的步伐,同时使电了文档与信息化系统好好的结合起来。

二、馆藏档案信息数据库建设进展缓慢

档案信息数据库是通过将档案的相关信息进行数字化的处理,其中包括档案目录信息,文件目录信息以及相关的图像档案信息。

档案信息数据库之所以建设而缓慢,一方面是由于数据库工作量相当庞大,因此工作时间就相对来说比较紧。而且近十多年来,各大档案部门由于相关领导的外调,导致档案局失去了许多的专业人才,尤其是没有电脑专业人才进入档案局,同时现有的工作人员年龄较大,创新意识较差,所以已经是较难适应档案信息化发展的要求。另一方面,档案数据库硬件设施不足,相关经费也没有及时到位,所以不能及时购置相关设备。因此导致档案信息数据库建设进展缓慢。要想解决上述问题,首先需要加强组织领导,成立相关的专业小组,指定专门的人员进行组织实施,同时制定相应的工作方案。然后,建立专业的队伍,通过招聘电脑操作熟练人员组建录入专业队伍。大家各司其职,相互监督,相互指导,这样更加有利于团体工作的完成。其次就是解决场所设备问题,可以通过办公室调整,腾出相应的电脑,供工作人员的录入工作。同时需要添置大型的扫描仪等相关的设备。最后,也是最难解决的一个问题,那就是经费问题,这就需要相关的部门进行干预,来帮助解决经费问题。

三、利用因特网、多媒体平台参与社会发展的能力有待提高

随着社会的不断进步与更新,档案信息化建设迎来了新的挑战。那就是档案信息通过互联网、多媒体等平台进行相关的宣传及处理。多媒体有着较强的综合性,同时能够处理较大的数据库,也便于传播与接受,因此被档案信息建设广泛应用。同时,由于因特网与多媒体等平台的介入,较大程度的开发了档案信息的潜在价值与作用。所以这对于推动全国档案管理理论和档案信息建设的实施都具有现实意义。但是我国对于档案信息在多媒体和因特网的运用上还是有所欠缺。一方面由于档案理论研究不够深入,透彻。其中文字处理技术而形成的电子文件,归档时,储存格式相当复杂,各种格式都有,这就对之后的查阅工作造成了一定的影响。文字处理形式也不统一。还有就是用扫描仪等相关设备获得的图像文件,用计算机辅助设计或是绘图等获得的图形电子文件等如何归档也没有一个统一的规定。因此,处理后的结果自然也都不够直观。比较重要的一点就是人才,人才决定事业的成败,档案事业的发展也与相关的人才密切相关。相关的计算机人才较少,这就给信息的处理工作带来了相当大的难度。没有了专业的人才来处理相关的文件,这就会给一般员工增加工作负担,自然而然的就拖延了工作的进程。有时候由于网络制度的制定不够完善,而导致相关的资源泄露,或者是有人冒充合法用户来破坏数据的完整性,从而干扰了系统的正常运行。更糟糕的是利用网络传播一些网络病毒,来摧毁系统,或是线路窃听,这给相关的信息化建设带来相当大的麻烦,这就需要相关部门加强立法规定,来完善网络系统,从而保障系统的安全。

四、档案馆信息化建设与其他行业相比差距明显

档案馆信息化建设不仅需要计算机专业、管理专业以及相应的整理工作的相关人员来共同完成,还需要专门的部门或是人员进行保管。因为所有的档案信息都是十分宝贵的,不仅对于现在有现实作用,对于以后的研究或是核实相应的情况也有重要的影响。所以这就需要相关部门严格的保密工作。同时他还需要相关部门定时的更新文档以及系统,这一点与其他行业存在着明显的差别。在其他细微方面也存在着不同程度的差别,例如相关的管理工作还有检查工作,其他行业只需要对相关的文档进行核查即可,而档案信息化则需要进行文档以及数字化档案进行核查。

五、档案馆信息化建设理论研究的力度不够

档案信息化建设包括的方面较多,内容较为复杂,所以相应研究的理论就比较广泛,有关基础设施的建设理论需要从基层做起,它是主要针对于档案信息的网络系统建设以及相关的设备建设,只有这些有保障了,才能保证之后的工作的开展,然后就是档案信息资源的理论研究,这需要进行大量资源的阅读与理解,将其运用到现今的档案信息化建设,之后还有应用系统的建设,相关规范要求建设以及人才建设。只有兼顾这些方面,才能充分发挥档案信息的整体效益。然而在各个工作单位,计算机以及相应的数字化设备还不够完善,同时也没有跟随时代的发展更新到最新。档案信息资源建设是档案信息化建设的基础与根本,是一项长期的工作。这是需要不断更新,不断完善的。档案信息作为国民经济和社会发展的战略资源之一,它的开发和利用也是档案信息化建设的关键,也是衡量档案信息化水平的一个重要标准。档案信息资源建设包括档案信息的电子化和相关资料的收集和保存。由于档案信息的数量较大,所以花在理论研究方向的时间相对来说就比较少,因此,在理论研究方面就不够透彻。应用系统的建设包括相关档案信息资料的收集、管理、运用等,档案信息的应用系统管理直接关系到档案信息建设的服务于质量。标准规范建设是指在档案信息录入、整理以及保存等多项工作制定的规范与标准,它对于确保档案信息的安全性具有重大意义,同时也有利于网络系统的顺利运行。

档案信息化建设,人才是关键。人才是最宝贵的资源。它不仅需要档案专业人才,计算机专业人才,更需要既懂档案业务,又熟悉信息技术的全面发展人才。而现如今人才短缺,从而导致深入研究理论知识的专业人员更少。因而不能研究出更有利用价值的档案信息。

六、档案开放鉴定和数字化鉴定工作滞后

档案开放鉴定首先需要制定相关的价值鉴定标准,其次就是对档案信息的价值进行鉴定,这就需要将有无价值的档案信息区别开来,那些需要进行短期保存,那些需要长期保存,亦或是哪些需要做销毁处理。

对于一些纸质文档的整理,由于数量巨大,不仅会占用大量的空间,还会占用工作人员的大量时间来进行整理,因此,会造成人力和物力的浪费,而且管理成本较高。同时档案也易受损,如纸张发黄、发粘等。维护起来很不方便。所以备份档案时浪费许多人力和物力。因此,较好的解决办法就是纸质文档电子化,数字化。

档案数字化软件是把纸质文档通过扫描并录入到数据库中存储档案资料。其数字化的优点有查找快、提高工作效率,降低档案利用成本、库存空间小,最大限度保管和保护库存档案实体安全。但是虽然资料整理好了,但是开放鉴定仍然没有制定相关的标准，所以开放时间或是开放的档案也没有相关的说明，所以借阅起来就不是很方便。同时也不利于档案信息的充分利用。

由于档案信息实效性的特点，因此需要有长远的眼光来对待文档信息。现在没有用到的档案随着时间的推移，可能现在没有用处，但并不代表将来没有用处。而现在用到的档案信息，也不代表将来就没有利用价值。因此，判断档案的价值和作用，要有长远的眼光，既要看到当前的作用，也要看到将来的需求。如果不能鉴定出相关信息的价值，很可能会给信息化建设带来相当大的损失。而现在的相关部门却没能够及时地对相关文件做鉴定，不只是价值鉴定或是真实性鉴定。因此，大量的文件堆放，极不利于其他工作的开展。

第四章　档案馆信息化建设的目标、任务和原则

第一节　档案馆信息化建设的目标

　　档案信息化的建设是档案信息化之中关键的一环。随着社会的发展，各地档案馆的信息化建设正在逐步的向前推进，但其中所出现的问题应该引起我们的重视。也许很多人都想了解，档案的信息化建设能否有一个良好的模板，使其信息化建设进展的更加顺利，据笔者的了解，档案的信息化建设当下主要分为基础设施建设、应用系统建设、标准规范建设、档案信息资源建设和人才队伍建设几个方面，而针对于这些内容的建设，有人便提出了"修路——造车——送货"的建设管理思路和"路上有车，车上有货"的理想模式。其中的"路"不是指我们通常意义上的路，而是对与各种网络与基础设施的统称，所谓"车"即是指档案信息化应用系统和计算机硬件，"货"是指数字化的档案信息。但这种思路并没有包含档案信息化的五个基本建设的全部内容，其中缺忽略了标准规范建设和人才队伍建设。而整体的建设模式应该是由"修路——造车——规则制定——人员培养——货物运送"所组成。规则即是指标准规范建设，人即是指人才队伍建设。"路"的建设是前提，"车"的制造是关键，"货"的运送是重点，"规则"的制定是后盾，"人"的培养是核心，这五者之间是相辅相成的关系，也是实现档案信息化目标的关键所在。

一、思考之一："路"的建设是发展前提

　　"路"的建设即是对档案信息化网络和基础设施的建设，档案的信息化的第一步便是对档案信息化网络平台的建设，这是其中不可或缺的一环。

　　（一）加大对档案信息化网络环境的建设。

　　根据服务范围的不同，档案信息化的网络环境大致可以分为内网、政务网、公众网。内网，顾名思义，即档案馆内部网站，主要用于档案馆内部服务。其主要功能是支持档案馆内部办公、对采集的档案信息进行处理和存储、向档案馆内部用户发布各种信息和提供各种服务、提供给政务和公众网所需要的信息、对各种档案信

息数据进行管理和维护。政务网是服务于政府职能部门的网站,其主要作用是:采集各种信息,并发送到采集与预处理系统、提供给政务网用户有关信息数据、对各种档案信息数据进行管理和维护。公众网,即对公众开放的通用网络,其发挥的主要功能有:采集各种信息,并发送到采集与预处理系统、向公众网用户提供有关信息、对各种档案信息数据进行管理和维护。

加大对档案信息化网络环境的建设,就是使这三者之间相互独立,各个网络之间不存在相互干扰的关系。

(二)对于档案信息化网络平台的建设

1. 档案信息化网络平台建设的标准

(1)确保其建设之中网络环境安全性

一是要保证在网络出现安全问题之时能够及时的发现并解决;二是要保证其可用性和安全之间相互平衡;三是要确保整个系统之间相互贯通,信息共享;四是将标准规范建设与安全性相结合;五是统筹兼顾,分步落实;六是划分不同的安全等级,为面对不同的环境做好准备;七是要懂得变通,根据环境的不同不断地调整各种安全举措;八是操作要简便,易于掌握。

(2)确保电子信息的安全

建立完善的管理规章制度,不断强化档案存储安全、策略以及对于电子档案的应用。

(3)使档案馆的建设及装饰工程与档案信息化网络平台建设步调一致。

2. 档案信息化网络平台建设的主要内容

访问系统建设、应用系统建设、基础服务体系建设、数据库层和中间库层建设等内容。

3. 网络平台建设的要求

在满足各项国家的要求之时,同样也许满足以下要求:

(1)必须满足建设之后能够达到长期使用的目的,并且为以后的各种需求预留出足够的空间。一是要将档案馆的三种网络相互独立开来,二是网络硬件能够满足各种要求,三是布线之时采用有阻燃性能的材料,四是网络拓扑结构具有其延展性等等。

(2)中心机房的建设标准。作为档案档案的信息化网络之中的控制枢纽,为保障其中的档案信息的安全应做到如下几点:应该满足各种基础设施的摆放要求、应配备相应的灭火设备、满足其供电需求、交换机的配置应达到千兆、满足中心机房的环境要求、配备各种防盗设备。

(3)网络安全建设要求。根据档案馆的工作之中的实际需要,布置合理的硬件设备，并且设置安全的防火墙。

（4）技术文档的建设要求。在建设完成验收之时，应将有关的设计资料和技术文档像档案馆移交两套，一套保存，一套用于日常使用。

二、思考之二："车"的制造是发展关键

所谓"车"的制造，即在档案信息化过程中对于档案信息化应用系统和计算机硬件的建设。"车"的制造是判断档案信息化发展优劣的关键，也是检验其发展成果的有效手段。

（一）档案信息化应用系统建设的要求

1. 积极开发应用统一的规范文件管理软件

档案信息软件是指能够满足档案馆日常工作和管理的应用软件系统。根据其技术环境的不同可分为单机版和网络版档案管理软件，根据功能的不同可分为档案一体化管理软件、专业档案管理软件等等。根据国家档案馆对档案管理软件的发展所提出的各种要求，各地档案馆应结合自身发展的需要，积极创新，开发出满足档案信息管理应用统一规范的软件。

2. 积极地建立以政务网为基础的档案管理信息系统

以政务网为基础的档案信息管理系统是指能够将数据库中的档案文件信息有利的接入政府职能部门的网络之中，和政府公务网之间建立相互统一的联系，为政府职能部门在日常的工作之中提供相应的档案文件信息等服务。随着政务信息化的逐渐发展，对于这种档案管理信息系统的构建的需求也越来越高。因此，各地档案馆应该按照国家的有关规定，主动地投入到这种档案信息系统的建设之中，为将档案数据库建设成为一个重要的信息资源库，更好地融入到各个系统之间而努力。而对于一些发展较为迅速的档案馆应建立有利有效地服务于各地党政机关的信息中心，使得两者之间协调发展，共同进步。

3. 积极地建立以政务网和公众网为基础的档案信息网站

档案信息网站是有档案馆自身建立于网络之上的网络信息服务平台，是面向大众的公众平台，而根据其服务对象的不同可分为服务于政府部门的政务网和服务于公众的两大类档案网站。各地档案馆应该根据国家的有关规定和要求，主动地投入到档案信息网站的建设中去，完善各种管理制度，更好的满足各种需求，丰富网站内容，逐步的上传各种档案信息，积极地促进档案信息网站的发展，更好地实现资源共享的目标。

4. 促进数字档案馆的建设

"数字档案馆"的含义有广义和狭义之分。广义的数字档案馆是指存储和利用档案信息资源的信息空间，是一个由众多档案资源库群、档案信息资源处理中心、档案用户群构成的数字档案馆群体。是一个内容管理系统、集成系统和数字信息长期保存系统的集合。但对于其建设的技术要求是非常高的，对于资源的投入也有着很大的要求。目前，对于数字化档案馆的建设我国还处于探索阶段，只有一些及其发达的城市在进行数字化档案馆的建设，这也为档案馆以后的发展提供了宝贵的经验。但我国对于数字化档案馆建设的各种要求和模式仍不明确，对于其探索过程仍在继续。对此，我么应该根据国家的有关要求和规定，逐步发展，步步为营，更好更积极地推动数字化档案馆的建设过程。

（二）计算机软硬件建设

1. 计算机硬件建设

计算机硬件是指计算机系统中由电子，机械和光电元件等组成的各种物理装置的总称。而这些都是随着科技发展而不断进步的东西，所以，计算机的硬件设施应采用主流配备，综合考虑各个方面，使其使用性能更加优秀。

2. 计算机软件建设

计算机软件也称软件，是一系列按照特定顺序组织的电脑数据和指令的集合。对于专门的档案信息管理软件，档案馆可以和相关企业之间进行合作，结合自身需求对软件进行定制和开发，这样，软件的更新和维护也有了更大的保障。

在档案的信息化建设之中，无论是计算机软件还是硬件建设，档案馆本身都应该量力而行，结合自身的实际情况，采用最有效的方式，稳步的向前推进，使得建设的效率得到更好地提升。

三、思考之三："规则"的制定是档案信息化发展的后盾

"规则"的制定是指在档案信息化的发展过程之中制定相应的规范和标准，为档案馆的发展保驾护航，是其有效，健康发展强有力的后盾。

（一）标准规范建设

标准规范建设主要包括标准管理规范、标准业务规范、标准技术规范这三类，是档案信息化建设之中重要的基础之一。标准管理规范是指在其管理过程之中的各种规范和要求，如在其档案信息整理、档案信息存储等方面的规范要求；标准业务规范是指其对于各种格式的规范要求；标准技术规范是指对其各种基础设施建设和各种技术的规范要求等。只有在遵循相应的规则之下，档案信息化的发展之路才能够更加的畅通，各级档案馆应该根据国家相关规定，加强自身标准规范建设。

（二）构建档案信息安全保障体系

档案系统因其自身的复杂和开放性及其自身所面对的复杂网络环境，决定了其

安全防护是一项整体性、综合性的系统工程，必须尽量的使用各种安全保护措施。各级档案馆应该在档案信息化建设的过程之中建立相应的安全保障体系，提高自身的安全意识，加强对于档案信息的管理，并建立相应的应急保障策略，做到未雨绸缪。

四、思考之四：" 人"的培养是档案信息化发展的核心

在档案信息化的建设过程之中，总是发展的再为迅速，如果专业人员的素质和能力无法跟上，那也只是纸上谈兵，无法真正的得到实施，所以，在档案信息化的建设之中，应该注重对于专业人员的培养，加强人才队伍建设，这是档案信息化建设的核心问题。

"以人为本"这是发展之中必须要坚持的原则。路修建的再为宽敞，车建造的再为豪华，规则制定的再为详细，最后都必须由人来开动。因此，加强人才队伍建设是重中之重。档案馆在信息化的建设之中应着重培养一批高素质、高能力的复合型专业人才。

说到底，档案馆的信息化即是指采用现代发达的网络技术提供给社会和公众更好的服务。这种新型的档案信息管理管理模式不同于传统模式，对于档案管理者在工作上，思想上，技能上的要求都是不同的。因此，档案的管理者应该明确自身的发展道路，明白自身的主要任务。档案管理者所管理的对象不是指档案本身，而是其中的档案信息资源。新型的档案信息管理模式势必会改变当今的档案馆人员配置，使得传统档案管理模式中的档案整理和调阅人员减少，而增加如专业的计算机管理人员和网络信息管理人员等。这是一种质变，使得档案馆传统的工作模式发生巨大的改变。也对档案管理者提出了更高的要求，要求他们不断地提高自我，不断地学习，以满足当代档案馆发展的需要。

但就当下而言，档案馆人才队伍的建设并不是很顺利，其中存在着各种各样的问题需要我们去解决。比如，缺少真正懂得档案馆信息化建设的管理者，而这种管理者的缺少使得对于档案馆建设的决策会不可避免的出现失误。另外，专业人才的缺少也是一个非常大的问题，因为档案馆自身的各种限制，导致很难引进相应的专业人才，并且专业人才的流失也是非常严重，使得档案馆的处境变得愈发艰难。而全员的信息化素养的缺失更加使得档案信息化的建设工作难以向前推进，没有公众的参与，信息化的过程自然而然的也就难以发展。这些问题如果得不到有效的解决，档案馆的信息化进程就有可能止步不前。

档案馆的信息化建设不仅仅只是个人的事情，这是一项非常复杂的工程，其中需要多层次的人才。一是要战略预测人才，档案信息化建设不仅应该放眼于未来，还需要着眼于当下，高瞻远瞩，脚踏实地，所以，战略预测人才是不可或缺的。二是了解与信息技术相关的文件和知识的管理人才，管理人才不仅只是了解软件，硬件等，更需要了解和掌握档案信息化发展方向。三是要有专业人才，是指能够完成档案馆各种工作，如软件开发，软件维护的专业人才。

五、思考之五："货"的运送是档案信息化发展的重点

"货"的运送是指将有价值的档案信息利用所建设的网络输送到所建设的网络信息平台。"货"的运送时档案馆信息化建设之中重要的一环。也是档案信息化建设的根本目标。档案信息资源建设主要包括有两个方面的内容：现有档案资源的数字化、对收集来的各种电子文件的管理和存储。传统的信息数字化工作大致分为三种模式：目录数据的管理与检索、全文数据的管理与检索、多媒体数据的管理与检索。

虽然如今对于档案馆自身资源的应用和开发已经取得了不小的进步，但其中依然存在着各种问题，如一些地方只注重于不断地开发，而不加以利用。还有一些档案馆根本就不了解档案信息数字化就开始进行盲目的开展，浪费大量的人力物力，最终却一无所得。目前，我国的一些图书馆对自身的资源的利用只停留在表面，没有对档案信息化进行深层次的应用，仅仅只是存储形式的改变，使得档案信息化的效用荡然无存。并且，还有一些档案馆没有真正的将档案馆网络系统与社会和公众联系起来，只是单纯的各自为政，无法实现资源的共享。这些都是档案信息化过程之中存在的主要问题。

对于档案资源信息建设，我们必须要加以重视，并采取一系列的方式和方法加强信息资源建设。比如，加快信息资源数字化的进程，将档案馆之中各种形式的信息资源数字化，建设数字档案馆。充分的利用各种有利条件，加快信息数字化三种模式的建设。建立各种有效的服务模式，如建立电子阅览室等等。

第二节　档案馆信息化建设的任务

随着社会的快速发展，为了能够有效的满足社会发展的需求，档案馆需要加强信息化建设，科学的、合理的、充分的利用先进成熟的信息技术和基础设施，各级档案信息化管理部门需要优先开展案卷级、文件级机读目录数据库建设，逐渐的推进传统载体档案数字化的建设，对于电子文件归档以及电子档案接收工作必须引起高度的重视，从而能够建设一个能够全面反映过去以及现在国家和社会面貌的档案数字资源体系，为了能够有效的确保电子档案来源可靠性、管理可信性以及长期可用性，需要不断的介入各类信息化系统，并不断的研究提出文件、资源的档案化管理的科学的、合理的要求，采取有效的措施促进信息化与档案管理各环节业务工作的高度融合，最终使信息化成为提升档案管理水平、适应时代发展需要的基础性核心手段。

为达到档案信息化建设目标，当前应当做好以下几方面工作。

电子文件归档及管理工作

电子文件归档工作对于信息时代档案部门来说是一项重点和难点工作，电子文件归档工作是实现电子文件向电子档案转化的一个非常重要的环节。电子文件归档工作重点就是在单位内部建立健全电子文件管理规章制度和配备电子文件归档及电子档案管理系统。在进行不断的建立健全电子文件管理规章制度工作时，必须明确电子文件归档范围、保管期限和明确与电子文件管理相关各部门的职责；在进行配备系统时，必须确保档案系统与单位办公或业务系统能够实现对接，能够对前端形成系统提出数据格式、数据结构、元数据等方面的要求。

在进行电子文件归时需要在规定的时间内进行归档操作，将保管期限进行准确的划分，严格的按照相关的标准检定以及检测电子文件的真实性、完整性、可用性以及安全性。每一个单位电子档案管理系统必须能够接收经办公系统或业务系统产生，经过归档确认后的电子档案数据；按照相关的职能或技术等方式将其进行划分，按照管理或利用等不同要求对电子档案数据进行处置；此外还必须能够对电子档案进行检索、统计以及发布，在线或离线状态能够备份电子档案数据，并且还需要具有日志、权限、维护等系统管理功能。

电子档案移交接收工作

国家档案局于 2012 年 8 月印发了《电子档案移交与接收办法》（以下简称《办法》），标志着各级档案馆可以有序依规开展电子档案移交与接收工作。

电子档案的移交与接收必须将计算机信息系统作为重要的基础，在《办法》中只是规定了电子档案移交与接收基本的、原则性的要求，在进行移交与接收工作的过程中，各级档案馆还需要按照相关的规定进行布置系统、配备设备、安排人员以及建立健全相关的制度。电子档案移交与接收工作作为一项全新的工作，在档案管理工作的过程中需要融合和应用信息技术，比如，对电子档案移交数据构成的要求。电子档案数据构主要包括内容数据和技术构成两种，首先是内容数据构成，比如文书类电子档案主要包括过程稿、签发稿、审批过程信息、元数据等，而业务类电子档案，其内容数据构成差异性就比较大，目前还没有形成统一的相关要求，需要各行业根据自身的业务特点研究提出具体规定；其次就是技术构成，所谓的技术构成就是指电子档案体现的电子化特征，与信息技术相关的基本要求，比如不同类型数据的格式、一"份"或一"卷"档案内容各种数据的关联方式和组织结构、电子档案数据与源系统或设备的依赖性或关联性、存储地址和方式等。

《办法》的制定发布有效的为各级档案部门开展电子档案移交以及接收工作提供了重要的政策依据，并且还能够指导业务，因此各级档案部门为了能够有效的稳步推进电子档案移交与接收工作，必须严格按照《办法》的要求，开展电子档案形成状况调查，充分的做好系统配置、设备配备、人员培训、制度建立等各项准备工作。

档案数字化工作

档案数字化作为建设档案数字资源的重要途径，能够有效的带动档案整理和管理，使档案得到充分的利用，并且还在很大程度上确保了档案的安全等。

做好档案数字化工作必须以需求为导向的原则、坚持完整性的原则、坚持目录优先的原则、坚持方便利用的原则。

（1）坚持以需求为导向的原则。根据档案利用的实际需求，需要采取有效的措施对档案原件进行保护和抢救，根据单位自身工作基础、人员力量以及经费规模进行科学的、合理的安排档案数字化工作。

（2）要坚持完整性的原则。必须采取有效的措施确保档案信息的完整性，需要将一个案卷或者一个专题的档案全部进行数字化，不能够根据档案信息内容的重要程度进行删减数字化内容，必须避免人为造成档案信息不完整现象。

（3）要坚持目录优先的原则。对于馆藏量较大，而且基础工作十分薄弱的单位，需要采取有效的措施建立健全文件级目录数据库，从而能够为开展全文数字化工作提供重要的基础

（4）要坚持方便利用的原则。数字化的最终目的就是为使用者提供方便。对已经数字化的档案，需要进行及时的鉴定，将公开范围与控制使用范围进行科学的、合理的划分，而且还需要及时的将公开范围的档案向社会开放，从而能够确保公开的数字化档案向社会提供利用。

在开展档案数字化工作时必须要确保基础工作的质量。档案数字化主要是充分的利用了计算机等相关技术对档案数据进行高效管理，档案数据的详略、对错决定着数字化工作的成败。应当对档案案卷进行准确无误的分类、整理、编页，建立高质量的案卷目录和文件目录，为数字化工作奠定坚实的基础，从源头上杜绝计算机管理的差错。对于数据的规范以及质量必须引起高度的重视，在进行存储档案数据时必须严格按照国家标准。档案信息作为长久保存和利用的重要资源，同样数字化后的档案数据需要长久保存和共享利用。存储档案数据时必须严格按照国家的相关的标准规定的数据格式，如果国家标准存在没有规定的，需要采用通用的、开放的数据格式，禁止采用相关公司自有的数据格式。与此同时还需要采取有效的措施加

强数字化档案数据的管理。建立健全数字化档案数据的管理制度，针对数据的存储、备份、运行、利用、迁移等提出明确的、具体的要求。还需要配备相对独立的软硬件环境对数字化档案数据进行存储、管理。对于一些特别重要数据需要采取异地异质备份措施。

数字档案馆建设工作

数字档案馆能够充分的体现各级各类档案馆信息化建设成果，数字档案馆是信息时代档案馆发展的一个必然的方向。

为了能够确保数字档案馆的建设，必须采取有效的措施加强网络建设。在数字档案馆中，传输、管理以及利用数字档案信息主要依靠档案网络平台，需要根据一定时期内数字档案管理需要，不断的加强馆内局域网、链接政务网、接通英特网的三网平台的建设。信息技术的应用作为最主要手段。为了能够有效的数字档案馆的各项建设，需要充分的利用数字化、数据库、网络、软件开发、信息安全、迁移、海量数据管理等先进成熟技术。开发应用系统作为重点内容，数字档案馆建设的重点内容就是开发应用符合功能要求的管理系统，也是数字档案馆建设成功与否的重要体现。传统档案工作的基本业务环节与数字档案馆管理系统设计开发中应把握的基本功能需求的共同点就是"收集、管理、保存、利用"这四项业务。最终能够实现科学管理以及共享利用的目标。数字档案馆是一个科学管理系统，能够有效的使数字档案的"收集、管理、保存、利用"各项管理功能互相连接、相互作用、密不可分。

第三节 档案馆信息化建设的原则

一、档案信息化应遵循的原则

（一）规范性原则

无论是什么行业，规范性是一个企业管理的基本要求。档案的信息化建设也应该从规范性的角度出发，根据现代化发展的实际的工作和需求，积极的开展各项工作和管理的规范化建设，实现了其工作质量水平的提升，保证了其工作的效率。不论是现代化电子网络化的图书馆还是传统的图书馆中，其在书籍的管理方面都是向着规范化发展的。其都会有相应借阅图书的标准流程，相关的阅读标准等，尤其是在现代化电子发展的迅速阶段，电子文档只有加强对其的数字化的管理才能实现其标准化的建设。避免不同的文档之间的重复、不兼容现象。

（二）安全性原则

随着信息化、网络化建设的不断发展，网络中存在的隐患逐渐的显现，人们的个人信息得不到安全的保证，这就会影响人们对网络的信任程度，不利于图书馆的网络化、现代化的管理。因此，必须要加强对网络安全技术的实际应用，积极的开发安全性的策略，保证网络用户的档案信息的安全性。

（三）效益性原则

档案的信息化建设其不仅仅是学术性的研究建设，这项建设无论是从社会的角度还是从政府的方面都投入了大量的人力、物力、财力，所以，在图书馆建成以后，对其的管理和运行应该从其效益的角度出发，根据自身的结构体系、用户的需求、馆藏资源的利用率，进行综合性的分析研究，然后在根据其经典的内容和社会的当前的文化热潮进行对接，将利用率比较高并且具有潜在的经济效益的档案进行数字化的管理，收获更大的经济效益。

二、图书馆建设遵循的基本原则

（一）文档一体化原则

文档一体化管理是当前在建设信息化图书馆的过程中的一个充分的条件。档案建设的过程中，应该将信息化和办公的自动化进行有效的结合，实现其整体的格局的同步设计。

（二）双轨制归档原则

当前的电子信息化建设的过程中，并没有形成其完善的电子档案的应用体制。尤其是在一些法律或者是一些条例的使用过程中，很多的电子文档并不存在法律效力，纸质文档和电子文档之间的地位还是存在很大的差距。因此，纸质文档和电子文档共存是当前发展的一种正常的现象，并且在很长的一段时间内，这种现象会继续存在。所以，国家的档案管理处就此作出规定，在进行档案管理的过程中，电子档案和纸质档案应同时进行归档，必须要坚持双轨制归档的原则。

（三）前瞻原则

档案的信息化建设的最终的目标是为了建立数字化的档案图书馆。这是一个漫长的过程，因此需要其按照不同的层次、不同的阶段、分步骤逐渐的进行，这是一项很复杂的工程，所以在工程建设的过程中需要其对建设的内容进行深入的研究，仔细的收集各种资料，实现其建设的资源科学性，并且在保证其资源的有效利用的前提下，对其资源的特点和建设的需求进行考察，针对社会人群的未来发展的需求，开展资源的建设和管理。

（四）协作原则

档案的信息化建设包括的主要内容有基础设施建设、数据库建设等，在人力、物力、资源、设备等不同的方面其都有很高的标准，所以，要想实现这几个不同的方面的工作建设的需求，需要加强不同的部门和管理的人员之间的有效的交流和沟通，争取领导的支持，实现各个部门之间的有效的配合，提高团队的协作能力。

（五）实用原则

档案信息化建设不仅仅是建设的规模或者是资源的存储量，其主要是在于其档案建设的质量。档案馆的就建设应该从实际的实用性出发，对档案的目录进行数字化的管理，并且根据资源的特殊性，开展不同形式的信息资源的数字化建设，为阅读者提供更加有效的、高品质的服务。

（六）人才储备原则

档案信息化建设、电子化建设，其是需要不断的提高自身在管理方面和数字化方面的一体化建设的。电子档案建设的过程中，其需要将不同的技术进行有效的管理，实现其在建设的过程中的不同形式的建设，这就需要技能、技术过硬的技术人员进行组织研发，但是这是一项复杂的、任务量很大的工作，因此，就需要其不断的吸收人才，只有人才准备好了，才能建设满足社会要求的档案馆。

第五章 档案馆信息化建设的组织管理

第一节 树立正确的档案信息观

一、档案观即人们对档案的信息的认识和对其的基本的观点和看法

比如有的人就人为档案很重要,这是对历史的记录,是对国家的珍藏性信息文献的传承的一种重要性的认识,在社会发展的过程中,档案信息的存在,是对人们的过去的一种记录,可以激发现代的青少年的民族自豪感,提升民族的凝聚力,在社会历史中具有显著的地位和作用。但是同样也有人认为,档案只是过去的一个记录,工作任务已经完成,这个档案存在的意义就不重要了。还有认为档案工作的收集、整理很浪费时间,并且对其的管理也很枯燥,这项工作的进展并没有实际的意义。因此,也有人并不重视档案工作的保护,对其信息文献资源随意的丢放,导致文献资源的丢失。

档案工作人员树立正确的档案观对开展档案工作,提高人们的档案管理的效率,积极得开展各项档案工作是十分必要的。必须要深刻的认识到档案工作的重要性,才能建立正确的档案观,重视档案工作的开展。要想建立正确的档案观念,应该从以下几个方面进行。

(一)充分认识档案的重要地位和作用,树立高度重视档案的观念。

档案是记载了国家的历史、政治、文化、科技等的发展历程的一笔宝贵的财富,并且其在我国的各个方面的发展都有很重要的指导性的作用。对此,在国家制定相关的政策、信息发展方向等过程中,其可以起到很重要的参考性的价值。无论是在文学、历史的研究还是在国家的法律、法规的建设中,档案都起着很重要的作用。如果我们的档案没有保护好,或者是我们就没有档案,那么我们如何认识自己的来源,认识自己民族的发展,如何有效的改革发展,怎样继承中华悠久的历史文化和文明精神。同样,如果我们没有做好档案的保护工作,那么后代人就失去了认识历史、了解自我的文献资料,那么对未来的国家的发展就不会有借鉴性的意义,所以,每一个人都应该认识到档案工作的重要性,尽量做好档案工作。

（二）认真贯彻执行《档案法》，树立依照《档案法》办事的观念

《中华人民共和国档案法》是国家主席颁布的，将党和国家的工作的方针、政策以及多年的工作的经验实际上以法律的形式固定下来的一种法律，其中其对国家档案的范围、档案管理人员的工作的内容、实际的档案的工作的管理方式等做出了明确的规定，切实保证了人们对档案的使用的权利和义务。因此，其代表着国家的意志和公民的合法的权益。我们需要认真的贯彻和执行《档案法》，根据《档案法》的实际的规章制度执行，依法办事。

（三）要树立对公务活动以及各项工作中形成的文件资料进行整理立卷，定期向档案机构送交的观念。并按照法规和标准的规定，做好档案工作。

国家的工作人员在工作的过程中，就会形成各种信息、文字或者是资源、文件，这些文件可能是音频形式、视频形式，在收集和整理这些文献资源信息时，应该及时的对其进行有效的管理，进行永久性的保存，并且有的文件应该按照规定进行密闭的处理，向档案馆送交资料。这种将档案信息仔细的分类，并且进行装订、管理的行为反应出了工作人员的对档案的正确的认识，反应出了其工作的基本的素质。

（四）要建立档案、图书、情报资料一体化的观念，使档案信息资料更好地为国家建设和各项工作服务

档案和图书一样其是具有各种信息类知识特点和不同的使用用途的。但是一般人们经常是档案和国家社会、经济、军事等不同的活动之间有关联的，是对国家的价值比较高的文化知识的记载，是一种历史性的记录，其是属于国家机构的，同时也是社会活动的结果，其具有很重要的现实意义和历史的价值。就当前而言，图书、知识、报馆等都是情报机构，这些都是为了更好让人们了解到当前的社会现状创造的信息资料。是通过对外界的信息的收集、整理实现的。之前人们对档案、图书等不同的情报资料各自的特点的研究比较多，但是对这些资料之间的相关性的研究比较少，随着科学技术的进步，人们逐渐的对其共性进行分析，尤其是进入了电子化时代，人们通过对数据的分析，实现了更加精确的研究，人们将档案、信息资料逐渐的融合为一体，建立了档案情报资料一体化的观念，实现了其统一集中的管理，这样不但减少了管理其所需要的成本，并且还能提高对档案信息管理的质量，有效的保护了档案，实现了档案信息资料的共享。

（五）要进一步树立档案管理使用的法制观念，充分利用档案信息资料为社会主义服务

档案是信息化建设的过程中的主要的参考依据，其应该是受到国家重视和保护的，任何损坏历史档案的人都应该受到国家法律的制裁，同时国家的工作人员应尽力保护档案完好不受损害。档案信息的价值不在于单纯的保护和传承，而是应该重

视对档案信息资料的使用。这才是人们进行档案建设和管理的真正目的。

总而言之，我们必须要深刻的认识到档案建设的重要性，积极的开展各项档案的信息化的管理和建设，认识到档案对现代化建设的重要性，提高人们对其的认识，积极的按照各项法律法规进行管理，实现其充分的利用。

第二节 档案馆信息化建设的组织管理措施

一、加强领导，落实资金和设备，把实体管理变为信息管理

就当前建设而言，档案信息的馆藏资料一般时间比较长，这种信息资料的实际的利用率比较低，档案的管理仅仅就是保护好，不让其丢失即可。档案工作人员在对其进行整理和和搜集的过程中，需要不断的对其进行保护，修缮，这项工作不仅其内容很复杂，并且其很浪费时间，对档案的数字化进行管理就十分的重要。

二、加强档案信息化基础设施建设

要将档案的信息化建设规划到学校的整体的规划中，加强对其的基础设施的信息化的执行力度，提高信息化的管理档案的进程。组织学校的各个档案的管理部门和相关的计算机网络应用部门进行协同工作，加强对学校的办公网络化的设计，实现在学校的网络的普及，建立系那英的档案网络的管理系统，实现了不同的单位档案的远程的管理，实现了数字化档案的建设。

三、档案信息资源建设

根据科学技术发展的水平，利用有效的科学管理软件对档案进行管理，实现其科学的分类、重点的管理，将档案的进行信息化和数字化的管理。这项工作内容的实现其依赖于以下两个部分和方面，首先是学校的不同的基层的单位应将本年度单位产生的各种文档进行归类处理，同时按照相应的学校档案部门的要求录入到相关的档案网络的管理系统中，这样就可以有效的降低档案管理部门档案录入的压力，同时，在学校的各个单位和部门的机构和信息可以及时传达到档案组织部门，提高了其工作的效率，方便人们的了解。其次，档案的部门应该将档案进行目录的机检数据转化，是吸纳了其电子档案的有效的建立，实现了其接受、保存的技术方法的有效的应用。加强对学校的产生的各种文档的电子档案的管理，提高对其的监督、指导、实现其电子文档的保存都是有价值的信息，与文档的信息可以同时的保存。

四、档案管理的应用系统建设

根据实用、规范、先进化的原则进行档案的管理的建设,既要满足在当前的档案的管理和建设的过程中工作的需要,同时根据当前的技术的发展,对其软件的实际的应用进行有效的管理,提高其工作的力度的推广,有效的发挥其管理的水平和技术的水平的创新,为实现其网络资源和数据资源的共享打下良好的基础。重视档案资源的入库管理工作,同时应该提高对其的信息管理,发挥学校的网络数据库的建设,提高对其的网络数据裤系统的整体的规划性建设,同时应该开辟档案信息的服务类的窗口,实现其计划的档案的目录和信息的整理,为人们的网上资源的信息的查询提供有效的服务。

五、档案信息化建设的保证措施

1. 加强组织领导

当前在高校的网络信息化建设的过程中,很多的信息化部门设置明显的不合理,有的系统的部门的工作内容实际上和信息化建设的内容相关性并不大。并且其工作的内容和实际的状态并不积极。这种和工作的严重的分离状态并不利于提高人们的工作的积极性,并且其会严重的阻碍到图书馆信息化档案的建设步伐,所以,必须要建设一支的信息化工作体制。就档案信息化的工作的各个部门进行整理,就学校的档案的信息的进行统一的分配管理。即档案的信息化应按照一定的体制执行。组成以学校的校长为领导的相关的室负责人为成员的学校档案信息化建设领导小组,负责全校档案信息化建设的组织协调工作。

确定专职的档案信息工作部门负责档案信息化建设的组织与协调工作,单位其他部门则从自身工作职责出发,遵循/科学、实用、适用0的原则确定长期工作目标和近期工作目标,按照信息化建设的整体要求,做好自身的信息生成、传播与利用工作。

对于馆藏档案和新制档案的数据处理,要区别轻重缓急予以对待。对于新旧档案的数据处理,可按照先新后老的原则,对新归档新入馆的档案采用新的办法进行数据处理,老档案放到第二步。对于馆藏档案,可按照先重点后一般的原则,在对现有档案进行分析的基础上,对重要价值的档案先进行数字化处理,对已经失去档案价值的档案资料予以按程序批准销毁,以减少不必要的重复劳动。

2. 加大投入力度

档案信息化建设是一项大投入、长积累、晚见效的工作,要加大档案信息化建设资金的投入力度,以缓解档案信息化建设资金总量不足、供需矛盾突出的问题。实现档案信息化,最基本的投入渠道只能是财政,档案部门不创造物质财富,也无创收渠道，经费只能由财政供给。档案部门要理直气壮地争取领导重视和支持，将其列入信息化工程，解决预算经费，一次难以到位的可确定基数，分年兑现。同时，坚持争取财政支持与积极自筹相结合，注意发挥自身的主观能动性，广开筹资渠道，争取多方面支持，多渠道解决。

3. 加强档案信息化标准和规范建设

要按照5档案法6、5电子公文归档管理暂行办法6规定精神，制定出符合实际的具体办法和措施，规范和指导全校档案信息化建设、运行、管理和维护工作，使全校档案信息化建设有章可循，有规可守，保障学校档案信息化建设朝着规范化、标准化和制度化的方向发展。

4. 加强档案信息安全保障体系建设

逐步完善档案信息安全管理体制，在严格遵守相关法律法规的同时，加强对计算机档案管理系统的管理，确保档案数据库安全。加强对电子文件归档工作的管理、监督和指导，保证归档电子文件的真实、完整、有效。在开发利用档案信息资源和网络系统建设工作中，要增强安全意识，防止失密、泄密事件发生。非公开的档案信息一律不得上网，在因特网上提供已公开的档案目录查询服务，要认真采用身份认证、防火墙、数据备份等安全防护措施，确保档案信息系统的安全运转。

5. 提高队伍素质

在人力资源的开发上，坚持注重引进与加强培训相结合，注重引进既具有计算机操作又会档案管理的复合型人才，改善人才结构。同时注意选送骨干培训，努力营照学习高新技术知识的良好环境氛围，鼓励岗位练兵和自学成才，边用边学，以用促学，提高业务素质和综合素质。积极引进信息化建设人才，培养和造就一批既懂信息技术、又熟悉档案业务的复合型人才。要加强对档案信息化建设工作的指导、检查、监督工作，在每年布置、检查各立档单位的纸质档案归档同时，要同时布置、检查相应的电子文件归档工作，并将各单位归档的纸质文件及电子文件目录信息上网公布，以便教职工及时了解本单位形成的纸质文件和电子文件归档齐全、完整情况，从而更好地为教职工服务。

第六章 档案馆信息化建设的信息资源管理

第一节 档案馆信息资源建设中存在的主要问题

高校档案的信息化建设其主要是对高校其所存在的科学研究、外事、产品的生产、党群、出版、基建、仪器设备、科技开发、才会、教学、行政等十类档案的馆藏情况。馆藏建设是对档案资源管理工作可以良好的顺利开展的有效的基础，馆藏建设的重点就要是提高其馆藏资源的种类，丰富馆藏资源的数量。馆藏的丰富主要是指图书馆的资源应满足当前用户的不同的需求，不会因为其图书馆的档案的信息的不足导致其问题不能有效的解决。丰富馆藏的资源其并不是数量越多越好，而是要提高其质量。优化馆藏，即使用最低的成本对馆藏的资源进行收集、保存。随着改革开放的发展，不同的图书馆的信息化的馆藏的信息资源的种类并不同，发展的规模大小也不同，并且其中存在的各种的质量问题、数量问题等。

一、高校档案馆藏信息建设现状以及其存在的问题

（一）馆藏资源结构不合理

根据调查研究显示，当前我国高校的信息档案的资源建设的档案的构成的比例不科学。其中，批复性档案、指示性档案、政策性档案比较多，但是实际的典型档案、意义性重大的档案、具有贯彻性的指导政策的档案并不多。这就反映出了学校的宏观性的档案多，但是实际的微观性档案少；并且纸质的档案比较多，但是其他的载体，比如光盘、磁盘等的档案就比较少。比如上级的各种文档和学校的各种文件的信息档案比较齐全，但是有一些不带文号的上级的指示性的通知并没有列入到其中的档案建设中，比如学校的校长的书信、各种电话等的记录很少，教学的过程中，教师的各种有效的教案信息、各种实习的记录都比较少。科学研究是高校的一项基本的职能，其能力主要是通过学校对其进行的各项研究来反映其高校的科研的能力和水平。但是就是这些资料，资源，在高校的档案库中十分的少。并且高校的反映学生和教师的实际的活动的性质的档案并不多，随着各项资源、技术的电子信息化的进程的加快,大量的电子文件逐渐的取代了纸质的文档,但是这些电子的档案信息没有和纸质的文档一样同步的被录入到高校的档案馆中。

（二）馆藏档案的成分不够优化

有的档案在存入档案的时候,其是按照一个完整的事件或者是或活动进行保存的,但是这种文档完全可以精简,人们为了保证其完整性,就将其整体的搬进了图书馆,这其实并不利于其全部档案的综合性的管理,并且其没有实际的价值,这就是其档案的质量问题。高校需要定期的销毁一些时间已经很长的档案,有的需要10年销毁,有的是50年,但是这些档案一直存在在图书馆,并没有得到其应有的处理。

（三）库藏的某些全宗不够完整

有的高校其规模不断的扩大,因此校区发生了变迁,这就导致其产生很多的全宗,因为学校建校时间比较长或者是一些学校的地址的迁移等原因,导致学校的档案的信息并不完整,这就需要其通过很多不同的渠道进行补充性的收集,同时也有很多的全宗因为不同的原因被破坏,存在各种残缺,需要修补。

（四）馆藏资料的收集不够重视

档案馆的资料信息是其档案馆建设的基础,也是其职能的体现。资料是馆藏信息资源建设的一个重要的部分,档案馆藏资料是指档案的收藏的各种信息、文献、知识等职能性活动中组成的,可以作为其在学习、工作中的研究参考用的一项资料。资料和档案是不同的,资料其主要是记录一些人们在社会发展、生产、学习的过程中经过加工和整理过后的,完整的系统的信息,档案则只是一种原始的记录。资料比档案要更加的完整,有的时候,资料可以作为一项参考的依据为档案的建设和管理提供相关性的信息,档案也能转化为资料。有的档案因为缺少时间的等内容,导致其不完全,这些就影响了其使用的价值,对此可以利用相关的信息资料作为其参考的内容,就可以实现对其的其之前的信息的判断,提高了档案的实际的价值,并且还能有效的发挥资料的作用。

二、丰富优化档案的对策

馆藏资源在其成分、完整性等不同的方面都存在一些问题,这些问题会严重的影响其前后的档案记录的信息的使用,并且有的档案记录存在着一定的矛盾。所以必须要加强对档案的信息资源的实际的建设,完善其信息的收集和整理,这对档案工作人员来说是一项很复杂的工作。同时,这也是一项必须要完成的任务。档案馆一定要坚定的进行的各项工作,深入就当前关内的信息资料进行调查,实现对其的信息档案工作的优化。对此其可以从以下几个方面进行:

（一）树立档案管理机构的权威性，建立健全归档制度

为了有效的保证档案收集工作的顺利开展，信息资料的收集的路径一定要畅通，并且应该健全各项规章制度，提高相关的工作人员的档案意识，提高整体人员的工作的素质，有效的开展档案工作。学校对不同部门的案卷的归档应该将其纳入到业务人员的工作中，建立健全岗位责任制，实现其档案的收集和整理的完整性。

（二）强化高校工作人员的档案意识

只有认识到档案工作的重要性，才能积极得开展各项档案工作，这就需要高校的领导人认识到档案工作的重要性，然后开展各项有效的管理，提高员工的档案意识，使得部门负责人可以认识到信息化档案开展建设的重要性，为档案的顺利开展积极的提供技术和资金等方面的支持。

（三）加强人员的培训

人才是社会发展的动力，同样在档案信息化的建设中，人才是实现其档案信息化的有效开展的一项原动力，必须要提高人员综合素质，提升其技术水平，才能在工作中解决其存在的问题，制定有效的计划或者是相应的管理方案，提高其管理的先进性。

现代化的档案资源的建设，其要求管理人员不仅仅需要有专业的技术知识、还要对档案有分析能力、组织能力、处理能力，并且应掌握好信息处理的技术，实现对计算机软件的良好的应用，提高整体工作人员的专业素质是建设档案馆信息化的前提。要想实现其整体的档案管理人员的综合信息素质的提升，可以从两个方面出发，首先，就是进行综合的技术信息培训，就其在工作中需要掌握的必备的知识进行培训，提高其专业能力。二是要鼓励工作人员主动学习，提高其自身的能力，提升其在信息化建设的过程中，应该具备的专业性的精神。

（四）突破传统的档案收集工作

之前的档案信息收集的工作都是被动的，是一种固定的模式，这就束缚了档案信息的获取，我们必须要改变这种传统的模式，实现主动、积极的获取档案信息资源，这样才能有效的提高其信息档案的收集的范围，提高其档案信息资源的多样性。

第二节　深化档案鉴定工作

档案馆的深化是当前信息化发展的过程中，适应社会发展的必然结果。建设数字化的档案馆是提高其档案馆建设的有效的前提，但是怎样才能有效的深化档案馆，

提高其建设的水平呢？

一、信息化档案的接收和处理能力

信息化档案馆首先其应该具备接收信息化档案的能力，其接收的对象主要包括：相关部门的电子档案、以及相关的收藏性的电子的信息。档案馆在实际的档案接收前应先将建立一个档案的接收机制，明确收发档案双方之间的责任和权利，防止档案泄露问题的发生。保证数据传输的有效和真实。对此，数字化档案系统的建设的过程中，其应该从两个方面来实现对其的档案的接收。即脱机接收和即时接收。在接收的过程中，应该建立一个接收的平台，实现对数据的检验，同时对数据的内容进行分析和采集。重要的数据信息需要现代化的多媒体实现，主要有完善的系统和设备，网页信息和多媒体等。

二、数字档案的管理能力

数字档案的管理的能力就是根据科学的的管理的方式对档案制定一系列的规章制度，在遵循这些规章制度的前提下，对其的进行的有效的管理。数字档案馆的建设其需要信息化的数字管理系统作为其管理的依据。数字管理系统在进行工作的过程中，就可以实现对其不同的信息化档案进行有效的分类，并且将其按照不同的类别保存。同时在实际的应用的过程中，系统可以根据人们的需要对文档的内容进行检索，找到相似的文章或者是体裁，提供有效的数据，同时在工作人员完成文献的检定后，可以建立相应的裙带关系，对档案的类别、数量的等进行显示，根据其存储的信息进行制定业务流程。

三、信息保护能力

信息化档案系统的安全性是其一项基本的技能，加强对其的安全性的管理是信息化档案建设的一项重要的内容。信息化档案馆的建设其需要相关的平台的稳定性发展，同时其应是在数字化档案的存储性格式的要求满足相应的标准，对一些文献类型比较特殊的格式，可以进行相应的管理，同时对保存其原来的代码，防止其后期的出错，保证两者之间的有效性，提升系统的稳定性，提高系统的自我保护能力，同时对一些非法的盗取或者是修改性的行为进行防护。对文件的信息可以适当的进行相应的移动，这是在其计算机的硬件或者是软件之间的发生技术或者是一些规范性的变化的情况下进行的。这可以有效的避免其文件的丢失或者是被破坏。

维护系统的相关信息以及平太的稳定。数字化档案馆的建设其会涉及到一些保密的文件，因此，要求其要具备一定的保密性机制，这就要求其在研发和设计的时候，应该根据相关部门的安全保密性的规定进行开发和研究，同时，在研发的过程中，整个的系统都应该是在严密的条件下进行，防止在研发的过程中，发生文件信息的泄露，造成经济不必要的损失。在建设项目监理的过程中，监理的单位应该认识到自身的工作的重要性，提高自身的安全意识，建立一个安全的管理体系。同时，对研发过程中，系统可能会产生的各种安全性的问题进行积极的防护，做好其技术准备工作，做好应对的方式。比如出现黑客、数据丢失、人为的信息的更改等。同时，在电子档案的回归的过程中，应该重视其安全和保密性工作，防止不法行为对文件的破坏，同时制定好数据的恢复措施，保证信息化档案馆系统的稳定的运行。

四、信息化服务能力

先进的科学技术可以提升客户对文档信息的获取效率，节约了客户的时间，实现了信息化档案馆建设的有效性。在信息化的档案馆建设体系中，可以根据不同客户的不同需求建设不同的平台。

1. 就馆内的工作人员建设相应的局域网，方便其对馆内的信息档案的管理。

2. 为当地的机关、政府设计专门的电子文档查看系统，设置相关的档案转移、查询服务。

3. 面向大众建立一个交流平台，实现群众对信息的查询，并且可以在平台上发布、共享信息。同时其应该具备以下工能，通过搜寻或者是查找对平台下的信息可以快速的搜索，同时可以通过对公共平台的信息共享实现对其的信息的精确的查找。

第三节 正确处理档案馆信息化建设中的法律问题

一、知识产权保护在档案馆信息化建设中的地位

档案工作在实际的工作的中，其和知识产权之间有着密不可分的关系。

（一）档案属性

档案的本质的属性是对真是的信息的记录，因此，档案的真实性是必须要经得起推敲和利用的。同时档案信息也是相关人员的活动的记录，这也是档案在其构成的过程中，形成的一种知识和内容的形式的特征，也就是说，档案可以说是相关的人员活动后的知识的成果，这也是属于一种作品的范围，是属于知识产权的一种保护。

（二）工作内容

1. 促进现代档案工作理论的发展和完善

就我国的发展来看，档案工作的形成时间早于知识产权的保护时间，知识产权是国家在发展的过程中不断的形成的，是一种对知识的保护，相关的法律的诞生保护了人们自身知识的权利。随着社会的发展，知识产权的概念不断的深入。人们对其的认识逐渐的加深，档案管理是我国的人力资源的管理的一个很重要的方面，加强对知识产权的保护，也是我国的信息化档案建设的过程中，完善自身的问题，提高其管理效率的有效的途径。

2. 改进现代档案工作方法和管理模式

信息化档案馆建设的过程中，其除了需要使用网络技术、信息化技术，其还需要利用网络传输数据。但是网络信息具有虚拟性、不可控性，这些都给知识产权的保护带来很大的难度。同时在建设信息化档案的过程中，涉及到知识产权的部分还需要其创新管理方式，因此，一定程度上，档案的管理过程中，对知识产权的保护也是其改进档案管理模式的一种体现。

3. 提高档案细心你资源的广泛开发和利用

档案信息化资源建设的根本目的就是为了提高档案的实际的利用效率，提高其管理的效率，能够最大限度的开发其可以利用的资源，实现其产权的知识保护。这就需要其在管理的过程中，应该明确知识产权保护的范围和内容，根据国家的相关的规定和要求对其进行档案的信息化管理，利用信息化数据的有效性，精确性，提高其档案资源的有效利用。

4. 促使档案工作的法制化体系建设

虽然我国在档案的法制化建设中实现了其相应的法律完善，但是其还有问题没有解决。尤其是涉及到了信息化档案。并且在对其管理的过程中，人们有不同的意见或者是分歧。因此，加强对档案信息的保护制度建立，重视对知识产权的制度的保护，推动我国的档案保护工作的顺利实施。

二、档案信息化对知识产权的挑战

随着网络的快速发展，计算机技术的应用，网络信息化图书馆的建设其在信息的传输过程中，有很大的不可控性，这就一定程度上对知识产权的保护造成了影响。同时其对知识产权的保护方面造成的挑战主要是表现在以下几个方面。

（一）对知识产权保护规范的影响

社会经济的发展过程中，计算机和网络技术的发展，使得档案的信息化建设成为必然。同样，计算机技术、网络技术在档案信息化建设中的应用势必会影响到其对知识产权的保护制度。网络信息的传递的过程，人们可以随意的在网上下载信息和内容，这就涉及到了知识产权问题。这也是档案机构的面临的一个严重的挑战。

（二）对知识产权保护意识的影响

知识产权的保护的有效性关系到档案馆是否能够有效的运行，关系到社会各界在网络信息技术发展的今天，能否遵循 国家的规范合理的使用信息。但是目前因为社会环境下人们对知识产权的保护措施的不科学，或者是不完善，导致其产生了矛盾，这也就影响了信息化数字图书馆的建设和知识产权之间的一个矛盾，人们对新的科学技术产生了怀疑，人们想要消除这些负面的影响，就必须在建设信息化图书馆过程中，加大对知识产权保护，这一保护措施的实行，涉及到很多的部门，这就需要其在维持原来的正常工作的情况下， 加大对其知识产权的保护，保证知识产权不被侵犯。

三、完善档案信息化建设中保护知识产权的途径

（一）加强执法，充分发挥知识产权保护法律法规的作用

在对涉及到知识产权的文档进行网络的传输时，应该重视对其的保护，按照国家的法律法规执行，防止其产权人的权益受到损坏。数字化的转换就是将文档中的文字、图形、声音等通过输入到计算机中，转换成为二进制的编码，然后对其进行加工、转化，在需要使用这些信息的时候，对其进行数字化的转化。凡是涉及到其产权的文档，在没有经过同意的情况下，不用随意给他人使用。

（二）加强管理，确保知识产权所有者的权益不被损害

我国将知识产权的问题归到国家的著作权法中，并且我国的《档案法》认可了公民享有档案信息的获取权力，某种程度上，对知识产权的保护和对其的资源的共享是一相辅相成的，不可分割的。但是如果不能有效的处理好两者之间的关系，就会导致其不能实现档案的信息化建设的顺利开展。因此，必须采取一定的措施来提高对知识产权的管理，加强网络信息的安全。

（三）正确处理知识产权保护欲档案馆"特权"的关系

在处理知识产权保护和档案馆权利之间的关系中，其应该从以下几个方面进行：首先，档案馆人员的调档或者设是查阅中，应该是在自己的权利范围内进行，并且其应该是按照相关的法律进行。其次，针对知识产权保护的档案，相关的机关必须要重视，并且尊重，保护其产权人的权利。最后，档案管理部门应该完善其管理体系，使其在后续的管理过程中，可以有法可依。

总而言之，计算机的发展促进了社会的进步，同时提高了人们生活的质量。档案的信息化建设是顺应社会发展的的基础上，推动了社会的进步，保证档案管理过程中对知识产权的安全性保护，创新档案管理。

第四节　档案信息安全保障状况需进行风险评估

随着档案信息化建设的不断推进，档案信息安全问题日益突出。在2002年国家档案局发布的《全国档案信息化建设实施纲要》中提出"组织建立档案信息安全保障体系框架，逐步完善档案信息安全管理体制"。

档案信息安全保障体系的建设取得了一定的成绩，但同时存在许多问题，我们必须及时加以纠正和改进。档案信息安全保障体系的建设不是一蹴而就的，是一个复杂的社会工程。首先要纳入国家信息安全保障体系和电子政务信息安全保障体系的总体格局中，其次学习国内外保障体系建设的经验，结合档案信息资源的自身特点，将档案信息安全保障体系建设落到实处。档案信息安全保障存在的问题

1. 对档案信息安全保护和保障概念混淆

信息安全是一个发展的概念，从通信保密、信息保护发展到信息保障，或者说是从保密、保护发展到保障。每个阶段的安全属性也是不断扩展的，保密阶段为保密性；保护阶段为保密性、完整性和可用性；保障阶段为保密性、完整性、可用性、真实性和不可否认性，甚至在国际标准《信息安全管理体系规范》ISO／IEC17799：2005中，又增加了可追溯性和可控性。信息安全属性也是信息安全的目标。保障阶段应采取相应的措施达到"七性"。

信息安全保障的提出最早源自美国。1996年美国国防部（DoD）在国防部令S-3600,1对信息安全保障作了如下定义："保护和防御信息及信息系统，确保其可用性、完整性、保密性、可认证性、不可否认性等特性。这包括在信息系统中融入保护、检测、反应功能，并提供信息系统的恢复功能。"除安全属性不断丰富外，安全保障与安全保护主要区别是主动防御和动态保护。而与之对应的信息保护是静态保护（安全措施基本不变）和被动保护（发生安全事故后再采取防护措施）。

然而，目前大部分档案信息安全保障仍只达到安全保护水平。将安全保护和安全保障概念混淆，造成保障阶段的能力也停留在保护水平，不能从主动防御和动态保护来保障档案信息安全。在具体操作上，仍以身份认证、数据备份、安装防火墙、杀毒软件和入侵检测等被动保护措施为主。在日益复杂的档案信息系统和网络环境下，档案信息得不到应有的保障。

2. 偏重技术，忽视管理

在美国国防部对安全保障的定义中，"保护、检测、反应和恢复"不仅体现动

态保护，还体现安全管理，安全保障也是一个管理过程。

然而长期以来，人们对档案信息安全偏重于依靠技术。但事实上仅仅依靠技术和产品保障信息安全的愿望却往往难尽人意，许多复杂、多变的安全威胁和隐患靠产品是无法消除的，尤其是对内网用户的管理。"三分技术，七分管理"这个在其他领域总结出来的实践经验和原则。在档案信息安全领域也同样适用。据有关部门统计。在所有的信息安全事件中，属于管理方面的原因比重高达70％以上，而这些安全问题是可以通过科学的信息安全管理来避免的。因此，安全管理已成为保障档案信息安全的重要措施。

目前，国际上实现信息安全管理的有效手段是在信息安全等级保护制度下，进行信息安全风险评估。"早在20世纪70年代初期美国政府就提出了风险评估的要求。2002年颁布的《2002联邦信息安全管理法》对政务信息安全风险评估提出了更加具体的要求。"欧洲等其他信息化发达国家也非常重视开展信息安全风险评估工作，将开展信息安全风险评估工作作为提高信息安全保障水平的重要手段。国外风险评估标准主要有：BS7799、ISO／1EC 17799、OCTAVE、NIST SP800—30、AS／NZ54360、SSE—CMM等。

3. 缺失安全评估体系

目前，我国档案信息安全保障体系的建设处于各自为政状态，没有将基于等级保护制度下的档案信息安全风险评估提到议事日程上来。由此造成档案信息系统建立并采取安全措施后，仍不能明确自己的网络和应用系统是否达到安全要求？还有哪些安全漏洞？可能造成多大危害？应该怎样解决？系统升级或调整后又存在哪些安全风险？如何规划档案信息安全保障体系建设？作为档案信息系统的拥有者、档案信息系统安全构建者和档案信息系统安全的监管者，必须有统一的风险评估标准，才可以做到档案信息安全与否谁也不能说了算，而应该按照统一的风险评估标准来评价是否安全。应采取什么措施。

档案信息安全保障状况需进行风险评估

2006年3月7日，酝酿已久的《国家网络与信息安全协调小组关于开展信息安全风险评估工作的意见》（简称《意见》）正式对外公布。《意见》要求。各信息化和信息安全主管部门要从抓试点开始，逐步探索组织实施和管理的经验，用三年左右的时间在我国基础信息网络和重要信息系统普遍推行信息安全风险评估工作，全面提升网络和信息系统安全保障能力。

2005年9月，国务院信息化工作办公室专门组织成立了"电子政务信息安全工作组"，并已编制了《电子政务信息安全等级保护实施指南（试行）》，其中提出将风险评估贯穿等级保护工作的整个流程。所以，作为电子政务系统中保存和管理信息的档案信息系统，与电子政务一脉相承，进行风险评估是迟早的事。对档案信息安全保障进行风险评估主要有如下优势。

1. 将档案信息安全保障体系纳入国家信息保障体系

国家已制定了风险评估标准GB／T 20948—2007《信息安全风险评估规范》，并将于2007年11月1日正式实施。作为我国信息资源重要组成部分的档案信息，必须积极响应国家信息安全政策和纳入国家信息安全保障体系的总体格局。档案信息安全风险评估可在此标准的基础上，结合档案信息自身特点，先开始在综合档案馆和电信、银行、税务、电力等大型档案信息管理系统中试验，在此基础上再逐步推广，达到国家要求"2006年后三年内在我国基础信息网络和重要信息系统普遍推行信息安全风险评估工作"基本目标。

2. 规范档案信息安全保障体系建设

在档案信息化过程中。我们已经制定了GB／T17678.1—1999《CAD电子文件光盘存储、归档与档案管理要求。第一部分：电子文件归档与档案管理》、GB／T18894—2002《电子文件归档与管理规范》、GB/T20163—2006《中国档案机读目录格式》、DA／T 22—2000《归档文件整理规则》和DMT 31—2005《纸质档案数字化技术规范》等国家标准和行业标准，然而与档案信息安全相关的标准尚未出台，造成目前档案信息安全保障体系的建设处于各自为政状态。档案信息风险评估的开展。虽然可以参照国际和国家标准，但最终还必须有针对性强的行业标准。为了改变目前的现状，档案行政管理部门应重视针对档案信息安全保障政策和标准的建设，抓住国家推广信息安全风险评估的机会。从风险评估作为切入点，制定档案信息风险评估和其他安全相关标准，规范档案信息安全保障的建设。由于对档案信息风险评估是以信息安全保障要求为前提的，所以只要进行风险评估就可以纠正信息保护和保障的混淆，并确认是否达到相应的保障要求。

3. 贯彻安全技术和管理并重，保障档案信息安全

等级保护和风险评估是信息安全管理的核心内容，是信息安全管理的具体体现。国家提倡在等级保护制度下进行风险评估，就是在对信息系统划分等级后，采用风险评估测评系统是否达到相应等级的安全要求，这样可以改变以往只建设不测评的现状。同时，风险评估还要求贯穿信息系统的整个生命周期，即在信息系统的分析、设计、实现和运行维护的整个生命周期内，都将进行定期或不定期的风险评估，也体现信息安全保障的动态安全和主动防御。以往在我们档案信息安全保障的建设中也强调信息安全管理机制的构建，而风险评估就是很好的体现。风险评估的进行过程中。有相应的安全策略，按照"谁主管谁负责、谁运行谁负责"的要求，对在岗的每一位员工也有相应的安全职责，这样也提高了员工的安全意识。

4. 完善档案信息安全保障体系

对于已建、在建或将建的档案信息系统，以往没有进行风险评估的，应积极开展这项工作，在没有正式出台专门档案信息风险评估标准前，可参照国内国际标准进行，或者参与到电子政务信息的等级保护和风险评估中去。当然风险评估并不是信息安全保障的唯一手段（还包括等级保护、应急响应和灾难恢复等），但它是档案信息安全保障不可或缺的一个重要环节。通过风险评估，可完善目前还没有达到保障要求的档案信息系统安全保障。另外，对于新建设的档案信息系统在设计阶段就要融入风险评估，这样可以防患于未然。

5. 监督和检查档案信息安全保障建设

档案行政管理部门本身就有对档案管理工作进行监督、检查和指导的职责，通过风险评估可为与档案信息安全保障相关的各方提供同一个标准，来监督、检查和衡量档案信息安全保障的现状。档案信息安全保障相关各方，可分别进行自评估、认证评估和监督评估，这样可以彻底改变目前我国档案信息安全保障缺乏评估体系的现状。

第七章　档案馆信息化建设的技术保障

第一节　档案信息化标准规范建设

一、档案管理标准化建设存在的问题

1. 在档案管理的信息化过程中，人们往往只重视对于计算机系统的更新和设备的发展，而忽略对于档案信息的标准化建设，主要表现在：对于计算机软件来说，在其开发方面对其整体的把握不足，且开发出的软件并不能很好的满足需要。而对于计算机硬件来说，各种型号和参差不齐的设备的使用导致硬件环境得不到统一。由于各种原因的制约，比如，档案管理方法的不足，缺乏技术支持，对于网络信息的档案的理解的不足和缺乏相应的经验使得档案的信息化的进程发展的相对缓慢。

2. 对于一种新的档案的管理模式来说，因为档案管理人员对于这种新的模式的不了解，认识的不到位，所以对于档案信息化的重视并不到位。对于旧的档案管理人员来说，他们早已习惯对于纸质档案的管理和操作方式，而对于信息化的档案管理知之甚少，对于电子化信息的各种操作和管理来说更是一概不知。而对于新的档案管理人员来说，他们虽然对于计算机基础知识有着相应的了解，但是对于档案管理和操作的各种流程却知之甚少，这是现在档案信息化中所普遍存在的问题。目前，各单位之中的档案管理员仅仅是掌握基本的计算机操作知识，而对于专业的知识的学习和培训更是缺少，档系统出现问题之时也只能够联系专业的技术人员进行处理，极大地制约了档案信息化的发展。

3. 软件的工作基础和应用相对的较为薄弱。虽然大多数的档案馆之中购买了相对较为优越的硬件系统，但并没有系统的对其进行管理，对其的后续的更新问题和兼容性问题并没有加以考虑，并且知识利用这些硬件系统来实现一些简单的操作，并没有真正的了解这些硬件系统，没有发挥出这些硬件系统对于档案管理的真正的作用。

4. 面临着网络环境对于数据安全的威胁。现在的网络环境是非常复杂的，可能一条小小的消息就可能使得系统面临病毒的威胁，使得数据遭到泄露，虽然能够依靠计算机系统会中的防火墙对于有害的信息加以防范，但是却只能被动的面临风险的存在，而个人的信息档案之中所包含的个人信息是非常重要的，一但泄露，后果可能很严重，但是，现在的防护手段单单只是从技术层面上加以防范，且防护的手段比起信息的高速发展来说依旧是力有不逮的，不能够全面的杜绝信息的被窃取，这是档案信息化所要面临的风险所在。

（三）档案信息化的发展重点

所谓档案信息化，就是在国家档案行政管理部门的统一规划和组织下，在档案管理活动中全面应用现代信息技术，对档案信息资源进行处置、管理和为社会提供服务，加速实现档案管理现代化的进程。换句话说，档案信息化是指档案管理模式从以档案实体为重心向以档案信息为重心转变的过程。

1. 重视档案信息化的标准建设

将档案的信息化工作加以规范，完善其中的各项要求，并且始终坚定不移的贯彻制度要求，责任落实到人，这是档案信息化的发展的首要任务。各级档案部门之间应该加强各自之间的联系，分享个自己的档案信息化之间的管理经验，按照相关的电子档案管理规定，保证档案的管理的安全，保证档案信息的真实和完整。

2. 加强档案信息化之中的基础设施建设

将于档案信息化有关的相关设施于档案信息化有利的结合起来，满足现在档案信息化发展所需要的要求。

3. 建立完善的档案信息化系统

档案信息化要全面的发挥其所有作用，其中必须需要完善的系统来支持，其中包括档案信息化中对全文，图像信息，数据统计的等功能的完善，利用自身的强大的数据库，满足用户的各种需求，为用户提供现代化，个性化的服务。

4. 提高档案管理人员自身的专业素质

档案信息化的发展离不开专业人员的努力，档案管理人员应该更加主动和积极地认识到自身的知识的不足，在其思想之中应该意识到档案管理信息化的重要性，应时刻的注意对自身的知识的补足，与时俱进，积极地使自身适合于档案信息化的发展。面对着当今时代发展充满挑战的时代，档案工作者应该认清形势，以积极地态度面对挑战，不断地提高自身的专业素质，针对性的对档案的信息化进行发展，符合当今时代的要求。

（四）档案信息化在当今时代的意义

档案信息化与传统的纸质档案其优点显而易见，能够发挥出比起纸面阅读更优越的作用，如，远程服务，资源共享等，其时效性的特点发挥的淋漓尽致。档案管理人员只有对档案信息化的知识熟练掌握，才能够使得档案信息化在当今社会的发展之中发挥出其应有效用。

1. 对于档案的管理更加的便捷

对于传统的纸质档案来说,在档案的收集和管理方面其所要花费的时间和精力是非常大的,而对于档案信息化来说,精力和时间的大量浪费是基本可以忽略的,而且其效率比起传统的纸质档案来说更高。仅仅需要一次录入,电子档案就可以及时的分享给各个方面,使得工作效率得到提高,而且可以在需要纸质档案是非常容易的打印出来,极大地方便了人们日常的各种工作需求。而且这种方式可以使得档案人员更加有效,全面的对档案进行管理。

2. 查询和使用更加的方便

在对需要的档案进行查询的时候,档案人员需要从大量的纸质档案之中一页一页的进行查找,然后再根据自己查找的结果前去寻找,效率极低。而对档案惊醒信息化的管理之后,档案人员可以在人们有需求之时及时的查询档案,极大地提高了工作效率。

3. 职能部门整体的效率提升

在档案的信息化之中,档案人员不必再进行繁重的手工劳动,不仅仅只是再充当打字员和保管员的身份,而是能够真正的发挥自己作为档案人员的作用,更好的进行档案的整理和管理工作,使得整个部门的工作效率得到提高。

4. 提供给人们更有效的服务

在进行档案的信息化管理之后,档案人员能够在有网络和计算机的情况下随时随地的提供给人们及时的服务,使得工作的效率得到极大的提高。同时也能够使得档案人员能够更好的进行对档案信息化进程的进行创新,提高竞争力,使得档案管理的职能范围得到进一步的增强。

总而言之,档案的信息化的意义是非常重大的,但其建设也是非常复杂的一件事情,需要相关人员进行长期、细致的工作,不断地对于档案信息化系统进行完善和增强,但在其发展过程之中,要结合现状进行稳步的发展,不能追求速度,应结合当代信息化发展的进程,统筹安排全局,为保证档案信息化的稳步发展,实现档案信息化的安全发展而不断地努力。

三、档案信息化管理的主要内容

档案信息化是在当今信息化时代发展的大背景之下催生出来的理论与实践相结合的产物,其核心内容为档案资源内容的信息化,并随着档案信息化的发展其工作体系得到进一步的完善,主要内容有:

1. 技术信息化

在这个信息时代飞速发展的前提之下,各行各业都在追求着技术的信息化,而档案管理本就作为一个具有着信息管理职能的部门更应该注重信息化的发展,将档案资源信息通过就计算机技术加以传输和保存,并通过信息化平台将这些资源整合为数字化信息,可以对这些档案资源进行更为有利的保存,实现档案资源的共享,是当代社会档案管理的主要发展趋势。

2. 管理科学化

即结还乐意利用合社会的发展特点和档案工作的客观实质规律运用科学的方法对档案信息化的发展进行合理的布局和组织,将全新的社会发展理论与成果运用到档案信息化之中,在科学的、正确的引导之下,使得档案的信息化健康,有序的的发展。除此之外,同样可以采取经济和行政的手段促进档案信息化的发展。在适当的时候采取适当的方式方法,使得档案信息化在信息化的时代之中科学化的进行发展。

3. 人员的专业化

在信息化发展之中固然需要技术的信息化和管理的科学化,但更需要坚持"以人为本"的原则,只有专业人员的不断进步,不断提高对自身的要求,注重于对新的知识的学习,使得自身的结构体系更加的合理,满足现代档案信息化的发展的各种要求,使自己能够更好的适应社会形势的变化。

4. 服务的社会化

随着人们愈发的理解到自身档案的重要性,对于档案使用的群体也正逐渐的发生着变化,公众和社会组织对档案的利用频率更加的频繁,而经济活动对于档案的利用也在逐渐的增加,随着档案信息化的进程不断地得以开展,对档案的利用效率必将会出现进一步的提升。

第二节　通用软件的开发与应用

一、档案管理软件的开发进程以及现状

我国档案的软件的开发和应用开始于20世纪90年代。随着档案的信息化发展取得了很大的进步。就目前为止,市场上的档案管理的软件其主要有DRAMS超越2000系列档案管理软件、清华紫光集团开发的《清华紫光电子档案管理系统软件TH—AMS》(如图7-2-1)等。

图 7-2-1 清华紫光电子档案管理系统

档案软件的开发过程其主要是经历了以下几个发展过程

第一阶段,档案管理软件产生于 20 世纪 90 年代。其主要是适用于 286、386、486 等计算机的操作系统,这种系统的管理基本上是单机进行的,并且其只是对目录的一个存档和管理。

第二阶段,是 1994 年档案管理软件的诞生。这个阶段产生的软件其主要是适用于 486 以及早期的计算机,操作系统为 windows3.1(图 7-2-2)。与第一代档案管理软件相比,第二代管理软件其可以实现网络的管理。

图 7-2-2 windows3.1

第三个阶段,档案管理软件产生于 1996 年。主要是适用于 Pentium 以及 Pentium Ⅱ(图 7-2-3)这一种类的计算机。其操作系统是 windows95/98/NT,并且其在使用的过程中可以和一些办公类的软件一起使用。并且其实现了档案馆和档案室的文档一体化,实现了互联网技术的引用。第三代档案管理软件相比第二代管理软件支持单机、网络、资料的共享。

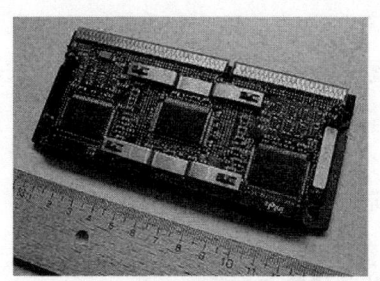

图 7-2-3　Pentium Ⅱ 处理器

第四个阶段，是在本世纪初，是在 windows 环境下通过数据开发是吸纳的，系统的运行环境是在硬盘 300M 以上的使用的，其具有语言开发、系统更加稳定，多种操作系统的特点。并且其可以实现对大数据的管理，提高对其的数据信息的档案的管理效率。

档案管理的过程中，其主要是根据的开发的档案管理的软件进行的各种应用，并且随着开发的不断的完善，其技术水平得到了显著的提升，但是其中仍然存在一些问题，制约着档案的管理，其主要是在技术、人才、管理方面。

就管理而言，档案管理软件其在开发研究初期，因为其自身机制的不完善，在其科学、合理性方面缺少标准化，各种制度和管理的方式并存，没有形成统一的管理方式。并且加上当时人们对其的认识的差异，导致人们对档案软件的开发和管理侧重点不同，这就形成了档案管理的五花八门。在档案软件的适应过程中，其安全性、灵活性各有不同，并且在数据的格式和其功能的设置上有很大的不同，这就会相应的提高其在管理上难度。并且，会因此其档案资料的格式的不同，在不同的部门之间不能进行有效的衔接，导致其交换或者是获取的信息的过程总是需要重新的编辑软件，或者是出现重复性的开发现象。导致档案部门的管理的效率很低，工作人员重复劳动的现象。

就施工的技术而言，我国当前的档案的管理软件在其的开发技术方面面临着良莠不齐的现象，即有很多的软件的标准建设不同，其或者是在性能或者是在功能上，就会出现狠毒偶的不稳定现象，这种现象的存在严重的影响了用户的查找的效率。并且，有的企业或者是公司想在这个机会下趁机获得一次性的商机，还有的企业或者是公司的实际的开发技术并不强，或者是其经营没有经验，导致档案管理的软件在开发过后，没有后期的保证性服务。

就人才的角度来看，我国在档案软件部门熟悉档案管理和计算机知识的复合型的人才比较少，要不然就是档案学专业的人才，但是其在计算机的领域并不精通，或者是计算机专业的学生对档案的了解并不透彻等，两方不同的专业的人在交流上存在一定的障碍。这就使得档案的软件的管理会存在一定的缺陷，使其不能有效完善。

除此之外，基础理论性知识研究不成熟，档案部门对新的科学技术的了解并不透彻，在激烈的竞争中，不能主动的提升自身的竞争实力，这也是制约着档案管理软件开发的一个很重要的原因。

二、档案管理软件的优化措施与对策

当前国家档案管理部门已经根据档案管理的需要对其软件的功能出台了相应的规定《档案管理软件功能要求暂行规定》，对计算机管理涉及到的企业的档案、机关、等必须要具备相应的功能。对档案软件在数据的保存格式、数据的安全、数据修复或者是数据的维护等方面有了新的规定和要求。概括来说，其在不同的技术性能方面就会有不同的要求，并且其在技术性能上，档案的管理软件应该具备以下特点：

（一）功能齐全，性能稳定，专业性强

1. 具有"跨平台移植性"，可以适应不同的平台和网络环境。

2. 体现文档一体化原则，系统涵盖了整个档案管理的全过程，实现了文件的登记、检索、编目等一体化。

3. 采取一次登记，无限使用的管理模式，用户只需要进行档案信息的基本录入即可。程序可以实现自动处理。

4. 用户可以实现自定义表格设计，新增了删除、统计、打印等功能。

5. 系统有多种条件检索和智能模糊检索功能。

（二）确保安全，系统应分级管理安全策略

1. 原文档档案资料在压缩后存入数据库应该加密，防止操作失误导致其修改、泄密等问题。

2. 系统应该对其的功能进行设置，同时应保证系统的管理是按照层级进行的，一级一级的设置其管理的权限。

3. 系统的事物的追踪，应该进行登记，实现其对用户的阅读数据的各种信息的反应处理。

（三）具有较强的扩充性、兼容性，采取组件设计、定制和通用相结合

1. 系统管理对象无限的扩充，用户可以实现对其的不同的文件信息的资源的增加。管理不分等级，直接对其进行用户需求的分类。

2. 提供数据的接口，实现在不同的数据传输和转换。根据新的用户的信息或者是版本对其进行历史资料的转入。根据新的版本信息，用户可以实现自动升级。并且，升级后的版本应该具有兼容性的功能。

3. 系统的菜单的设置应该是动态的并且是智能性的，这种菜单的设置应该会符合相应的用户需求以及菜单的调整原则。

4. 系统应该对其接口进行有效的调节，实现对其的用户的不同的需求的满足，同时可以和不同功能的光盘、扫描等进行刻录，实现对其原始性文件的压缩，同时对其的元件可以进行相应的复制或者是存储。

（四）图文并茂，直观易学

系统的应该采取一些图形的接口，这种资源的管理模式，可以有效的简化其过程。同时软件系统应具备相应的使用说明手册，同时对其的管理系统人员和其安装人员应该同时具备对其的信息的了解，这样就会实现在线对用户的使用的帮助或者是指导。这就实现了不同的人员在使用的过程中，可以根据说明书自行的安装，自行的学习。

档案管理软件的优化是档案馆建设的一个很重要的方面，加强对其的档案的信息的管理和对其的建设就需要对其投入大量的资金的支持和技术的支持，实现其和社会发展的脚步相适应，同时应该提高其对的政策上的引导。

一要加强宏观管理，研究制定规范标准

国家的相关的管理部门应该尽快对其进行电子化档案的管理，包括对档案的接收，保管，实现对其的技术和方式的有效的利用。根据当前市场建设，对其对电子档案的信息化管理制定相应的标准和规范，明确规定计算机管理的内容，通过对档案信息的检索、管理、编目、统计、检索，实现其档案工作管理的有效性的建设，实现对其的档案的标准和实施办法的整理。应该提高对档案软件开发管理的重要性的认识，将其作为现代化国家档案工作建设的一个重要的内容，根据我国当前档案现代化管理的要求，对其制定全国信息化的档案建设工作，实现对其的档案的统一的管理，防止其出现各自管理，各行其是的现象。同时对全国的信息化的建设进行宏观的指导，实现对整体的档案软件的管理和开发的推进。

二组织技术攻关，推广应用先进成果

开发档案的软件保证其统一、规范是当前节约档案软件管理的成本，提高其经济效益，减少浪费的有效的方式和途径。把档案管理的软件中的相对的符合规范、统一的、软件作为其开发的重点的项目，实现对其的科学性建设的全部的投入，这样有效的提高其全国范围内的档案软件的管理，在推广的过程中，不断的完善其存在的问题，充分的发挥研发的成果。

三要重视以人为本，加强对人才队伍的建设

知识经济的发展也可以说是人才的发展。在档案软件的研发和推广的过程中，其对人才的需求很大，尤其是对复合型人才的需求，这就需要我国抓紧对人才的培养，通过全面的发展，提高对人才的不同领域内的培训，有效的发挥其在专业技术和在不同的管理的方面的人才的培养，实现对其的档案软件开发和管理的过程中，对专业人员和专业的技术人员的支持和对其的计算机的应用水平的提升，同时对进算计、网络等信息技术方面的优秀的人才的招聘和培养应该是目前档案软件开发管理的重点。

四要坚持实事求是，强化监督管理机制

为了有效的保证档案软件开发的质量，国家的相关的部门对其应该制定相应的规范性的要求，比如《计算机软件开发规范》、《计算机软件产品开发文件编制指南》等，这些规范的出台是对档案软件研发的规范性和其功能等方面的有效的要求和规定，同时对软件的制定的相关的规定，必须要严格的执行，对于不按照国家规定开发的软件，质量或者是安全不能达到国家要求的软件要坚决的禁止使用，不能予以鉴定。

综上所述，提高档案管理过程中的软件开发的灵活性、稳定性、安全性，对软件的基本的功能进行有效的维护，同时完善其存在的一些问题，尽可能的实现其在档案的收集、整理、保管、使用的过程中的管理的规范，明确计算机的使用的标准，保证按照档案软件的开发等要求执行相关的规定。

第三节　电子文档的鉴定

信息技术快速发展的今天，电子文件成为必不可少的工具而大量产生，为人们记录信息传达信息和留存信息。在这种发展趋势下，电子文件的管理和鉴定工作就显得格外重要。鉴定作为电子文件管理中最难也最具挑战性的环节，无疑成为档案界对电子文件时代挑战的一个重要课题。传统的鉴定方式对发展日新月异的信息技术来说显得乏力，尤其是电子文件鉴定中，由于电子文件本身的内在特性和鉴定工作本身所需的专业性，还有各种因素的影响，给电子文件鉴定工作带来一定难度。

在档案管理工作之中，文件的鉴定是其中重要的一环。而电子文件的大量出现又加大了鉴定工作进行的难度，也对传统鉴定模式带来了巨大的冲击，而电子文件本身的特性也导致了其鉴定方法与传统的鉴定模式有所不同。本文主要是通过通过对于电子文件特性的分析，对电子文件的鉴定方法和鉴定工作之中的各种内容进行系统的分析，进行简单的探讨。

一、鉴定的内容

现代电子文件鉴定与传统纸质文件鉴定的区别一般来讲，档案文件的鉴定主要包括其内容的价值鉴定与原始性即真伪鉴定。对于传统纸质文件的鉴定来说无论是信息还是载体都不是相互独立存在的，若要拆分或者组合都会有一定的蛛丝马迹，然而万变不离其宗，因此鉴定工作的主要侧重点就是对其主要内容的鉴定即价值鉴定。

除年代久远的档案外，鉴定文件所需的技术状况和载体基本上很少考虑。然而对于电子文件来说，其信息内容很容易与原始载体脱离，在脱离原始载体基础上，将信息嫁接在其他另外结构框架之中，表现为在其他载体中不留痕迹的转移，很难区分原件与所谓的''类原件''；与此同时信息在脱离载体转移过程中其内容很难确保其准确性及其内在所表达信息的本质性，这些所出现的问题使电子文件的原始性鉴定工作显得困难和复杂。可靠性和完整性鉴定是电子文件的原始性鉴定中最重要的两个部分，它的鉴定主要通过技术手段来完成。所以电子文件的内容鉴定和技术鉴定成为其主要的两个方面，即形成了所谓的电子文件的双重鉴定。技术鉴定包括对电子文件的各方面技术状态进行全面的检查，包括硬件和软件，硬件包括载体、网络连接设备等，软件包括如件的可读性、可靠性、完整性、有无病毒等。而在内容方面的鉴定电子文件与传统纸质文件的鉴定方式基本是一致的，都是把工作的核心放在文件所包含的内容与其结构形成上。

二、鉴定程序

文件的鉴定程序本身是和文件的生命周期相对应的。传统的纸质文件的生命周期主要划分为四个阶段即形成、现行、暂时保存和永久保存。相对应的鉴定程序也分为四个层次：

（1）第一次鉴定在文件在完成归档时进行最初的鉴定，确任其是否有保存的价值确认；

（2）第二次鉴定对到期的档案档案室应对其鉴定，已确定是否有继续保存的价值；

（3）第三次鉴定为移交进馆时以确定是否进馆；

（4）第四次鉴定档案馆需对保管期满的保存不当的档案进行调整、销毁。

传统的纸质文件和电子文件鉴定在鉴定起初就有所区别。前者需对文件处理完毕后将文件文件集中起来进行鉴定；而电子文件的鉴定在其形成之前或在形成之中就已经在鉴定，即实时鉴定。此后的几次鉴定，除了电子文件要考虑载体和安全外，二者是比较类似，都侧重于内容。

(三)鉴定方职能鉴定法

现代职能鉴定法是指根据形成文件的职能活动,重点分析形成者的职能、工作计划、所参与进行的活动以及活动过程中的有机联系和业务的重要性,来判定电子文件的价值。传统的鉴定法为直接鉴定法,但因为这种鉴定方法只能够以单份案卷进行工作,不满足于当代社会之中文件鉴定的要求,因而,经过档案学家们的不断探索,职能鉴定法就此出现,这是一种不同于传统方法的鉴定方法,其对于文件的处理不再是以单份进行,而是批量的进行,效率极高,因此,职能鉴定法是当今社会之中的到大家广泛使用的方法,而经过一段很长时间的发展,职能鉴定法越来越完善,使得职能鉴定法得以更进一步。但是,直接鉴定法并不是毫无用处,其在纸质鉴定之中的应用也有很高的应用,只是直接鉴定法和职能鉴定法所侧重的方面不同。职能鉴定法不可能完全的完全的取代直接鉴定法,而且两者之间并没有本质上的区别。在文中统一使用职能鉴定法。

(四)鉴定标准和鉴定人员

文件的鉴定主要是根据文件来源属性和社会需要标准来进行,即通过对于文件的综合性分析,全面的把握其价值。但是仅仅依据这些标准来鉴定是远远不够的,其中还有一个重要的标准:技术标准,这是由电子文件本身的特性所决定的。正是由这个技术标准的限定,对于鉴定人员的要求也是提高了要求,相比于传统的鉴定方法来说,职能鉴定法需要进行信息技术的操作,因此,信息技术专业人员是必不可少的,他们在电子鉴定中所发挥的作用是非常重要的。

(五)鉴定特点

由以上所述,可以知道,坚定地特点主要是由以下几点:一是具有多样性,主要表现在其范围的扩大,综合性的对于文件进行分析,而且,鉴定工作还和其他工作之间紧密的结合,共同发挥作用;二是其连续性,鉴定工作不是一次完成之后就可以长期使用,随着文件的之中信息的变化和载体的不同,需要对其进行重新的鉴定。三是其离散性,鉴定责任不是由一人承担,而是由多个部门之间一起承担,需要多个部门之间通力合作,建立紧密的联系,文件的鉴定质量才能有保障。

2. 电子文件的内容鉴定

在电子文件的鉴定过程之中,内容鉴定和技术鉴定报告相辅相成,缺一不可,其中内容鉴定是决定鉴定工作的质量的关键。只有借助于科学有效的方法,才能准确的判断数量庞大、联系复杂的电子文件留存与否,并预测其保存年限。

电子文件的技术鉴定,一般包括以下几个方面:

(一)真实性鉴定。鉴定电子文件的真实性,主要是认定文件是否就是当时当人当事形成的,可以将真实性理解为"原始性"。

（二）完整性鉴定。完整性鉴定可分为检查文件要素和检查要素集中手段两个方面。前者是指利用有效的技术手段，对照元数据模型，检查一份文件各个要素是否完备。后者是指分析联系一份文件各个要素的手段是否有效。

（三）可读性鉴定。可读性鉴定是电子文件技术鉴定的重要内容，目的在于确认电子文件中的内容可以正常读出，没有丢失和差错。为此，不仅需要确认文件在形成时的可读状态，同时需要分析其是否具备日后多次无差错读出的技术性能。

（四）无病毒鉴定。可运用病毒检测软件检测归档文件和归档介质是否携带病毒。文件的来源是很多的，因为其来源甚广，所以，其中被病毒入侵的可能性也就变得更大，而档案部门之中的各种信息都是非常重要的信息，一旦这些信息遭到泄露，其损失将会难以估量，应该注意应用各种杀毒软件对文件进行安全监测。

（五）载体状况鉴定。电子文件的载体是保存电子文件信息的重要平台，如多这个平台有所损坏，势必会对文件信息的安全产生威胁。应注重对于电子文件载体的日常检测和维护。

3. 电子文件的处置

电子文件鉴定的最终结果表现为对文件保存与销毁的选择和对留存文件按照保管期限予以保存。电子文件处置工作主要分为两大类：销毁和保存。

（一）销毁。电子文件的信息是非常重要的，如果销毁的不够彻底，导致其中的部分信息泄露的话，可能会造成非常严重的后果，所以，电子文件的销毁应采用与文件密级相适应的方法。

（二）保存。保存的方法是多种多样的，其中可分为四种保存的方法，一是可以保存在文件管理系统之中；二是可以脱机保存；三是缩微，即借助微型缩成设备将文件信息缩小成微小的微缩胶卷；

4. 电子文件鉴定的程序

由于电子文件本身所有的特性，其电子文件的鉴定程序势必与传统的电子文件鉴定程序有所不同。电子鉴定一般可分为物理层和逻辑层两个部分，而传统模式一般只有物理层。

传统的电子文件大致可以划分为四个阶段，第一个阶段也是第一次鉴定，是在文件建档时进行的，主要保证文件具有其保存价值；第二阶段即是对于档案的可存性进行鉴定；第三阶段是对于文件是否有进入档案馆的资格进行鉴定；第四阶段对于保存文件进行期满鉴定。传统的鉴定模式鉴定文件价值是以文件实体为准，来鉴定文件的价值。这种鉴定是属于物理层的范畴。而逻辑层鉴定是指以职能鉴定论为基础。从概念上来鉴定文件是否具有可存性进行鉴定，而非是价值的内容，不需要对文件的实体进行鉴定。

电子文件不同于传统的纸质文件，这些由若干的数字信息经过瞬间的逻辑所组成的电子文件是不稳定的，如果不能及时的将其记录、拷贝到硬盘之上，这些信息很可能转瞬即逝。而且，许多电子信息具有动态删除和定期更新的特点，如果不注重电子文件的鉴定归档问题，也有可能使得电子文件信息被删除或者出现损坏。因此，电子文件鉴定的最合适时机就是在信息系统设计之时进行，而非传统的纸质文件在文书处理程序完毕之后进行。但是，虽然最合适的时机在此，但是因为其时机很难把握，所以，在国际之中仍未有成功的案例来参考。所以，如果未能在该时机之中进行鉴定，便可在电子文件的形成阶段加以弥补。

电子文件除了逻辑层上的鉴定，还包括有物理层上的鉴定，而且可分为四个鉴定阶段。第一次鉴定主要是对电子文件的价值进行的鉴定；第二次鉴定电子文件的内容鉴定和技术鉴定；第三次鉴定是对于保存文件进行期满鉴定，但是为了电子文件信息能够长久保存，需要对其进行定期的复制，在鉴定工作之中，可以将两者结合起来，在鉴定之后在进行复制，如果文件本身没有相应的价值，可以将其删除销毁。第四次鉴定对于文件是否有进入档案馆的资格进行鉴定。

文档的鉴定随着随着社会的发展不断地进步，但其依然是档案工作之中的薄弱环节，我国至今为止还没有建立起完善的档案鉴定制。但随着档案鉴定制度的不断完善，可以预见，未来的档案鉴定工作速度必定是快速的。所以，有关机构应该加强完善鉴定工作管理制度，保证鉴定工作的稳步发展。

第四节　档案信息安全技术

一、信息的识别和鉴定

管理档案时，最首要的就是鉴定档案，一般来说我们所说的档案鉴别是对当前档案价值的估计和专业的评价，其中一般包括三个方面的内容，详细如下，首先一点是制订鉴定档案价值的有关标准，包括单项规定和档案保管期限表；其次我们还需要具体判定档案材料的价值，确定其保管期限；最后便是挑出无保存价值的保管期满的档案，按规定进行销毁或作相应的处理；当然除此之外档案的鉴定还有一些其他的内容，例如档案的真伪的鉴别等，但是在档案界的鉴定工作中，档案价值的鉴定是最主要最常见的，所以这里我们便直接称档案价值额鉴定为档案鉴定。档案鉴定对于档案管理工作而言十分重要，小方面来说它可以优化档案馆馆藏，节省人力、物力等资源，大方面来说档案鉴定有利用落实科学发展观、推进社会信息化等。

那么我们为什么要对档案进行鉴别呢，首先呢我们是为了通过这种科学的方法来确保档案材料的真实性；其次是为了通过验证来检测需要保存的档案是否完整；最后我们可以通过档案的鉴定来检测档案的收集整理工作的工作效果是否达标。

所谓确保真实性要求鉴别人员将鉴别工作做到细致化，详细到每一份档材料，要进行适当的评定，讲那些可以真实地反映材料真实情况的材料真实完整的保存下来，而讲那些虚假，或部分虚假的材料要选择性的提出哪些虚假的部分还原真实情况，防止以后给阅读本材料的人提供不真实的依据；而通过验证来检测档案是否完整则是因为不完整的档案会带来很多不利的影响，毕竟保存档案时需要成本的，没人愿意自己花了大价值保存的档案到头来却是不完整的没有什么价值，同时不完整的档案也会影响到相关部门或者是机构真实全面的了解历史，但是通过相关人员鉴定以后，可以从多方面对材料的相关属性进行分析，例如档案的体系，档案的内容，档案额时间，档案的相关认证物证等等，通过对这些材料进行专业化的分析，可以以此发现材料中缺少了什么东西，那些内容不够真实，或者是格式等有错误，从而做到及时的补充修正，以避免对之后造成不便。最后的一点便是鉴定工作可以促使工作人员的收集材料的过程中注意工作质量，谨慎严格地审查材料，必要时一定要剔除那些不合理，价值低甚至是不必要的部分，规范收集，务必保证进过鉴别的材料规范化，有序化，从而使得材料简明、；简练，易于管理。

除此之外档案工作也有一定的原则，档案工作必须遵循"取之有据，舍之有理"的原则，这个原则要求档案工作人员在实际工作中做到具体分析，根据形成材料的历史条件、材料的主要内容、用途及其保存价值，来确定材料是否归入档案。而具体到档案的鉴定时，首先需要判定材料是否属于归属地材料，还要判断每个材料是否属于相应应归入档案的内容。期间需要格外注意审查材料是否手续完备，如过材料中有不符合档案信息要求的或是手续不完备的档案信息，需要通知相关人员到相应的部门补办和补送完整有效的手续，直到补办完毕且符合规范后才能惊醒正确的入档。

二、身份识别

当今世界信息技术高速发展，大数据虽然刚刚起步但同样在大步的跨越式的发展进步，生活中到处都是数据，我们的生活工作处各种信息都被抽象成数据，各式各样的人从各种各样类型的数据中，快速获得有价值信息的技术的能力，包括数据采集、存储、管理、分析挖掘，其中有各种形式的数据，甚至包括一些敏感或者是隐私的数据，然而现实中这些数据在收集，存储，以及使用的过程中面临这各种不法分子的觊觎从而面临着诸多的风险，这些网络不安全问题会给用户带来各种困扰，很多不法分子会冒充当事人的身份去通过危害当事人的安全或隐私而实现自己的私利，因而身份识别便成了其中最为关键的一环，如何实现有效的身份识别是关键。

1. 使用口令式身份识别技术

口令式身份识别是一种通过口令传达来进行身份识别的方式。它的优点是比较容易记忆，具有较强的个体化特征，所以不容易被别人破解。它作为一种较为古老的模式，一直被人们广泛应用，但是它也有它的不足之处，就是容易被一些有意破坏者破解。所以制定一些防止口令泄露的措施是很有必要的。

虽然，从理论上来讲，对于申请者们，记住自己设置的口令是必须的，也是较为容易的。但是实际上，很对人旺旺都是做不到的，有的由于长时间不用，所以一时想不起来，有的由于自身的记忆力有限，而又没有记录下来，所以也是忘掉了当初的口令，所以这也是其缺点之一。尤其是当多个用户共用这一个口令的时候，一旦忘记，就会带来相当大的麻烦，所以为了避免这一事件的发生，用户们可以采取短时间内变换口令的方式，同时这一方法也能有效的减少信息泄露的可能性。一个好的口令不仅可以保证用户信息的安全性，而且也能够很好的适应当前电子信息时代。口令式身份识别只适用于一般的系统网络中，要是想要在更高级的系统中进行运用，那就需要对原有方式进行升级，否则极易被一些有心人攻击，甚至是破坏。更好的方法就是使用智能卡识别。

2. 智能卡识别

智能卡是比口令识别安全性更高一级的技术方法，它是由一种智能芯片合成的。在这种只能芯片里边，有档案信息的相关数据。这些数据是经由相当复杂的操作程序整理出来储存在芯片中。这种智能卡由于体积较小，所以是很方便携带的。当档案信息使用者想要查看某些信息的时候，就可以直接使用智能卡，来读取所需要的信息，以此来验证身份。这些都是智能卡的优点，换个角度来看，它的优点也可能会变成缺点，正式由于它的体积过小，所以更容易造成它的丢失，而且，一旦丢失了，里边重要的信息都可能会随之烟消云散，更严重的是，如果智能卡被某些同行业人捡到的话，很可能会导致重要文件的泄露。但是与口令式识别技术相比，它使用起来还是更加方便，同时安全系数相对来说也是较高的。

3. 图像口令技术

图像口令技术是相对于文本口令技术而言的，文本口令技术是一连串的文字或是数字组成的，而图像口令就是由一系列的图像组成（图7-4-1）。这种技术手段，很好的弥补了文本图像难以记忆、输入不是很快捷的缺点，图像口令技术只需要用一系列图像的组合作为口令输入到系统中。因为图像记忆起来，更具有趣味性，所以相对文本来说还是比较容易记忆的，同时安全性系数大大提高了，要想破解图像口令就得需要较高的技术水平。所以相对前两种技术手段来讲，图像口令技术是最为安全的。图像口令技术也有它的特征，一部分图像是根据相关的数据处理得出来的，它具有很强的个体行为特征。这一点是区别于传统信息识别的单一性的特点。另一个特征就是生物识别特征，它是与人体特征或是行为有关的。通过这些来进行识别，其准确性可想而知，为信息验证提供了准确的依据。

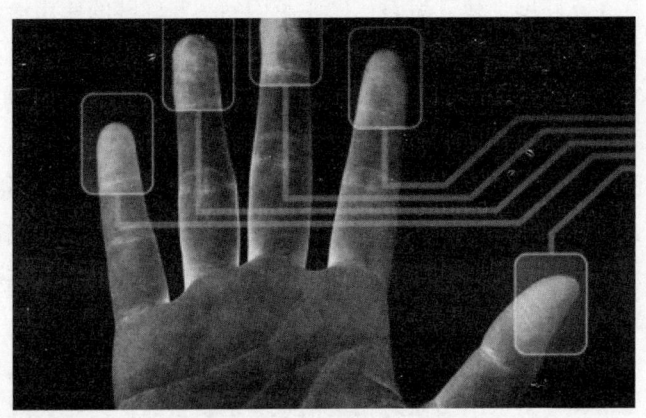

图 7-4-1 指纹识别技术

三、信息维护与备份

档案备式进行复制，建立副本，以便在档案、档案信息管理系统及电子数据遭受破坏或其他特定情况下，档案信息不致丢失，以减少灾害对档案造成的损失。目前，档案数据库系统面临着许多不安全因素，包括一些意外事件的发生，比如：地震、火灾等，或是人为因素，比如：计算机、网络犯罪、病毒、软件错误、系统崩溃、硬件过时等。如果档案的备份数据做的比较完善，那么在发生文档遗失的情况下，就可以启动备份数据，就可以很好的解决问题，如果没有完成备份工作，那么就只能眼看着储存的档案信息丢失。因此，在档案数据库管理中，要积极实施档案数据库的备份管理。做好档案、档案信息管理系统及电子数据的备份，是抵御突发性自然灾害破坏、确保档案安全的一项重要措施。各级档案馆必须建立完善有效的备份机制。

1. 档案备份的基本原则

档案馆需要对一些重要的档案以及电子文档实行异地备份和异质备份，确保电子文件能够长期使用，来确保档案信息资源的安全性。地级、县级档案馆的异地备份工作由省级档案行政管理部门确定。对所有的已经通份，就是对档案、档案信息管理系统及电子数据采取某种技术手段和方过多种形式复制件的档案原件要进行封存，一定时间内对文件进行，没有特殊需要，不再对外提供利用，以防止档案在利用中受损。

四、网络安全

随着网络互联网的迅猛发展，网络经济广泛应用于社会科学的各个方面，众多档案相关部门都在互联网上建立里自己的主页网站，互联网的使用给档案部门提供来了巨大的便利以方便档案部门宣传自己，给外界一个接受了解自己的窗口，同时也可以方便档案信息资源在网络中的快速流通。然而随着网络化的普及，相关网站逐渐增多，网络犯罪也发生的越来越多，网络安全问题也越来越突出，然而很多很多档案相关部门片面的追求效益，只追求档案信息的传递共享，却不在乎在传递过程中信息是否会面临危险，会面临什么危险，更不会去做什么措施，档案部门的这种不注重相关安全的行为给档案信息的安全带来的巨大的威胁，档案部门必须重视档案信息在传递共享过程中的安全问题，才不至于遭受到极大的损失。

档案信息的网络安全管理内容所含甚多，大致可做如下的阐述，首先是对领导阶层的要求，要求领导阶层踏实做好档案信息网络安全保护的相关规定，并组织员工认真学习，如实履行，同时要配备安全员，配置监督机构，形成高效的档案信息网络安全机制；其次是建立健全网络安全制度，明确每一个员工的责任；然后还要抓紧对前线基层员工的培训，给她们灌输新知识新观念，让他们明白网络网络安全的重要性和必要性；还要对档案的审核，保存等做详细记录，一边可以对促进员工认真履行安全责任制有好处同时可以方便随时的查阅；最后一定要做到坚决的定期的进行安全检测，风险分析等安全隐患的查询。

1. 常见的档案信息可能受到的网络威胁：

（1）电脑病毒

大家都知道木马等病毒对计算机可能造成的巨大损失，电脑病毒入侵电脑有各种各样的渠道，可以通过网络传输，可以通过用户下载文件中插入，可以在用户安装某些软件的时候安装，当木马被激发后会暗中将一些重要信息发送出去，或者是造成电脑死机黑屏等问题。

（2）不发分子会冒名顶替用户的身份：当用户的部分身份信息泄露以后，被不法分子获取后，会利用计算机接口登入，或者是用户的账号密码冒名进入用户空间去实现更多的入侵和获取私利。

（3）获取用户密码或登录口令等：不法分子会利用计算机技术盗取用户的密码或者是 登录口令等登录信息，从而现实自己在避开用户的情况下实现非法访问。

（4）私自篡改用户私人信息：这种安全问题则是不法分子在半途截取用户发送

的信息，从而获利或者是通过删除、修改、增加内容等方式篡改用户信息，而致使终端获取到错误的信息。

（5）信息泄露：档案在网络中或者是空间上传送的过程中存在着强度不同的电磁辐射，而一些懂电磁知识的不法分子会利用这种现象来获取用户信息从而造成用户信息泄露。

2. 常见的针对网络安全问题所需做的措施

（1）在用户端限制个人电脑的信息共享：一般情况下，电脑会默认开启电脑中部分信息在网络中共享功能，实现共享，会带来很多的便利，然而共开自己的信息必然会带来风险，尤其是一些安全意识淡薄的人在共开信息的时候都不会进行加密处理，致使任何人都可以随意的访问计算机的本地资源，这可能会造成巨大的危险，不止如此，即便是有了加密处理，然而还是可以被破解，用些人还是可以随意的访问本地的资源，所以说参与信息共享本就会存在很多的问题需要适当的限制。

（2）减少账号的使用量：由上文可知，基本上大多的安全问题都是在用户登录或者是使用账号的过程中出现的，所以如果我们在平时不必要的时候不要过多的使用用账号，这会从本质上降低安全威胁。

（3）设置复杂的密码或者是登录口令：很多的盗密软件都是在短时间内多次的尝试循环从而现实密码的破解，所以如果我们设置复杂的密码的时候，会造成破解软解难以在短时间内破解出密码从而造成其平台的进程阻塞，而降低密码被破解的概率。

（4）谨防恶意扫描行为：很多软件都会通过对系统的磁盘进行扫描，从而实现查找资源或者是清理垃圾，等行为，这一方面是一个巨大的便利，然后还有另一个坏处，那便是不法分子可以通过操控远程的磁盘扫描过程来全面的了解本地资源，这有事会比木马的问题更多，应为扫描是得到客户端权限的，他可以扫描了解更多的资源，从而造成更多的资源被盗取。

3. 网络道德与网络法规

无规则，不成方圆，面对档案管理过程中出现的各种不安全问题，一方面需要我们认真对待，谨防各种意外，另一方面法律法规的约束以及网络道德风尚的鼓励同样重要，这会从根源上限制不法分子的数量。现在是信息时代，然而发展的时间还是很短，很多东西还处于发展完善过程中，而网络道德和相应的网络法律法规同样处于发展完善中，由此而引发了一系列的社会和家庭问题。网络暴力、网络犯罪、网络色情等一系列的危害青少年健康成长的现象呈上升趋势，它已对青年一代的世界观、人生观、价值观酬处丰肺签镀奉僧斧吉产生了深远的影响。特别是小学生，他们处在身心发育都不很健全的时期，对外部的不良影响缺乏自我约束能力，很容易被网络中不良因素所影响,因而在信息技术课程中开展相应的网络道德教育,让大众明确是非观念、规范行为,是一项重要而迫切的任务。

同时为了实现文明安全的网络环境,建立正确使用网络的道德观念,我国先后出台了多部相关的法律法规,有《中华人民共和国宪法》、《中华人民共和国保守国家秘密法》等等,这些法律为多个领域的知识产权做坚实的法律后盾,这些领域包括计算机领域,通信领域,广播电视领域,书籍出版领域,新闻领域,印刷领域等等,然后对于犯罪行为以及犯罪人都会依据《中华人民共和国宪法》做出依法处理。除此之外,历时两年三审之后,11月7日,十二届全国人大常委会第二十四次会议表决通过了《中华人民共和国网络安全法(以下简称《网络安全法》),并将自2017年6月1日起施行,将全社会对网络安全的关注提到前所未有的新高度。

此次颁发的《网络安全法》将一部分重点放在了个人信息泄露问题上,明确网络产品服务提供者、运营者的责任,严厉打击出售贩卖个人信息的行为,对保护公众个人信息安全将起到积极作用。《网络安全法》作出专门规定:网络产品、服务具有收集用户信息功能的,其提供者应当向用户明示并取得同意;网络运营者不得泄露、篡改、毁损其收集的个人信息;任何个人和组织不得窃取或者以其他非法方式获取个人信息,不得非法出售或非法向他人提供个人信息,并规定了相应法律责任。

同时,《网络安全法》也更加重视关键信息基础设施的建设,提出如果是在保护国家安全或者是社会公共秩序的时候,在必要时可以对网络通信采取限制等临时措施。作为法治社会的一个公民,每个人都应该知法,懂法,守法,用法,积极参与网络法律法规的践行者。在没有经过本人的同意的情况下,不可以擅自浏览使用别人的私人信息,不得擅自读取别人的本地信息,不得擅自截取,修改,删除别人在网络中发送的消息;也不可以利用别人的网络或者是计算机设置等的漏洞,或者是利用木马、病毒等入侵别人的电脑等各种黑客或者是类同黑客的行为,违者将会以违反《网络安全法》、甚至是《中华人民共和国宪法》,受刑事责任。

第五节　加强档案馆安全保障体系建设

档案承载着"记录历史,传承文明、服务现实"的重要作用,档案的安全保管是档案工作最基本的任务。2009年全国档案馆工作会议提出的今后十年全国档案馆工作主要任务中明确提出努力把各级国家档案馆建设成为档案安全保管基地、爱国主义教育基地、档案利用中心、政府信息查阅中心、电子文件中心"五位一体"的公共档案馆。目前，在档案安全保管方面存在着注重档案实体安全、忽视档案信息安全，注重档案安全制度建立、忽视对制度执行情况的监督与落实，注重档案突发事件应急预案的制定、忽视应急预案的演练等倾向，要实现档案馆建设成为档案安全保管基地的目标，加强档案馆安全保障能力，构建档案安全保障体系尤为重要。

一、明确档案安全防范重点，保证档案安全保障体系切实有效

档案安全保障体系建设从宏观上说是一项庞大的系统工程，涉及基本理论、基础设施、制度保障、技术支持等诸多方面；从微观上讲贯穿于档案管理的各个环节，是关系到档案实体与信息安全的重要保证。具体到每一个档案馆，在建立各自的档案安全保障体系中，统筹兼顾，重点突出。对照不同类型的档案安全事故，针对不同的档案载体、不同的保存状况、不同的存储环境等因素，找准安全隐患，明确档案安全防范重点，制定行之有效的档案安全保障方案，打造切实可行的档案安全保障体系。

二、加强档案馆库建设，为档案安全打造第一道防线

档案馆库是档案安全最重要的保证。但是由于受经济发展阶段所限，多年来，各级政府对档案馆库建设的投入不足，档案馆库建设普遍存在以下问题：一是馆舍面积严重不足。以吉林省为例，全省70个综合档案馆建筑面积低于1200平方米的有39个，占比65%；库房面积不足500平方米的有53个，占比88.3%，有的档案馆建筑面积不足百平方米。《档案法》赋予的档案接收保管等业务工作无法正常开展。许多符合进馆期限的档案保存在各立档单位中，造成极大的安全隐患。二是档案的安全保管得不到保证。很多档案馆建于20世纪80年代末90年代初，距今20年左右，且不是按《档案馆建筑设计规范》修建，多年没有进行维修，雨季室内漏雨，库房湿度过高；水暖管道锈蚀，电路老化，存在火灾、水灾隐患；没有安全监控系统、自动灭火系统，档案保管条件较差，档案的安全保管得不到保证。三是档案馆舍结构不合理。很多档案馆为非独立馆舍，与当地党委、政府或其他单位同楼办公，馆舍结构不符合档案馆建设要求。

近几年，档案馆舍建设越来越引起重视。很多省份都在预算内安排了馆舍建设补助资金，用于档案馆舍的新建扩建和维修改造，取得了一定效果。今年国家启动了中西部地区县级档案馆建设工程，安排中央预算内投资补助中西部地区县级档案馆馆舍建设。要抓住机遇，积极落实地方配套资金，严格按照《档案馆建设标准》和《档案馆建筑设计规范》要求，建设一批满足未来30～50年需求的坚固、安全、符合档案保管要求的现代化档案馆，为档案安全打造第一道防线。

三、加强安全设施建设，保证档案日常管理的安全运转

完善的档案馆安全设施是保证档案安全最有效的防护网。《国家档案局关于副省级市以上国家档案馆安全技术防范系统建设工作的通知》提出了档案馆安全设施建设的新要求。各级档案馆要结合新馆建设，建设完备的档案馆安全设施；现有馆舍也要按照《通知》要求，重点建设监控、自动报警、自动灭火系统、温湿度控制、门禁系统等安全设施建设，实现档案安全管理的自动化和可控性。

四、建立健全完善的档案安全工作制度，提高档案安全管理的软实力

保证档案安全既涉及档案的实体安全又涉及档案的信息安全，体现在档案工作的接收、保管、整理、鉴定、利用、数字化等各个环节中。要针对不同的工作环节，细化档案安全工作制度。加强对制度执行情况的监督检查力度，确保各项制度落到实处。

要重视建立珍贵档案保护制度。对馆藏珍贵档案，除建立特藏库外，对其中极为珍贵的"镇馆之宝"，应借鉴文博部门保存珍贵文物的经验，如台北故宫博物院保存的《富春山居图》等珍品规定每4年才能展出一次。采取单独装具特殊保存珍品档案，对其原件出库条件、程序及时间间隔等做出明确的规定。

要重视建立濒危档案排查制度，尽快对破损档案采取抢救和保护措施。同时在抢救过程中，选择适当的方式方法，避免对档案的二次破坏。

要重视建立档案馆应急预案定期演练制度。目前各级国家档案馆按照《档案工作突发事件应急处置管理办法》要求，普遍对各种突发灾害和突发事件制定出相应的档案抢救和保护预案，但是应急预案仅仅停留在纸面上，真正遇到突发事件，应急预案完全不能发挥作用。建立档案馆应急预案定期演练制度的目的就是要提高工作人员的安全意识、风险防范意识和突发事件应对能力，明确责任，建立起档案馆快速应急反应体系。

要重视建立档案异地异质备份制度。2009年召开的全国档案馆工作会议提出：各级国家档案馆要通过建立异地备份库等形式对本级重要档案及电子文件实行异地备份。档案异地异质备份是维护档案数字信息安全的重要举措。在备份地点的选择上要遵循不在同一地震带、不同气候类型、交通便捷等原则。

五、加快档案数字化进程，保证数字档案信息的安全

随着我国信息化的普及，档案信息化建设迅猛发展，档案的数字化管理日益普遍。很多档案馆以利用需求为导向，加快档案数字化进程。档案数字化已成为保护档案原件、提高服务能力、提高容灾能力的重要手段。2008年北川县档案馆在地震中倒塌，

大量档案严重损毁，2009 年德国科隆市历史档案馆倒塌，包括马克思、恩格斯著作手稿在内的许多珍贵的档案资料被埋在废墟之下，直接导致相当数量的原始档案无法弥补，用档案馆一位官员的话说："这次损失的是总计 18 公里长档案架上的德国历史。"这两次事件，让我们更加认识到档案数字化的重要性。

档案的信息化建设其会受到安全管理障碍影响，图书馆的安全是信息化进程中的重点。档案的管理过程中，应该建设完善的管理的制度和对操作的规范性要求，加强对数字化信息的改动管理，防止其发生丢失、窃取，同时对档案的信息化建设进行有效的管理，实现对安全的管理。

档案安全和建设的重要性是显然的，但是其安全的管理的力度则会受到管理人员的主观影响，即便是档案馆建设了安全的管理系统，保证了整个系统的运行的稳定性，其也是需要人为管理的，如果人们没有树立安全意识，那么对其的管理就不能有效的执行，就会直接的影响到图书馆的安全管理的建设的有效性，必须要树立安全管理意识，建立安全管理制度，提高管理人员的专业素质，提高其经验，重视其对安全的突发事件的管理，严格要求档案的安全的管理制度落实下去，这是档案馆安全保障体系建设中至关重要的内容。

参考文献

[1]王艳秋,李旭辉.高校图书馆设立档案管理学科馆员的设想[J].读书文摘,2016,(22):50.

[2]王红珍.网络环境下高校图书馆用户档案服务模式探讨[J].科学中国人,2016,(30):105.

[3]李银亭.高校档案信息与图书馆信息资源嵌入式整合建设的思考[J].图书馆理论与实践,2016,(09):51-54.

[4]刘静.大数据条件下高校图书馆档案管理机制创新研究[J].电子测试,2016,(18):102+101.

[5]王卫军.基于微信的高校图书馆个性化移动信息服务平台建设[J].图书馆学研究,2016,(16):40-44.

[6]董博宇.论高校图书馆档案管理人员素质的提升[J].知音励志,2016,(15):260.

[7]许慧,张立铭.基于Web的图书馆档案管理系统设计与实现[J].现代电子技术,2016,(16):48-51+54.

[8]丘瑜.基于社交媒体的高校图书馆信息服务比较研究[J].图书馆工作与研究,2016,(08):48-55.

[9]杨似海,闫其春.大数据背景下的高校图书馆档案管理策略研究[J].四川图书馆学报,2016,(04):35-38.

[10]李峰.高校图书馆专利信息服务工作探索与实践研究[J].图书馆建设,2016,(07):78-81+84.

[11]林英.图书馆档案信息管理与服务探讨[J].建材与装饰,2016,(27):164-165.

[12]彭亮.高校图书馆档案管理工作研究进展与启示[J].贵图学苑,2016,(02):22-25.

[13]杨似海.信息化背景下高校图书馆档案共享模式研究[J].图书馆界,

2016，（03）:21-24.

[14] 王莹姝.高校图书馆档案信息资源的开发利用[J].办公室业务，2016，（11）:135.

[15] 顾玉萍.高校档案网站建设问题与对策研究[D].华东政法大学，2016.

[16] 黄红.高校图书馆读者活动档案管理研究[J].广西教育，2016，（19）:101-102.

[17] 张倩.浅论高校图书馆档案优化管理新思路[J].档案管理，2016，（03）:94-95.

[18] 毛韵琴.高校图书馆档案信息资源的整合与开发利用[J].办公室业务，2016，（09）:86.

[19] 熊璐.基于社交媒体的高校图书馆信息服务研究[D].安徽大学，2016.

[20] 陈晨.基于AHP的高校图书馆档案信息服务绩效评价研究[J].河北科技图苑，2016，（03）:47-49+43.

[21] 王霞.关于高校图书馆档案管理模式的思考[J].科技视界，2016，（10）:215+223.

[22] 蔡洪齐.微信公众平台下高校移动图书馆信息服务创新[J].图书馆学刊，2016，（02）:78-80.

[23] 何丽.探析高校图书馆档案的数字化建设和发展[J].科技展望，2016，（07）:247.

[24] 曹亮.高校图书馆档案信息化建设[J].青春岁月，2016，（05）:85.

[25] 艾兵.高校图书馆"3+2+1"慕课化信息服务模式探索[J].图书情报工作，2016，（05）:25-30.

[26] 李仕棋.基于层次分析法的高校图书馆微信公众平台评价研究[D].安徽大学，2016.

[27] 郭晶焱.高校图书馆图书资料的信息管理策略思考[J].科技展望，2016，（06）:261.

[28] 罗淑娴.移动互联网时代碎片化阅读对高校图书馆信息服务创新的影响[J].情报探索，2016，（02）:101-104.

[29] 齐琪.高校图书馆采编流程的改进及优化方式探讨[J].科学中国人，2016，（03）:96.

[30] 颜培亮.高校图书馆档案信息管理平台构建探讨[J].办公室业务，2016，（01）:172-173.

[31] 梁甜.加强高校图书馆档案管理的途径探究[J].新西部（理论版），

2015，（24）:106+94.

［32］.《科技情报开发与经济》2015年第25卷总目次（总第394期~417期）［J］.科技情报开发与经济，2015，（24）:142-160.

［33］陈舒文.高校图书馆信息资源服务于企业的策略选择——基于SWOT分析［J］.图书情报工作，2015，（S2）:84-87.

［34］韩吉义.基于数据挖掘技术的高校图书馆档案信息管理平台的构筑［J］.山西档案，2015，（06）:61-63.

［35］杨鹤林.面向科研信息管理的高校图书馆数据服务进展与启示［J］.图书情报工作，2015，（21）:83-89.

［36］蔡珺.高校图书馆档案优化管理［J］.山海经，2015，（21）:82-83.

［37］王君保.高校图书馆档案管理创新探讨［J］.好家长，2015，（37）:247.

［38］何明举.高校图书馆档案管理工作研究［J］.档案管理，2015，（04）:57-58.

［39］赵红颖.图书档案资源数字化融合服务实现研究［D］.吉林大学，2015.

［40］郭素君.高校智慧图书馆信息服务系统设计与实现［D］.河北农业大学，2015.

［41］薛辰.档案馆移动服务及其模式研究［D］.南京大学，2015.

［42］杨隽超.谈高校图书馆档案管理的建设［J］.赤峰学院学报（自然科学版），2015，（10）:213-214.

［43］陈文文，李燕，周欢.微信环境下高校移动图书馆信息服务的创新［J］.图书馆建设，2015，（05）:80-83.

［44］张卫华.高校图书馆档案信息资源开发利用研究［J］.档案管理，2015，（03）:90-91.

［45］汤春香.用户档案信息在高校图书馆中的应用分析［J］.档案管理，2015，（03）:92-93.

［46］焦子慧.高校图书馆档案管理的问题及解决策略［J］.鸭绿江（下半月版），2015，（05）:1866.

［47］王婧.高校档案馆信息生态位问题及对策研究［D］.华中师范大学，2015.

［48］侯雯悦.高校图书馆信息服务能力评价研究［D］.吉林大学，2015.

［49］陈宇碟.大数据背景下我国高校图书馆移动信息服务优化研究［D］.吉林大学，2015.

[50]王会玲,才娟.地方高校图书馆档案管理的优化研究[J].绥化学院学报,2015,(05):147-149.

[51]谭福隆.信息技术下的图书馆档案管理模式浅议[J].才智,2015,(12):363.

[52]夏秀双.大数据环境下高校图书馆个性化信息服务研究[D].曲阜师范大学,2015.

[53]白超群,李桂华.国外高校图书馆社会科学信息服务研究[J].图书馆论坛,2015,(04):110-115.

[54]章颖华.高校图书馆移动信息服务需求分析与系统方案设计[D].浙江理工大学,2015.

[55]王丽萍,杨波,秦霞,涂颖哲.高校图书馆专利信息服务内容、模式与趋势[J].图书情报工作,2015,(06):113-119.

[56]肖文.知识管理理念观照下高校档案信息服务研究[D].黑龙江大学,2015.

[57]缪玲玲.基于微信公众平台的高校图书馆信息服务研究[D].南京航空航天大学,2015.

[58]王红英.MOOC环境下对高校图书馆信息服务工作的思考[J].图书馆工作与研究,2015,(02):32-35.

[59]吴卫华,曹健,王艳红,赵鸿雁,李杏丽.高校图书馆面向产学研协同创新的增值信息服务研究[J].图书馆学研究,2015,(02):64-66+71.

[60]刘利,张烨,袁曦临,宋歌.我国高校图书馆硕士研究生培养现状及办学模式分析[J].大学图书馆学报,2015,(01):95-100+79.

[61]李小清.高校图书馆档案管理机制研究[J].湖北经济学院学报(人文社会科学版),2015,(01):161-162.

[62]黄付艳.基于信息服务的高校图书馆用户档案管理[J].科技情报开发与经济,2015,(01):71-73.

[63].《科技情报开发与经济》2014年第24卷总目次[J].科技情报开发与经济,2014,(24):153-168.

[64]彭媛媛.高校图书馆档案建设实践探究[J].现代国企研究,2014,(Z2):102-104.

[65]曾丽美.英国高校图书馆服务质量信息发布制度分析[J].图书与情报,2014,(06):55-58.

[66]何海波.大数据时代高校图书馆信息服务创新研究[J].现代情报,

2014，（12）:138-140.

[67].《黑龙江档案》总目录[J].黑龙江档案，2014，（06）:160-166.

[68]古邕梅.高校图书馆"双轨制"档案管理模式应用分析[J].科技情报开发与经济，2014，（23）:57-59.

[69]张卫华.浅析高校图书和档案信息资源的融合[J].档案管理，2014，（06）:82.

[70]古邕梅.高校图书馆"双轨制"档案管理模式应用分析[A].广西图书馆学会.广西图书馆学会2014年年会暨第32次科学讨论会论文集[C].广西图书馆学会:，2014:5.

[71]杨瑶.高校图书馆图书信息服务生态链结构及功效研究[J].图书馆建设，2014，（10）:38-42+47.

[72]武育杰.浅谈高校图书馆档案管理[J].学周刊，2014，（27）:35.

[73]王卫军.高校图书馆移动信息服务模式创新研究[J].图书馆学研究，2014，（17）:65-70.

[74]肖昌君，贺玢，刘清水.微信在高校图书馆信息服务中的应用[J].情报探索，2014，（09）:113-116+120.

[75]孟玫.基于微信5.2的高校图书馆信息服务模式研究[J].河南图书馆学刊，2014，（09）:116-119.

[76]李慧.用户档案信息在高校数字图书馆服务中的价值[J].大学图书情报学刊，2014，（05）:53-55.

[77]栾旭伦.大数据环境下高校图书馆个性化信息服务系统研究[J].图书馆学刊，2014，（08）:118-121.

[78]陈宇碟，徐恺英，白波.中美高校图书馆移动信息服务模式比较研究[J].情报科学，2014，（08）:157-161.

[79]周凤飞，陈琛，陆倩倩.高校图书馆硕士点现状分析与研究[J].图书情报工作，2014，（15）:87-93+110.

[80]张卫华.高校图书与档案信息资源融合浅析[J].浙江档案，2014，（07）:64.

[81]白明凤，匡惠华.高校图书馆移动信息服务中轻应用模式的应用及其借鉴——基于高校图书馆微信公众号的分析[J].情报资料工作，2014，（04）:78-81.

[82]朱金英.高校图书馆档案管理数字化建设[J].内江科技，2014，（07）:20-21.

[83]张淼，韩宇.全媒体时代高校图书馆信息服务的现状与发展——基于网站

的内容分析[J].图书馆论坛,2014,(07):74-78.

[84]宋茜.论如何加强高校图书馆图书资料的信息管理[J].科教导刊(上旬刊),2014,(07):234+236.

[85]李丹,王振良.浅谈高校的图书档案管理及信息化[J].北华航天工业学院学报,2014,(03):60-62.

[86]蔡金燕.美国高校图书馆政府信息服务的调查及分析[J].图书与情报,2014,(03):87-91+109.

[87]王冬梅.高校图书馆档案管理研究[J].内江科技,2014,(06):31.

[88]孙建红.面向科技成果转化的高校图书馆信息服务需求调查与分析[J].图书馆,2014,(03):70-72.

[89]李德娟.高校图书馆留学生信息服务现状及提升研究——基于北京交通大学100名留学生的调查分析[J].图书馆学研究,2014,(11):73-76+72.

[90]阎婷.信息时代下如何做好图书档案管理[J].金田,2014,(06):452.

[91]娜日苏.高校图书馆档案管理的问题及解决措施[J].现代经济信息,2014,(11):112.

[92]姜翠娥.高校图书馆档案管理机制研究[J].企业改革与管理,2014,(10):157.

[93]桑媛媛.高校图书馆档案管理工作浅析[J].机电兵船档案,2014,(03):72-74.

[94]张衍.iSchool运动背景下信息管理专业教育发展研究[D].苏州大学,2014.

[95]宋莹.基于SSH高校学生档案信息管理系统设计与实现[D].吉林大学,2014.

[96]曾小玲.基于微信的高校图书馆信息服务[J].图书馆研究,2014,(03):88-91.

[97]王余银.论高校图书馆学生档案管理存在的问题及对策[J].现代企业教育,2014,(10):239.

[98]钱晓红.高校科研管理部门与图书馆协同开展科研信息服务[J].大学图书馆学报,2014,(03):91-96.

[99]陈芳源.档案网站信息资源组织绩效评估研究[D].南京大学,2014.

[100]彭文梅.大数据时代高校图书馆信息服务创新与发展[J].河北科技图苑,2014,(03):14-16.

［101］李影.社交网络在高校图书馆信息服务中的应用研究［D］.吉林大学,2014.

［102］高悦.基于用户感知的高校档案馆服务质量评价研究［D］.吉林大学,2014.

［103］杨滨.20年来国家社科基金图书情报文献学立项情况分析［D］.河北大学,2014.

［104］周振国.高校档案馆、博物馆数字资源整合研究［D］.南昌大学,2014.

［105］聂云霞.国家层面数字资源长期保存策略研究［D］.武汉大学,2014.

［106］古邑梅.论高校图书馆档案管理体系的构建——以广西经济管理干部学院图书馆为例［J］.科技情报开发与经济,2014,（08）:135-139.

［107］史明文.高校图书馆读者借阅档案管理与利用初探［J］.河南图书馆学刊,2014,（04）:46-48.

［108］肖希明,唐义.图书馆学博物馆学档案学课程体系整合初探［J］.中国图书馆学报,2014,（03）:4-12.

［109］廉立军.高校图书馆学科信息服务体系构建研究［J］.情报科学,2014,（04）:91-95.

［110］赵俊娜.高校图书馆面向科研的学科服务研究［D］.安徽大学,2014.

［111］褚巍伟.我国公共档案馆档案信息服务体系建设研究［D］.安徽大学,2014.

［112］张博.档案馆档案信息服务模式研究［D］.安徽大学,2014.

［113］潘红.信息化背景下档案馆联盟建设研究［D］.安徽大学,2014.

［114］陆怡静.我国档案在线服务的现状与发展对策研究［D］.苏州大学,2014.

［115］程熙.中外档案学专业硕士研究生人才培养方案比较研究［D］.苏州大学,2014.

［116］陈燕.中美档案学硕士研究生教育比较研究［D］.福建师范大学,2014.

［117］刘雪琴.高校图书馆档案建设与管理分析［J］.青年文学家,2014,（09）:147.

［118］王秋音.高校图书馆档案优化管理新思路［J］.青年文学家,2014,（08）:173.

［119］李玉红.国内"211"高校图书馆移动信息服务发展状况［J］.现代情报,

2014,（03）:78-81.

[120] 汤春香.图书馆档案员在高校合并后的角色[J].档案管理,2014,（02）:46-47.

[121] 张真,丁国峰.微信在图书馆信息服务中的应用实践——以浙江省高校图书馆为例[J].图书馆杂志,2014,（03）:64-66.

[122] 苏龙嘎.面向用户需求的高校图书馆开放存取信息服务研究[D].黑龙江大学,2014.

[123] 李兵,王悦.高校图书馆档案管理问题研究[J].林区教学,2014,（03）:119-120.

[124] 王锐.高校图书馆社交网络服务的应用研究[D].南京航空航天大学,2014.

[125] 王秋音.信息化时代的高校图书馆档案管理[J].青年文学家,2014,（06）:174.

[126] 张小慧.高校图书馆档案优化管理探究[J].办公室业务,2014,（04）:47+37.

[127] 杨莉萍.微博交流在高校图书馆信息咨询服务中的新应用[J].图书馆工作与研究,2014,（02）:35-37.

[128] 林水秀.论现代化高校图书馆的档案管理工作[J].时代教育,2014,（03）:193.

[129] 方华.高校图书馆档案工作的具体内容与规范化措施[J].办公室业务,2014,（01）:132-133.

[130] 官红兵.浅谈高校图书馆的档案管理工作[J].现代企业教育,2013,（24）:568.

[131] .《黑龙江档案》2013年第6期总第201期总目录[J].黑龙江档案,2013,（06）:133-138.

[132] 李春梅,张颖.信息集成化视角下的高校档案管理策略探析[J].兰台世界,2013,（35）:75-76.

[133] 李文玲.鞍山师范学院图书馆管理系统设计与实现[D].大连理工大学,2013.

[134] 马晓菡.高校图书馆个性化信息服务建设[D].陕西师范大学,2013.

[135] 朱梦茹.基于微信平台的高校图书馆信息服务探讨[J].中国科教创新导刊,2013,（34）:271-272.

[136] 李秀丽.我国八所高校图书馆信息共享空间服务现状调查研究[J].图

书馆学研究，2013，（22）:64-68.

[137]夏振.刍议改善高校图书馆档案信息化管理的措施[J].黑龙江史志，2013，（21）:119.

[138]王静，周华，周红，王慧，张欣，徐福叶，韩海英.新媒体环境下高校图书馆移动信息服务微营销研究[J].图书馆建设，2013，（10）:45-49.

[139]吴穹，郑建明.基于自建SNS的高校图书馆信息咨询服务研究[J].图书馆杂志，2013，（10）:59-64.

[140]杨洋，孙毓川，张铁山.浅析21世纪图书馆档案管理数字化[J].合作经济与科技，2013，（19）:42-43.

[141]曾佐玲.档案与图书的分析利用[J].商，2013，（18）:357.

[142]柴艳玲.加强业务档案管理对高校图书馆的重要性——以昆明学院"本科教学工作合格评估"为例[J].开封教育学院学报，2013，（05）:289-290.

[143]牛琳琳.高校图书馆微博信息服务拓展研究——以浙江省高校图书馆新浪微博为例[J].图书馆论坛，2013，（05）:104-108+122.

[144]王洪建.图书馆管理系统的设计与实现[D].电子科技大学，2013.

[145]刘菊霞.深度探索和构筑高校图书馆信息服务新体系[J].情报理论与实践，2013，（08）:45-50.

[146]李伶.网络环境下高校图书馆信息服务模式探析[J].情报理论与实践，2013，（08）:66-68.

[147]邹彬，李军.图书馆档案管理的意义和有效途径探索[J].科学之友，2013，（08）:112+115.

[148]陈艳.基于图书馆视角的高校学位论文档案管理研究[J].兰台世界，2013，（23）:122-123.

[149]周芬玲.试论高校数字化档案信息管理体系的构建[J].青海师范大学学报（哲学社会科学版），2013，（04）:166-168.

[150]郭瑞芳.基于LibQual+TM的高校图书馆移动信息服务质量探讨[J].新世纪图书馆，2013，（06）:25-27+58.

[151]雷鸣.中美高校图书馆的信息服务对比与启示[J].图书与情报，2013，（03）:104-107.

[152]沈璐.浅谈高校图书馆"双套制"模式档案管理——以同济大学图书馆为例[J].上海高校图书情报工作研究，2013，（02）:45-47.

[153]叶燕.加强与规范图书馆档案管理工作的思考及建议[J].上海高校图书情报工作研究，2013，（02）:48-51.

[154]杨艳红.普通高校图书馆信息服务的多元化探索[J].图书情报工作,2013,(S1):137-140.

[155]滕春娥.基于档案双元价值理论的图书馆档案管理研究[J].兰台世界,2013,(17):115-116.

[156]杨莉莉.高校档案馆社会化服务研究[D].上海交通大学,2013.

[157]郭心燕.高校档案馆服务功能拓展对策研究[D].云南大学,2013.

[158]张玥.高校档案馆网站绩效评估研究[D].河北大学,2013.

[159]王旭东.论档案文化资源的开发利用[D].云南大学,2013.

[160]肖媛媛.高校图书馆应加强档案管理工作[A]..中华教育理论与实践科研论文成果选编(第五卷)[C].:,2013:3.

[161]单祎.云环境下江西高校图书馆个性化信息服务现状与对策研究[D].南昌大学,2013.

[162]朱雷,熊军,杜方冬,尹怀琼,张畅.我国高校图书馆社会化信息服务实证综合评价研究[J].情报理论与实践,2013,(05):78-82+97.

[163]王雅戈,叶继元,林云水,袁曦临,王兰敬.高校图书馆高端信息咨询服务的实践与思考——之二:为地方领导提供决策信息服务的探讨[J].图书馆理论与实践,2013,(05):4-7.

[164]张玉香.图书情报与档案管理研究生人才需求与创新能力培养研究[D].湘潭大学,2013.

[165]唐琼,袁媛,刘钊.我国高校图书馆微博服务现状调查研究——以新浪认证用户为例[J].大学图书馆学报,2013,(03):97-103.

[166]辛成国.高校图书馆企业信息服务研究[D].山东大学,2013.

[167]罗小宁.图书情报与档案管理类本科专业课程资源建设研究[D].湘潭大学,2013.

[168]王兴娅.基于要素分析的高校数字档案信息服务模式研究[D].南京大学,2013.

[169]蔡筱青,黄海.高校图书馆学科信息推送服务的实践与思考——以中山大学为例[J].图书馆论坛,2013,(03):80-84.

[170]靳东旺."卓越计划"视域下高校图书馆信息服务创新研究[J].图书馆论坛,2013,(03):141-144.

[171]王招富.学科馆员制度下的高校图书馆信息服务研究[D].湘潭大学,2013.

[172]周华林.镜众传播范式下的高校图书馆信息服务模式研究[D].吉林大学,

[173] 李静丽. 全媒体时代高校图书馆信息服务模式研究［D］. 安徽大学, 2013.

[174] 付为青. 基于网络的高校图书馆个性化信息服务研究［D］. 安徽大学, 2013.

[175] 于高乐. 新通信技术环境下美国高校图书馆服务及服务理念研究［D］. 云南大学, 2013.

[176] 子志月. 云南少数民族口述档案开发利用研究［D］. 云南大学, 2013.

[177] 王伟强, 宋小燕, 王亮亮. 高校图书馆拓展大学生就业信息服务的新途径［J］. 图书馆建设, 2013, （04）:73-75.

[178] 甘路有, 杨艳. 利用新媒体构建高校图书馆信息服务模式探析［J］. 四川图书馆学报, 2013, （02）:71-74.

[179] 王鹏程, 胡媛. 基于SNS的高校图书馆信息服务平台模型构建［J］. 情报科学, 2013, （04）:16-19+27.

[180] 韩红旗, 安小米. 1991-2010信息资源管理研究发展状况的文献计量分析［J］. 情报科学, 2013, （04）:145-148.

[181] 徐翠艳. 网络环境下图书、情报、档案一体化建设研究［D］. 郑州大学, 2013.

[182] 吕俊杰. 高校图书馆微博应用与共享研究［D］. 重庆大学, 2013.

[183] 郭诗云, 于春. 国外高校图书馆移动信息服务调查及启示［J］. 高校图书馆工作, 2013, （02）:17-21.

[184] 王雅戈, 叶继元, 林云水, 王兰敬, 袁曦临. 高校图书馆信息咨询高端服务的实践与思考——常熟国家大学科技园信息平台构建与服务［J］. 图书馆论坛, 2013, （02）:68-72.

[185] 宋云丽. 浅析高校图书馆档案管理问题研究［J］. 世纪桥, 2013, （05）:140-141.

[186] 杜成杰. 基于信息生态理论的高校数字档案系统信息流转能力评价研究［D］. 山西财经大学, 2013.

[187] 孙安. 高校图书馆面向区域企业开展信息服务的策略研究［J］. 图书馆建设, 2013, （02）:51-55.

[188] 陈虎, 朱艳声. 高校图书馆开展移动信息服务方式探析［J］. 图书馆工作与研究, 2013, （01）:39-42.

[189] 费庶. 微书评与高校图书馆信息服务［J］. 高校图书馆工作, 2013,

(01):88-90.

[190]吴英梅.基于社交网站的高校图书馆信息服务研究[J].图书与情报,2012,(06):108-111.

[191].《黑龙江档案》总目录[J].黑龙江档案,2012,(06):135-140.

[192]陈茁新.高校图书馆信息服务的拓展延伸研究[J].图书情报工作,2012,(S2):167-169+163.

[193]叶玉兰.校园一卡通系统的设计与应用[D].吉林大学,2012.

[194]展学毓.构建高校图书馆智慧信息服务模式[J].长春理工大学学报,2012,(11):162-163.

[195]王淑梅.泛在知识环境下高校数字图书馆信息服务平台构建[J].图书馆学研究,2012,(21):36-39.

[196]陈哲.高校图书馆档案信息管理平台的构建研究[J].兰台世界,2012,(32):18-19.

[197]刘佳.国外高校图书馆留学生信息服务研究综述[J].图书馆论坛,2012,(06):151-154.

[198]余世英,明均仁.移动信息服务在国内高校图书馆中的应用模式分析[J].图书情报知识,2012,(06):60-67.

[199]程燕锋.信息考勤管理系统在中国高校图书馆勤工助学管理中的应用研究现状[J].农业图书情报学刊,2012,(11):198-201.

[200]单力融.论高校图书馆档案管理工作——以呼伦贝尔学院图书馆为例[J].呼伦贝尔学院学报,2012,(05):107-109+94.

[201]桂小红.关于区域内设立高校档案中心的构想[D].山东大学,2012.

[202]邢文婧,傅永慧.高校图书馆信息服务营销策略研究[J].农业图书情报学刊,2012,(10):200-203+208.

[203]彭立伟.高校图书馆留学生信息服务研究[J].图书馆建设,2012,(09):57-60.

[204]李苗.信息时代高校图书馆档案工作探析[J].农业图书情报学刊,2012,(09):127-129+138.

[205]童菊珍.高校图书馆档案管理工作浅析[J].河北科技图苑,2012,(05):52-53+31.

[206]王静.Web2.0环境下高校图书馆微博客信息服务推广的风险管理机制研究——以新浪微博被黑事件为视角[J].图书馆,2012,(04):91-93.

[207]吴倩倩.高校图书馆纸质档案数字化管理新探[J].价值工程,2012,

（22）:257-259.

［208］夏婧，冯彦平，张晓燕，王碧琴.高校图书馆信息服务社会化实证研究——以江苏省高校图书馆为例［J］.高校图书馆工作，2012，（04）:22-24.

［209］黄悦深.基于知识协同的高校图书馆企业信息服务研究——以五邑大学为例［J］.图书馆论坛，2012，（04）:72-75+83.

［210］程文艳.国外高校图书馆信息服务的社会化实践及其启示［J］.山东图书馆学刊，2012，（03）:47-51.

［211］辛璐，李毅.浅谈国家图书馆数字档案信息安全管理［J］.数字与缩微影像，2012，（02）:52-54.

［212］华佳旭.高校图书馆网络信息服务研究［D］.广西民族大学，2012.

［213］赵丹阳.数字环境下科技文献信息开发利用与服务模式研究［D］.吉林大学，2012.

［214］陈颖颖，裴允.高校移动图书馆信息服务现状分析［J］.图书馆学研究，2012，（10）:76-79.

［215］钱鹏.高校科学数据管理研究［D］.南京大学，2012.

［216］张世怡.基于SNS的高校图书馆信息服务模式研究［D］.天津师范大学，2012.

［217］刘梅瑰.基于分布式架构的高校档案数字化管理信息系统的设计与实现［D］.南昌大学，2014.

［218］吕蕴红.高校图书馆档案管理工作分析研究——以河北联合大学图书馆为例［J］.晋图学刊，2012，（03）:8-10.

［219］杨朝钦.高校图书馆档案编研工作探讨［J］.大学图书情报学刊，2012，（03）:57-59.

［220］王静，李丕仕，郭太敏.基于LibQUAL+的高校图书馆信息服务质量评估实施过程管控机制研究［J］.图书情报工作，2012，（09）:92-96+91.

［221］陈丽静.中美档案学硕士研究生教育的比较研究［D］.南京大学，2012.

［222］侯家麟.知识服务模式下高校图书馆绩效及价值评估研究［D］.天津大学，2012.

［223］何振才，李广都.浅析高校档案信息资源的构成与管理［J］.山西档案，2012，（02）:60-63.

［224］姚彤.高校图书馆内务信息管理系统的构建［J］.信息技术，2012，（04）:179-182.

[225] 毕长泉, 王艳红, 吴卫华, 曹健. 基于企业创新发展需求的高校图书馆信息服务的内容及途径分析 [J]. 现代情报, 2012, (04):73-76.

[226] 吴彧一. 基于B/S模式的高校档案信息管理系统安全性研究 [J]. 黑龙江档案, 2012, (02):49.

[227] 张赟玥, 肖国华. 高校图书馆专利信息服务研究 [J]. 图书馆, 2012, (02):93-95.

[228] 肖蔚. 高校图书馆产学研信息服务建设的探索与实践——以湖南省为例 [J]. 图书馆, 2012, (02):111-113+125.

[229] 朱会华, 杨桂珍. 浅析高校图书馆档案数字化建设 [J]. 绥化学院学报, 2012, (02):179-181.

[230] 汪昊. 刍议信息化时代高校图书馆档案管理工作创新 [J]. 大家, 2012, (09):300.

[231] 吕蕴红. 高校图书馆档案管理经验探讨 [J]. 河北联合大学学报(医学版), 2012, (02):289-290.

[232] 李连晖. 浅谈高校图书馆档案管理双轨制模式的构建 [J]. 中国校外教育, 2012, (09):4.

[233] 朱肖璟. 重大体育赛事中的档案服务 [D]. 苏州大学, 2012.

[234] 薛金玲. 高校图书馆学科馆员制度对档案管理工作的启示 [J]. 陕西档案, 2012, (01):26-28.

[235] 孔庆祝, 卜亨斐. 高校图书馆校友信息服务探讨 [J]. 图书馆建设, 2012, (02):59-61.

[236] 胡迎卫. "政府+学校"型信息资源社会化服务模式研究——以区域发展背景下的地方高校图书馆为视角 [J]. 图书馆建设, 2012, (02):68-71.

[237] 董利红. 刍议信息化时代高校图书馆档案管理工作创新 [J]. 神州, 2012, (02):182.

[238] 杨丽娟, 孙海燕. 论高校档案信息资源的管理模式 [J]. 济南大学学报(社会科学版), 2012, (01):75-79.

[239] 祝方林, 周劲. 民族高校图书馆面向散杂居民族信息服务研究——以恩施州民族乡的农家书屋为例 [J]. 图书情报工作, 2012, (01):94-97+106.

[240] 冯英华, 刘磊. 基于需求的高校图书馆2.0个性化信息服务模式研究 [J]. 中国图书馆学报, 2012, (02):50-61.

[241] 张韦, 何蓉蓉. 高校图书馆图书捐赠信息服务问题及对策研究 [J]. 图书馆建设, 2011, (12):45-47+51.

［242］韩彬.广州地区普通高校图书馆信息服务管理创新研究［D］.华南理工大学，2011.

［243］廉立军.高校图书馆学科信息服务团队建设研究［J］.情报资料工作，2011，（06）：75-79.

［244］耿相红.高校图书馆档案管理工作现状分析及对策探析［J］.科技致富向导，2011，（33）：363+374.

［245］韩来英.浅谈高校图书馆档案管理的信息化［J］.中国成人教育，2011，（21）：31-32.

［246］陈志慧.基于社会化服务的高校图书馆信息资源公共获取研究［J］.图书馆学研究，2011，（21）：83-86.

［247］任俊霞，姜长宝，季莹.网络环境下高校图书馆信息服务模式研究［J］.图书馆建设，2011，（10）：71-73.

［248］任金波.微博在高校图书馆信息服务中的应用［J］.农业图书情报学刊，2011，（10）：215-218.

［249］符露.公共产品理论视角下的高校图书馆信息服务社会化策略研究［D］.苏州大学，2011.

［250］宁耀莉.高校数字图书馆信息服务模式发展综述［J］.图书馆学刊，2011，（09）：137-139.

［251］郭立新.网络环境下高校图书 情报 档案信息管理一体化研究［J］.信阳农业高等专科学校学报，2011，（03）：153-154.

［252］余世英，明均仁.国内高校手机图书馆移动信息服务调查与分析［J］.图书馆杂志，2011，（09）：45-48+91.

［253］杨扬.大学城图书馆档案数字化建设［J］.档案管理，2011，（05）：81-82.

［254］易美.试论高校图书馆保存本的档案化管理［J］.农业图书情报学刊，2011，（09）：211-214.

［255］王珏.高校图书馆信息服务能力评价体系研究与系统实现［D］.电子科技大学，2011.

［256］李敬.做好高校图书馆档案管理工作的几点思考［J］.中国证券期货，2011，（08）：51.

［257］王园.网络环境下高校图书馆个性化信息服务研究［J］.情报科学，2011，（08）：1192-1196.

［258］刘英男.信息化时代的高校图书馆档案管理［J］.内蒙古科技与经济，

2011，（13）:73-74.

［259］李剑.微博在高校图书馆信息服务中的应用［J］.高校图书馆工作，2011，（04）:44-46.

［260］汪晓莉.论加强高校图书馆图书资料的信息管理［J］.内蒙古财经学院学报（综合版），2011，（03）:99-102.

［261］易美.高校图书馆档案管理工作探究［J］.科技情报开发与经济，2011，（18）:35-37.

［262］朱丹.图书馆档案管理工作存在的问题与对策［J］.科技信息，2011，（18）:375.

［263］冯琼，李细枚，钟翠娇.国外高校图书馆信息服务社会化模式借鉴［J］.沈阳教育学院学报，2011，（03）:66-68.

［264］席会芬.高校图书馆加强对非物质文化遗产档案的管理［J］.河南图书馆学刊，2011，（03）:159-162.

［265］侯爱花.高校图书馆档案优化管理新思路［J］.人民论坛，2011，（17）:242-243+189.

［266］刘阳.高校图书馆档案管理浅论［J］.中国科技信息，2011，（11）:166.

［267］郭韫丽，孔令保，郑瑜，王小雄.高校图书馆社会化信息服务探析——面向鄱阳湖高效生态农业发展开展信息服务［J］.图书馆建设，2011，（05）:47-49.

［268］吕莉.面向企业的高校图书馆信息服务研究［D］.湘潭大学，2011.

［269］孙玉岚.高校图书档案信息安全管理的影响因素的实证研究［J］.成功(教育)，2011，（09）:223-224.

［270］裴嫣珺.高校图书馆智慧信息服务模式初探［D］.华东师范大学，2011.

［271］杨锦.Web2.0环境下提高高校图书馆信息服务质量的研究［D］.中国石油大学，2011.

［272］李琳.基于ASP.NET的图书数据库管理系统研究与设计［D］.电子科技大学，2011.

［273］舒宝淇.网络环境下高校图书馆优化交互式信息服务的思考［D］.云南大学，2011.

［274］邵国川.基于用户参与的高校图书馆信息服务研究［D］.安徽大学，2011.

[275] 杨衍.创新高校图书馆个性化信息服务模式的探索与思考[J].图书馆工作与研究,2011,(04):97-99.

[276] 邹艳梅,韩江果.遮述高校图书馆文件、档案资料的管理[J].青年文学家,2011,(06):170-171.

[277] 杨玫.高校图书馆社会化信息服务模式探索与实践——以广州大学图书馆为例[J].图书馆杂志,2011,(03):59-61.

[278] 刘磊,冯英华,姜翼.图书馆2.0个性化信息服务的大学生需求调查分析——以南京高校为例[J].图书情报知识,2011,(02):27-33.

[279] 安向前.论高校图书馆档案管理机制的创新[J].晋中学院学报,2011,(01):119-121.

[280] 李梅,应峻,徐一新.2.0时代的信息共享空间——基于用户的高校图书馆信息服务平台[J].大学图书馆学报,2011,(01):96-98.

[281] 刘威,国佳.高校图书馆信息服务模式创新探究[J].吉林师范大学学报(人文社会科学版),2011,(01):116-118.

[282] 王青.高校图书馆学科化信息服务模式研究[J].大学图书情报学刊,2010,(06):15-18.

[283] 刘彦丽.基于RSS技术的高校图书馆信息服务新模式[J].图书馆学研究,2010,(24):73-75+80.

[284] 高洁,任建英.高校图书馆信息咨询服务社会化之难点分析[J].图书馆建设,2010,(12):67-69.

[285] 化明艳.高校数字图书馆信息服务能力评价模型研究[D].南京农业大学,2010.

[286] 李丕仕,王静.高校图书馆信息服务社会化的尝试与发展探析[J].图书馆杂志,2010,(11):50-52.

[287] 王晓惠.UML在高校组织人事档案信息管理系统中的应用[D].南京理工大学,2011.

[288] 郑耀东.高校图书馆档案建设与管理分析[J].湖北档案,2010,(10):23-24.

[289] 何亚莉,张冬梅.高校图书馆档案管理工作研究[J].科技情报开发与经济,2010,(28):57-58.

[290] 王茂林.面向企业的高校图书馆信息服务及信息平台实践研究[D].重庆大学,2010.

[291] 游战洪.高校图书馆为政府提供个性化信息服务的尝试[J].大学图书

馆学报，2010，（05）:83-86.

[292] 宋程程. 浅议高校图书馆档案数字化建设 [J]. 科技致富向导，2010，（27）:224+290.

[293] 司敬新. 移动图书馆——高校数字图书馆信息服务的发展方向 [J]. 黑龙江史志，2010，（17）:169-170.

[294] 王姝，魏群义，沈敏. 高校图书馆信息服务社会化模式探讨 [J]. 图书情报工作，2010，（17）:74-77.

[295] 聂峰英. 高校图书馆信息服务社会化推广与实践 [J]. 图书馆建设，2010，（08）:71-73+77.

[296] 刘丽辉. 高校图书馆档案管理工作探讨——以河南理工大学图书馆为例 [J]. 河南图书馆学刊，2010，（04）:31-33.

[297] 杨曙红. 高校图书馆业务档案建设与管理研究 [J]. 信息系统工程，2010，（07）:45+42.

[298] 徐志玮，陈定权. Web2.0在高校图书馆学科信息服务中的实现 [J]. 图书与情报，2010，（04）:83-86.

[299] 陈继兰. 信息服务社会化视角下的高校图书馆管理创新——以新公共管理为切入点 [J]. 图书馆学研究，2010，（13）:37-39+24.

[300] 杜慰纯，任湘. 高校图书馆企业信息服务的可行性分析——基于SWOT分析法 [J]. 情报杂志，2010，（S1）:241-243+229.

[301] 陈俊凤. 江西省高校图书馆个性化信息服务调查分析及对策研究 [D]. 南昌大学，2010.

[302] 马蓉. 学生诚信档案与高校图书馆读者管理工作 [J]. 科技信息，2010，（18）:67.

[303] 彭小平，何琳. 高校图书馆信息服务社会化问题的研究 [J]. 图书馆，2010，（03）:131-132.

[304] 唐虹，胡东滨. 基于卡诺模型的高校图书馆信息服务质量评价研究 [J]. 情报探索，2010，（06）:59-61.

[305] 杨小英. 面向区域发展的高校图书馆信息服务职能拓展研究 [D]. 湘潭大学，2010.

[306] 赵丽梅. 教学水平评估下的高校图书馆档案管理工作探讨 [J]. 才智，2010，（16）:289-290.

[307] 王华. 河北省高校图书馆用户信息服务研究 [D]. 河北大学，2010.

[308] 叶丹. 高校图书馆学科化服务研究 [D]. 安徽大学，2010.

［309］翁畅平.基于Web日志的高校图书馆用户信息行为研究［D］.安徽大学，2010.

［310］张芳.论高校图书馆档案管理工作的特点［J］.内蒙古科技与经济，2010，（10）:140-141.

［311］高仕健，段晓玲，袁爱平.论高校图书馆科技信息服务社会化——武汉大学图书馆的实践［J］.图书馆建设，2010，（05）:55-57+62.

［312］钱蔚蔚.天津高校图书馆信息服务质量评价实证研究［J］.情报杂志，2010，（05）:133-136.

［313］徐晓明，沈红丽，郭连生，孙素梅.高校图书馆面向企业信息服务的影响因素分析［J］.图书馆工作与研究，2010，（05）:64-69.

［314］郭维喜.高校图书馆管理信息系统的研究及设计［D］.华东师范大学，2010.

［315］李森森.高校图书馆学科化联合信息服务体系研究［D］.辽宁师范大学，2010.

［316］张志娟.网络环境下基于服务的图书馆用户档案问题研究［D］.辽宁师范大学，2010.

［317］吴钢.国家信息资源保存制度研究［D］.武汉大学，2010.

［318］李沛.广东高校图书馆社会化信息服务实证分析［J］.图书馆学刊，2010，（04）:77-80.

［319］吴南雁.高校图书馆信息资源建设经费分配与管理机制初探［J］.图书馆论坛，2010，（02）:86-88.

［320］封玮.我国高校图书馆在Second Life中开展信息服务的研究［D］.西南大学，2010.

［321］高荣华，郑德俊，张友华.面向科研创新的高校图书馆信息服务需求调查与分析［J］.情报杂志，2010，（04）:173-177+184.

［322］董秀娟.网络环境下高校图书馆个性化信息服务研究［D］.曲阜师范大学，2010.

［323］曹兴华.新时期档案馆公共关系研究［D］.苏州大学，2010.

［324］赵晖.我国高校图书馆信息服务社会化的困境及对策［J］.图书馆学刊，2010，（03）:6-8.

［325］梁爱东，刘玲.基于手机的高校图书馆移动信息服务研究［J］.现代情报，2010，（03）:71-75.

［326］王建冬.基于文献计量的国内信息资源管理研究领域分析［J］.大学图

书馆学报，2010，（02）:97-104.

[327] 吴蔚群. 基于用户需求的高校图书馆信息服务模式[J]. 图书馆学刊，2010，（01）:51-53.

[328] 唐晓阳. 高校图书馆信息社会化服务新探索——参与广州市政务服务中心政务资讯厅建设的实践[J]. 图书馆建设，2010，（01）:63-66.

[329] 陆懿琦. 新时期高校档案利用服务工作初步研究[D]. 上海交通大学，2010.

[330] 章静，郭吉安. 高校图书馆专利信息服务模式研究[J]. 图书情报工作，2009，（S2）:102-104+154.

[331] 张玲，王珊. 高校教学评估指标体系与档案信息管理指标体系共性与差异性研究[J]. 档案，2009，（06）:43-45.

[332] 刘敏榕，翟金金. 开放存取环境下高校图书馆创新信息服务的实践与启示——以福州大学图书馆为例[J]. 情报杂志，2009，（12）:167-170.

[333] 刘冬梅，孙晓明. 高校图书馆个性化信息服务分析[J]. 情报科学，2009，（12）:1806-1810.

[334] 申玉粉. 高校图书馆档案管理工作的现状及对策[J]. 林业科技情报，2009，（04）:112-113.

[335] 高雅佳. 关于我国高校图书馆学科馆员服务的研究[D]. 河北大学，2009.

[336] 王育菁. 基于用户需求的高校图书馆信息服务探讨[J]. 情报理论与实践，2009，（11）:83-85.

[337] 刘娟. 浅谈高职院校图书馆数字化档案管理[J]. 黑龙江科技信息，2009，（33）:138.

[338] 于春莉. 高校图书馆开展企业信息服务的探索[J]. 新世纪图书馆，2009，（06）:59-61.

[339] 郑文晖. 基于SWOT分析的高校图书馆企业信息服务营销策略研究[J]. 情报杂志，2009，（11）:193-197.

[340] 叶素萍，杨靖. 构建重点学科档案，加强高校图书馆文献信息资源建设[J]. 河北科技图苑，2009，（06）:86-88.

[341] 王敏杰. 高校图书馆档案管理浅析[J]. 科技信息，2009，（30）:696.

[342] 陈继兰. 高校图书馆信息服务社会化刍议——以广州大学图书馆驻市政务服务中心资讯厅服务为例[J]. 图书馆论坛，2009，（05）:124-126+23.

[343] 秦廷伟. 高校图书馆信息服务营销策略研究[D]. 西南大学，2009.

[344]李建秀,康雪琴.信息时代高校图书馆中的学生助理管理[J].晋图学刊,2009,(05):45-47+61.

[345]刘琳.高校图书馆信息服务创新研究[D].黑龙江大学,2009.

[346]汪红影.浅谈如何对高校图书馆档案的收集与管理[J].信息系统工程,2009,(10):43-44.

[347]陈林林.网络传播对高校图书馆信息服务的影响研究[D].大连理工大学,2009.

[348]李芬,朱紫阳,侯润兰.档案思想在高校图书馆电子阅览室管理中的应用[J].高校图书情报论坛,2009,(03):25-27.

[349]林玲.高校图书馆应加强参考咨询档案的收集与管理工作[J].兰台世界,2009,(16):70-71.

[350]吴凤仙.高校图书馆开展中小企业信息服务的模式研究——以温州大学图书馆为例[J].图书馆杂志,2009,(08):49-51.

[351]刘文青,鄢朝晖.高校图书馆开展公共文献信息服务探讨[J].图书馆工作与研究,2009,(08):89-93.

[352]张白影.高校图书馆信息服务社会化的理论与实践——以广州大学图书馆为例[J].大学图书馆学报,2009,(04):29-32.

[353]汪红影.高校图书馆档案管理之我见[J].内蒙古科技与经济,2009,(13):155-156.

[354]李秋之.基于知识的高校图书馆学科化信息服务实践分析[J].情报科学,2009,(07):1062-1066.

[355]胡广霞.中美高校图书馆信息服务模式比较[J].情报杂志,2009,(S1):204-207.

[356]王鑫.基于Web2.0的高校图书馆信息服务研究[D].黑龙江大学,2009.

[357]段艺萍.浅议高职院校图书馆档案管理[J].职业教育研究,2009,(05):30-31.

[358]万绚.高校档案馆数字化信息利用方式研究[D].中国科学技术大学,2009.

[359]张洁.网络环境下高校图书馆个性化信息服务研究[D].河北大学,2009.

[360]金梅.高校图书馆专利信息服务的研究[D].重庆大学,2009.

[361]朱萍.让高校档案馆"热"起来——对高校档案馆与图书馆协作共建的

探讨［J］.档案学研究，2009，（02）:51-53.

［362］白榕.高校图书馆开展个性化信息服务的调查研究——以天津科技大学图书馆为例［J］.图书馆建设，2009，（04）:54-58.

［363］陈廉芳.高校图书馆面向学科服务构建信息共享空间的研究［D］.福建师范大学，2009.

［364］谢丽娟.中美高校图书馆信息服务比较研究［D］.曲阜师范大学，2009.

［365］刘孟阳.高校图书馆面向来华留学生的信息服务研究［D］.华中师范大学，2009.

［366］丘秀文.高校图书馆档案管理研究［J］.科技情报开发与经济，2009，（08）:24-26.

［367］黄润.新媒体与高校图书馆信息服务创新［J］.大学图书情报学刊，2009，（01）:77-79+93.

［368］赵玉冬，魏先越.高校图书馆个性化信息服务的实践与思考［J］.大学图书情报学刊，2009，（01）:80-83.

［369］丁凤玲.高校图书馆档案管理工作现状分析及对策研究［J］.中小学图书情报世界，2009，（02）:63-64+52.

［370］徐艳玲.高校图书馆档案管理发展方向探究［J］.资治文摘（管理版），2009，（02）:38.

［371］万文娟.中外高校图书馆信息服务社会化比较研究［J］.图书馆学研究，2009，（02）:73-76.

［372］霍红丽.浅谈图书馆档案管理工作［J］.北方经济，2009，（04）:95-96.

［373］黄华，谢一唯，成涛.数字环境下的高校图书馆信息资源建设与服务理念［J］.农业图书情报学刊，2009，（02）:39-42.

［374］陆华娟.高校图书馆为中小企业开展信息服务内容与方式探索［J］.现代情报，2009，（01）:194-195+199.

［375］郭燕英.谈高校图书馆的档案管理［J］.云南档案，2009，（01）:61-62.

［376］武玲娥.高校图书馆档案的信息化管理［J］.档案，2008，（06）:48-49.

［377］钱红.网络环境下高校图书馆个性化信息服务探析［J］.图书情报工作，2008，（12）:103-106.

[378] 边建芳.浅议高校图书馆档案建设［J］.晋图学刊,2008,（06）:54-56.

[379] 杨莉.我国高校图书馆开放存取信息服务现状及其发展对策研究［D］.华中师范大学,2008.

[380] 谢金星.高校图书馆信息服务社会化探析［J］.现代情报,2008,（10）:51-52+56.

[381] 沈晓梅,钟远薪.高校图书馆勤工助学管理信息系统的实践与思考［J］.图书馆论坛,2008,（05）:74-76.

[382] 皮维宁,郭吉安.高校图书馆信息服务社会化模式探索[J].图书情报工作,2008,（S1）:103-105+119.

[383] 刘飞.高校档案信息管理系统安全性研究［D］.重庆大学,2008.

[384] 侯聃.基于Web2.0的高校图书馆个性化信息服务调查研究[J].现代情报,2008,（06）:140-141+144.

[385] 严浪.从加强学科建设谈高校图书馆数字化信息服务［J］.图书馆论坛,2008,（03）:136-138+179.

[386] 陈桂香.浅谈高校图书馆的档案管理工作［J］.情报探索,2008,（06）:103-105.

[387] 潘涌.高校图书馆数字化档案管理的探索［J］.中国成人教育,2008,（11）:49-50.

[388] 赵颖.基于网络的高校图书馆档案数字化建设[J].科技情报开发与经济,2008,（17）:5-7.

[389] 宋妮.高校图书馆信息共享空间设计与构建［D］.东北师范大学,2008.

[390] 高洁.网络环境下高校图书馆个性化信息服务研究［D］.华中师范大学,2008.

[391] 祝培培.我国图书馆学情报学硕士研究生培养机制研究［D］.山东理工大学,2008.

[392] 宋琼.论信息网络环境下高校图书馆读者服务创新之根本［J］.现代情报,2008,（04）:85-86.

[393] 邓君.机构知识库建设模式与运行机制研究［D］.吉林大学,2008.

[394] 张映辉.网络环境下高校图书馆信息服务模式与对策研究[D].吉林大学,2008.

[395] 董洁.信息时代高校人事档案管理的研究［D］.山东大学,2008.

［396］皮维宁.高校图书馆社会化信息服务创新模式研究［D］.重庆大学，2008.

［397］王浩.基于Web2.0的高校档案信息管理模式建设浅见［J］.湖北档案，2008，（03）:24–27.

［398］潘涌.高校图书馆档案管理的思考［J］.中国成人教育，2008，（05）:77.

［399］胡星火.基于OAIS的数字信息长期保存研究［D］.南京航空航天大学，2008.

［400］黄美英.谈加强高校图书馆档案资料的管理工作［J］.河北科技图苑，2008，（02）:48–49+52.

［401］张凤艳.基于新教育理念的高校图书馆个性化信息服务［J］.图书情报工作，2008，（02）:132–134+64.

［402］梁继宏.高校图书馆档案管理的问题及解决措施［J］.兰台世界，2008，（03）:5–6.

［403］方敏.高校图书馆档案建设与管理工作研究［J］.大学图书馆学报，2008，（01）:73–76.

［404］白兴礼.高校图书馆学科化信息服务体系构建［J］.图书与情报，2008，（01）:94–97.

［405］胡广霞.数字时代高校图书馆信息服务模式研究［D］.天津工业大学，2007.

［406］陆彩玲，吴江丽.区域性自主创新体系建设中的高校图书馆信息服务［J］.现代情报，2007，（11）:164–165+168.

［407］张应祥.高校图书馆信息服务质量综合评价研究［J］.情报杂志，2007，（11）:128–130.

［408］黄静.从豆瓣网看Web2.0环境下高校图书馆信息服务的变革［J］.科技情报开发与经济，2007，（29）:14–16.

［409］田春燕.高校图书馆主动服务机制及其信息系统框架研究［D］.昆明理工大学，2007.

［410］易斌，杨志文.网络环境下高校图书馆信息服务模式的发展趋向［J］.现代情报，2007，（09）:51–52+56.

［411］冯秀丽.提升高校图书馆档案管理意识的途径［J］.科技情报开发与经济，2007，（23）:77–78.

［412］安娜.高校图书馆档案分类体系及管理模式探究［J］.河南图书馆学刊，

2007,（04）:43-45.

[413] 金丽媛.浅议高校图书馆档案的网络化管理[J].经济师,2007,（08）:98.

[414] 江冰.试论高校图书馆的档案管理工作[J].科技信息（科学教研）,2007,（22）:528.

[415] 尚保安."图企联合"的高校图书馆信息服务模式初探[J].武汉大学学报（人文科学版）,2007,（04）:565-568.

[416] 廖志江,廉立军.网络环境下高校图书馆档案工作需求研究[J].兰台世界,2007,（14）:42-43.

[417] 范烨,吕鸿略.高校图书馆应加强档案管理工作[J].情报探索,2007,（06）:105-106.

[418] 楼健群.数字信息服务:高校图书馆社会服务的可普遍开展模式[J].图书馆建设,2007,（03）:73-75.

[419] 王春莉.高校档案分类与高校图书分类的对比性思考[A].甘肃省档案学会、甘肃省高校档案工作协会.新时期高校档案工作改革与创新——甘肃省高校档案工作学术研讨会论文汇编[C].甘肃省档案学会、甘肃省高校档案工作协会:,2007:13.

[420] 赵丹.基于信息资源共享的高校档案管理模式重构[D].吉林大学,2007.

[421] 周萍.高校图书馆个性化信息服务研究[D].吉林大学,2007.

[422] 崔春.高校图书馆数字信息资源服务评价研究[D].吉林大学,2007.

[423] 燕姣云.高校图书馆信息社会化服务探讨[J].兰台世界,2007,（10）:66-67.

[424] 王彩虹.高校数字图书馆网络信息服务体系及评估模式[J].图书馆学研究,2007,（05）:26-28+55.

[425] 王阿陶.我国数字档案馆与数字图书馆的比较研究[D].四川大学,2007.

[426] 韩双梅.我国高校图书馆网络信息服务现状分析与发展研究[J].图书与情报,2007,（02）:89-91.

[427] 肖向华.海峡两岸高校图书馆网络信息服务的比较研究[D].福建师范大学,2007.

[428] 孙国霞.基于信息不对称条件下的高校图书馆读者服务工作研究[J].现代情报,2007,（03）:159-160+163.

［429］辛青清.档案信息化系统的资源组织与管理研究［D］.武汉理工大学，2007.

［430］李雪琴.基于客户关系管理理论的高校图书馆服务读者的研究［D］.华东师范大学，2007.

［431］俞利.关于高校图书馆为中小企业提供信息服务的调查研究［J］.现代情报，2007，（02）:193-194+197.

［432］薛非.高校图书馆科技档案的有效管理与利用［J］.档案与建设，2007，（02）:26-27.

［433］胡广霞，周秀会.信息共享空间:高校图书馆信息服务的新趋势［J］.情报资料工作，2007，（01）:109-111.

［434］刘崇学.个性化服务:高校图书馆信息服务的拓展与创新［J］.图书馆学刊，2007，（01）:92-93.

［435］黄敏.析高校图书馆档案数字化建设［J］.四川档案，2006，（06）:46-47.

［436］王惠.浅议网络环境下高校图书馆的档案管理［J］.贵图学刊，2006，（04）:55-56.

［437］陆铭.高校图书馆档案创新实践［J］.黑龙江档案，2006，（06）:60-61.

［438］宋蓓玲，侍霞.信息资源数字化与信息服务个性化——高校图书馆面对挑战的思考与对策［J］.现代情报，2006，（11）:8-9+31.

［439］罗红彬.高校图书馆信息服务创新研究［D］.西北农林科技大学，2006.

［440］吴海霞.高校图书馆个性化信息服务实施过程中的问题及对策［J］.现代情报，2006，（10）:24-25+27.

［441］张红霞.高校图书馆为企业自主创新提供信息服务的思考［J］.图书馆论坛，2006，（05）:8-11.

［442］邱越秀.深化高校图书馆信息服务与馆员素质［J］.图书馆论坛，2006，（05）:200-202+209.

［443］郭万召.高校图书馆为政府提供信息服务浅析［J］.图书馆论坛，2006，（05）:203-205+232.

［444］吴昊，李贺，刘青华.现代信息社会我国高校图书馆信息服务模式的转变［J］.现代情报，2006，（09）:2-3.

［445］岳凌云.浅谈高校图书馆信息咨询服务的内涵和外延［J］.现代情报，

2006,（08）:180-181.

[446] 孙薇.高校图书馆馆员业务档案的网络化管理[J].兰台世界,2006,（16）:38-39.

[447] 贾春勤.做好高校图书馆的档案管理[J].兰台世界,2006,（13）:48.

[448] 张丽辉.浅谈高校图书馆网络信息资源管理的改进[J].河北科技图苑,2006,（04）:59-60+73.

[449] 朱丹.高校信息资源建设与服务模式研究[D].山西大学,2006.

[450] 张永军.网络文化传播对高校图书馆信息服务的冲击分析[J].现代情报,2006,（05）:63-65.

[451] 郭丛莲.网络环境下高校图书馆的个性化信息服务[D].郑州大学,2006.

[452] 王文君,杨国福,梁震戈.基于网络技术的高校图书馆信息管理系统的研究[J].现代情报,2006,（04）:77-78+83.

[453] 施振宏.高校图书馆档案分类体系研究[J].图书馆论坛,2006,（02）:179-180+222.

[454] 司敬新.试论高校图书馆的档案工作[J].档案天地,2006,（02）:35-36.

[455] 吴小凤.高校图书馆档案管理之我见[J].杨凌职业技术学院学报,2006,（01）:79-80.

[456] 赵红.学校图书馆档案的收集与管理[J].中小学图书情报世界,2006,（03）:51-53.

[457] 谢金星.高校图书馆个性化信息服务研究[J].现代情报,2006,（02）:138-139+141.

[458] 程晓琳.信息不对称对发展高校图书馆信息服务的影响及对策分析[J].河北科技图苑,2006,（01）:27-29.

[459] 王笑月,刘淑惠,周淑英,赵伦.专科高校图书馆档案管理必要性与可行性探讨[J].中国环境管理干部学院学报,2005,（04）:107-109.

[460] 蒋孝碧.高校图书馆档案管理工作探析[J].图书情报工作,2005,（S1）:21-23.

[461] 王胜利.高校图书馆个性化信息服务分析[J].情报杂志,2005,（12）:140-141+144.

[462] 许慧珍.基于集成的高等学校档案信息管理与服务研究[D].浙江大学,

2005.

［463］李南.论网络环境下高校图书馆信息服务的创新［J］.图书馆论坛，2005，（05）:182-184.

［464］薛非.高校图书馆档案信息资料的收集管理和开发利用［J］.档案与建设，2005，（10）:44-45.

［465］刘艳.新形势下如何做好高校图书馆档案管理工作初探［J］.中国科技信息，2005，（19）:58-65.

［466］顾莲华，柴喜慧，朱西传，吕化淑，李萌，檀晓辉.网络时代高校图书馆信息服务模式的探讨［J］.情报杂志，2005，（09）:102-104.

［467］刘贵富，辛杨.信息环境下高校图书馆组织机构模式及管理机制研究［J］.现代情报，2005，（08）:111-114.

［468］曾庆霞，程均涛.高校图书馆档案管理问题的思考［J］.科技情报开发与经济，2005，（11）:75-76.

［469］邬雅茹.网络环境下高校图书馆信息服务社会化探微［J］.辽宁大学学报（哲学社会科学版），2005，（03）:155-158.

［470］魏争光.网络地方文献资源研究［D］.武汉大学，2005.

［471］宋显彪.数字信息的长期保存［D］.四川大学，2005.

［472］童丽娜.高校图书馆信息咨询服务的优势与发展［J］.图书馆论坛，2005，（02）:169-171.

［473］梁转琴.对高校图书馆档案管理模式的思考［J］.兰台世界，2005，（07）:115-116.

［474］罗丽萍，于春莉，陶湘保.高校图书馆为地区企业提供信息服务的探索与思考［J］.图书情报工作，2005，（03）:69-71.

［475］冷吕华，石菊君.当前高校图书馆信息服务与企业情报信息工作结合点的思考［J］.现代情报，2005，（02）:197-199.

［476］汪善建.论高校图书馆信息服务创新［J］.图书馆，2005，（01）:90-92+98.

［477］张国华.高校图书馆档案信息资源的整合与开发利用［J］.大学图书情报学刊，2004，（04）:17-18+21.

［478］马杰.高校图书馆网络信息服务现状研究［J］.图书馆学研究，2004，（10）:82-84.

［479］韩冬.网络环境下高校图书馆信息服务发展模式［J］.图书馆学研究，2004，（08）:62-63+67.

［480］丁晓红.网络技术下高校图书馆信息管理存在的问题及对策［J］.前沿，2004，（07）:198-200.

［481］严旭萍,郑丽仙.基于网络的高校档案信息管理系统的构建[J].浙江档案，2004，（07）:22-23.

［482］潘杏仙.构建高校图书馆信息咨询的服务品牌［J］.图书馆学研究，2004，（06）:52-54.

［483］靳红,杨艳红.高校图书馆个性化信息服务研究综述［J］.现代情报，2004，（06）:17-19.

［484］赵越.谈高校图书馆信息服务的品牌战略［J］.现代情报，2004，（05）:5-7.

［485］李春兰.论高校图书馆的个性化信息服务［J］.现代情报，2004，（05）:128-129+131.

［486］毕鲁燕,马静瑜.浅谈高校图书馆档案工作的管理［J］.山东档案，2004，（03）:27-28.

［487］舒明全.高校图书馆面向用户的数字化信息资源组织与服务［D］.武汉大学，2004.

［488］吕元智.数字档案馆信息资源建设管理研究［D］.武汉大学，2004.

［489］王金娜,曹春香.论高校图书馆的考研信息服务［J］.图书馆学研究，2004，（03）:72-75.

［490］詹黎锋.高校图书馆网络个性化信息服务探析［J］.现代情报，2004，（03）:69-71.

［491］李海鹰.网络环境下高校图书馆信息服务的十大趋势［J］.现代情报，2004，（02）:75-76.

［492］周玉芝,牛文娟.网络时代高校图书馆用户信息需求特点及服务策略［J］.现代情报，2003，（12）:82-83.

［493］章靖平.高校图书馆电子阅览室信息服务的特点与定位［J］.现代情报，2003，（11）:153-154+156.

［494］蒋华林.高校图书馆管理信息系统的设计与实现［D］.重庆大学，2003.

［495］计国君.全面提升高校图书馆信息服务水平的创新体系［J］.大学图书馆学报，2003，（04）:2-5.

［496］王淑群.网络环境下高校图书馆的用户需求与信息服务［J］.图书馆论坛，2000，（04）:32-34.

［497］王毅恺.高校图书馆档案管理工作研究［J］.大学图书馆学报，1992，（04）:42-44.

［498］苗茁.高校图书馆信息化建设中电子阅览室的管理与创新［J］.中国管理信息化，2015，22:156-157.

［499］许翀.基于云计算的图书馆信息服务研究［A］.全国中小型公共图书馆联合会、中国知网中国知识资源总库编委会.全国中小型公共图书馆联合会2015年研讨会会议论文集（一）［C］.全国中小型公共图书馆联合会、中国知网中国知识资源总库编委会:，2015:17.

［500］鲍新芬.高校档案信息化建设现有问题与完善途径［J］.时代教育，2015，07:259.

［501］焦子慧.高校图书馆档案管理的问题及解决策略[J].鸭绿江（下半月版），2015，05:1866.

［502］考立君.提升高职院校档案管理工作的服务能力和水平的思考［J］.鸭绿江（下半月版），2015，06:2199.

［503］李云霞.浅谈新时期高职院校的图书档案管理及信息化［J］.新校园（上旬），2015，08:123.

［504］兰家友.高校档案馆信息化建设刍议［J］.长江丛刊，2015，28:125-126.

［505］尹博.基于文化共生理论的渝东南学校民族文化教育发展研究［D］.西南大学，2015.